Die HÄUSER der JUDENGASSE in HEIDELBERG 2

Hermann W. Lehmann

Die so genannte Judenschule
Sozialgeschichte eines Hauses

mit einem GLOSSAR

Kurpfälzischer Verlag
Heidelberg

2001

Die Deutsche Bibliothek - CIP-Einheitsaufnahme
Die Häuser der Judengasse in Heidelberg. - Heidelberg : Kurpfälzischer Verl.

H. 2. Die so genannte Judenschule : Sozialgeschichte eines Hauses /
von Hermann W. Lehmann
- 1. Aufl.. - 2001
ISBN 3-924566-10-0

©
2001
Copyright
Kurpfälzischer Verlag
Dr. Hermann Lehmann, D-69117 Heidelberg
Lektorat: Gudrun Fienemann

Herstellung: WM Druck D-69168 Wiesloch

ISBN 3-924566-10-0

INHALTSVERZEICHNIS

Seite

EINLEITUNG
- Abkürzungen 8
- Vorwort 9
- Zum Begriff Judenschule 11
- Zur Lage und Abgrenzung des Grundstücks 13
- Grundstücksbezeichnungen - Die Nachbarschaftsdefinition als goldener Findeweg 16

DAS 14. JAHRHUNDERT
- Die erste Eigentümerin: "Die Gladebechen" und das Weistum von Handschuhsheim 1399 19

DAS 15. und 16. JAHRHUNDERT
- Der Deutsche Orden registriert seine Besitzungen 23
- Der Fischer oder Schiffer Peter Besserer 27
- Der Walbom gegen Peter Besserer 29
- Die "Nonnengaß" - wiedergefunden 31
- Die nächsten Eigentümer - Schmid, Ganzherd und Rönnere 33
- Die Familie Hügel aus Heiligenstein bei Schlettstatt 35
- Sebastian Hügel registriert des Kurfürsts alte Kleider 1581 . 37
- Georg Hügel, Landschreiber und Keller in Neustadt 43

DAS 17. JAHRHUNDERT
- Christian Engel verdient nur 10 Gulden im Jahr 1604 45
- Die Situation nach dem Dreißigjährigen Krieg 49
- Dr. Jacob Israel, Professor für Anatomie, wird 1652 nach Heidelberg berufen 51
- Wohnungsprobleme 57
- Dr. Jacob Israel, Stadtphysicus - Arzt für die Stadt 59

                                                       Seite

    Ein Fall von Kurpfuscherei 61
    Die Witwe Susanna Clara Israel will ihren Wein verkaufen 64
    Die Situation nach dem Orleansschen Erbfolgekrieg 67

DAS 18. JAHRHUNDERT
    Woher hat der hessische Leutnant Steitz das Haus ? 69
    Jacob Philipp Steinhöbler wird Pförtner am Mitteltor 71
    Die Religionsdeklaration von 1705 und der Geistliche
        Administrations-Renovator Kerrmann 75
    Desinteresse der Kerrmanschen Erben an Heidelberg 78
    Hoffaktor Moyses Joseph Sultzbacher kommt 1736 nach Heidelberg -
        "jedenfalls kein bedeutender Finanzier" 81
    Wohnhaus mit Mikwe - oder Handelsniederlassung ? 84
    Sultzbacher ist Ziel studentischer Anpöbelungen und Angriffe 87
    Die Gläubiger verlieren einen Teil der Hypothek 91
    Die Stadt wird 1763 gestochen und 1770 vermessen 93
    Weitergabe des Grundstücks durch Einheirat 99
    Baruch Isaac Levi - Handelsjude, Judenwirt und
        ehemaliger Vorsinger 101

DAS 19. JAHRHUNDERT
    Auseinandersetzungen um Abwasser und Winkelrechte 105
    Aus Baruch Levi wird Benedikt Hochstätter 109
    Die Neuordnung des Schulwesens in Baden vom 15. März 1803 -
        Der Reformierte Kirchenrat ersteigert das Grundstück 111
    Sieben Jahre lang Schulhaus - 1806 bis 1813 - für christliche und
        jüdische Kinder 115
    Administrationsrat Doerr macht der Reformierten Kirche Ärger 119
    Die "dermaligen Zeitumstände" erschweren die Vermietung 122
    Einquartierung der Felddruckerei Zar Alexanders im Juni 1815 124
    Vermietung an den "Lusttragenden" Georg Müller 127

Seite

    Die Mängelliste von 1816 - eine detaillierte Hausbeschreibung 129
    Ein "ganz unschulisches Hauß" wird verkauft 133
    Immer wieder Hochwasser - 1824 und 1882 - Sammlung für
        die "Überschwemmten" 137
    EXKURS: Hochwasser 1993 - Kündigung der Geschädigten 141
    Vermietung an Studenten - eine neue Erwerbsquelle 143
    Mehr als 150 Jahre lang Schreinerei 148

DAS 20. JAHRHUNDERT
    Anschluss an die Gegenwart - Telefon und Kanalisation 153
    Die Zeit des Nationalsozialismus 157
    Die Kriegsvorbereitungen im Zweiten Weltkrieg 159
    Frauenzentrum von 1974 bis 1981 - dann Atelier -
        heute ein Wohnzimmer 163

ANHANG:
    Dokumente 171
    Literaturverzeichnis 205
    Namenverzeichnis 213

    GLOSSAR
    zu Heidelberger Schriften des 18. Jahrhunderts 217

    Bildnachweise 251

Abkürzungen

AGHD	Archiv für die Geschichte der Stadt Heidelberg
CB	Contractenbücher der Stadt Heidelberg im Stadtarchiv Heidelberg
GLA	Generallandesarchiv, Karlsruhe
GStAM	Geheimes Staatsarchiv München
HDJG	Heidelberg, Jahrbuch zur Geschichte der Stadt
HR	Heidelberger Rundschau, Monats- + Wochenzeitung
HT	Heidelberger Tageblatt, Tageszeitung
KPM	Kurpfälzisches Museum, Heidelberg
LB	Lagerbuch der Stadt Heidelberg von 1770 ff
LKA	Landeskirchliches Archiv, Karlsruhe
MGHS	Mittheilungen zur Geschichte des Heidelberger Schlosses
NAHD	Neues Archiv für die Geschichte der Stadt Heidelberg und der rheinischen Pfalz
RC	Ruperto Carola, Mitteilungen der Vereinigung der Freunde der Studentenschaft der Universität Heidelberg
RNZ	Rhein Neckar Zeitung, Tageszeitung, Heidelberg
StAHD	Stadtarchiv Heidelberg
StAMA	Stadtarchiv Mannheim
UAHD	Universitätsarchiv Heidelberg
UBHD	Universitätsbibliothek Heidelberg
ZGO	Zeitschrift für die Geschichte des Oberrheins

Vorwort

Der hier vorliegende zweite Bericht über die Häuser der Judengasse in Heidelberg beschäftigt sich mit dem Grundstück Dreikönigstraße 10, zu dem seit Anfang des 18. Jahrhunderts auch die Bussemergasse 1a gehört. Es wird versucht, die Sozialgeschichte eines Hauses, ihre wieder entdeckten Bewohner und Eigentümer im topographischen und historischen Kontext der Stadt darzustellen. Die Ergebnisse werden in chronologischer Reihenfolge berichtet, das heisst, mit der ältesten nachgewiesenen Eigentümerin beginnt der Bericht, obwohl bei der Recherche genau der umgekehrte Weg eingeschlagen werden musste. Mit anderen Worten: die Belege dafür, dass es sich tatsächlich um einen Vorbewohner, Vorbesitzer des Hauses handelt, sind - zumindest, was die weiter zurückliegenden Zeiten betrifft - meist erst nachträglich zu finden gewesen.

Die angrenzenden Grundstücke befanden sich, z.T. Jahrhunderte hindurch, im Besitz der Universität, des Deutschen Ordens und der Kirche. Es war ein Glücksfall für die Nachforschungen, weil dadurch mehr Dokumente und Informationen überliefert wurden als es bei bürgerlichen Häusern sonst üblich ist. Besonders hilfreich erwies sich dies für die Zeit vor der Zerstörung Heidelbergs im Orleansschen Erbfolgekrieg von 1689 -1697. In den Kriegswirren und beim Brand der Stadt Heidelberg gingen zwar alle Unterlagen des Städtischen Archivs verloren, nicht jedoch diejenigen des Deutschen Ordens und der Universität. Letztere hatte ihre Dokumente zweimal retten können: 1621, am Anfang des Dreißigjährigen Krieges, und wiederum 1689 zu Beginn des Orleans-Pfälzischen Krieges. Die Universität kehrte erst nach Heidelberg zurück, als alle Kriegshandlungen beendet waren.

Der Umfang des gefundenen Materials hing also mehr oder weniger von Zufällen ab. Über einzelne Zeitabschnitte ließ sich daher sehr viel, über andere weniger Material zusammentragen. In der folgenden Darstellung wurden sämtliche Funde verwendet. Es fand keine Selektion statt. Daher können einige Eigentümer und Bewohner nur erwähnt, andere dagegen ausführlich behandelt werden.

Bei der langwierigen Suche in den verschiedenen Archiven hat der Verfasser vielfältige Hilfe und Unterstützung erfahren. An dieser Stelle soll daher allen Archivarinnen und Archivaren noch einmal ausdrücklich dafür gedankt werden, dass sie mit profunden Kenntnissen immer wieder weiter halfen und bei den oft umwegigen Recherchen und bei neu auftauchenden Fragen nie ungeduldig wurden. Insbesondere sind zu nennen die Mitarbeiterinnen und Mitarbeiter des Generallandesarchivs Karlsruhe, des Landeskirchlichen Archivs Karlsruhe, des Stadtarchivs Mannheim, des Gutenberg Museums Mainz, des Universitätsarchivs Heidelberg, der Universitätbibliothek Heidelberg, und ganz besonders Günther Berger und Diana Weber vom Stadtarchiv Heidelberg. Allen sei für ihre Hilfe herzlich gedankt.

Jochen Goetze hat dankenswerterweise das Manuskript durchgesehen. Von ihm erhielt der Verfasser darüberhinaus viele Anregungen und Hinweise auf weiterführende Fundstellen.

Heidelberg, Dezember 2001

Zum Begriff Judenschule

In den Akten des Denkmalamtes ist beim Hintergebäude der Dreikönigstraße 10 der Zusatz: "*ehemalige Judenschule*" eingetragen. "Schule" oder "Schul" ist der jiddische Ausdruck für Synagoge. Es war daher zu vermuten, dass es sich um ein Gebäude handelt, das zumindest zeitweise als Synagoge genutzt wurde. Zumal die Dreikönigstraße bis zum Jahre 1832 Judengasse hieß, war ein solcher Zusammenhang naheliegend. Allerdings kann es eine "Schule" oder Synagoge nicht gewesen sein. Denn spätestens seit der grundlegenden und ausführlichen Arbeit von LÖSLEIN besteht Klarheit über Lage und Schicksal aller Synagogen in Heidelberg. Sie sind lückenlos nachgewiesen.[1]

Eine weitere Hypothese erwies sich ebenfalls als nicht zutreffend, dass es sich nämlich um dasjenige Haus handelt, das während des so genannten Synagogenstreites von 1714 bis 1737 einem Teil der jüdischen Gemeinde als Versammlungsort diente. Über die Auseinandersetzungen der beiden Gemeindegruppen sind viele Dokumente überliefert worden. Der damalige Eigentümer des Hauses, in dem sich vorübergehend ein Teil der jüdischen Gemeinde zum Gebet versammelte, war Lazarus Wolf Oppenheimer. Er wohnte ebenfalls in der Judengasse, jedoch in einem anderen Haus.[2]

Es ließ sich nicht genau feststellen, wann der Begriff "*ehemalige Judenschule*" für das Haus Nr. 10 entstand.[3] Sicher ist aber, dass dieses Haus so genannt wurde. Wir können also nur weitere Hypothesen und Vermutungen anstellen, von denen eine in der vorliegenden Schrift an Wahrscheinlichkeit gewinnt.

---

1   LÖSLEIN, B. 1992.
2   Über "Lazarus Wolf Oppenheimer und sein Haus" wird als nächstes in der Reihe "Die Häuser der Judengasse in Heidelberg" berichtet.
3   Das Kunsthistorische Institut der Universität Heidelberg hat im Jahre 1970 die Daten von ca. 400 Gebäuden in der Altstadt aufgenommen und in einer Liste zusammengestellt. Daraus entstand eine "Vorläufige Liste der Kulturdenkmale (Liste A Baudenkmale), Stand 1977/78".
    Ein Exemplar befindet sich beim Amt für Baurecht und Denkmalschutz der Stadt Heidelberg.

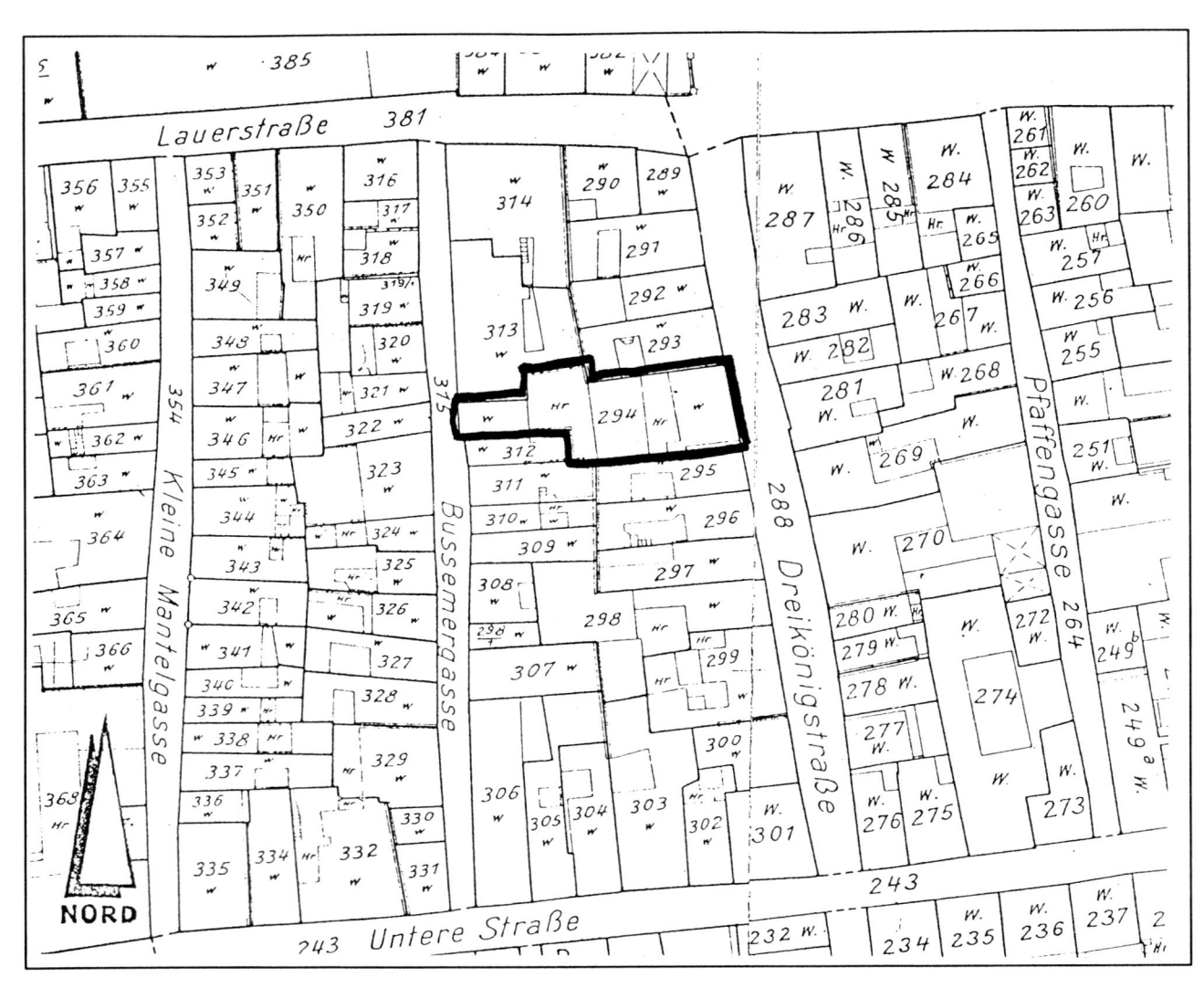

Moderner Lageplan

Zur Lage und Abgrenzung des Grundstücks

Das in der vorliegenden Arbeit behandelte Grundstück in der ehemaligen Judengasse, das heute als Dreikönigstraße 10 bezeichnet wird, trägt die Lagebuch Nr. 294. Ferner wird auf das Grundstück Bussemergasse 1a, Lagebuch Nr. 294/1 eingegangen, das mit seinem östlichen Ende an die westliche Seite des Grundstücks Dreikönigstraße 10 stößt. Es ist nur etwa halb so breit wie das in der Dreikönigstraße. Seit Anfang des 18. Jahrhunderts gehören beide Grundstücke zusammen.

Ein Plan aus dem Jahre 1938, der auf älteren Aufzeichnungen basiert, zeigt die verschiedenen Gebäude bzw. Gebäudeteile in ihrer Lage zueinander.[4]

Auf dem Grundstücksteil zur Judengasse bzw. heutigen Dreikönigstraße 10 stehen parallel zur Straße zwei traufständige Gebäude hintereinander, die Anfang des 18. Jahrhunderts errichtet wurden. Das direkt an der Straße gelegene Vorderhaus (mit 1 bezeichnet) und dahinter, durch einen schmalen Hof getrennt, das Hinterhaus (mit 3 bezeichnet). Der Zugang zum Hinterhaus erfolgt heute durch einen Durchgang bzw. Flur im Erdgeschoss des Vorderhauses. Beide Häuser sind im ersten Obergeschoss über die Südseite des Hofes hinweg durch einen Zwischenbau (mit 2 bezeichnet) miteinander verbunden.

An das Hinterhaus schließt sich nach Westen (im Plan links) zur Bussemergasse hin ein weiterer Hof an. Er setzt sich aus drei verschiedenen Teilen zusammen..

Der größte Teil des heutigen Hofes gehörte ursprünglich zum Grundstück in der Bussemergasse 1a. Dieses wurde 1712 hinzuerworben.

---

4   Einschätzungsverzeichnis der Städtischen Gebäudeversicherungsstelle vom 25. Juni 1938

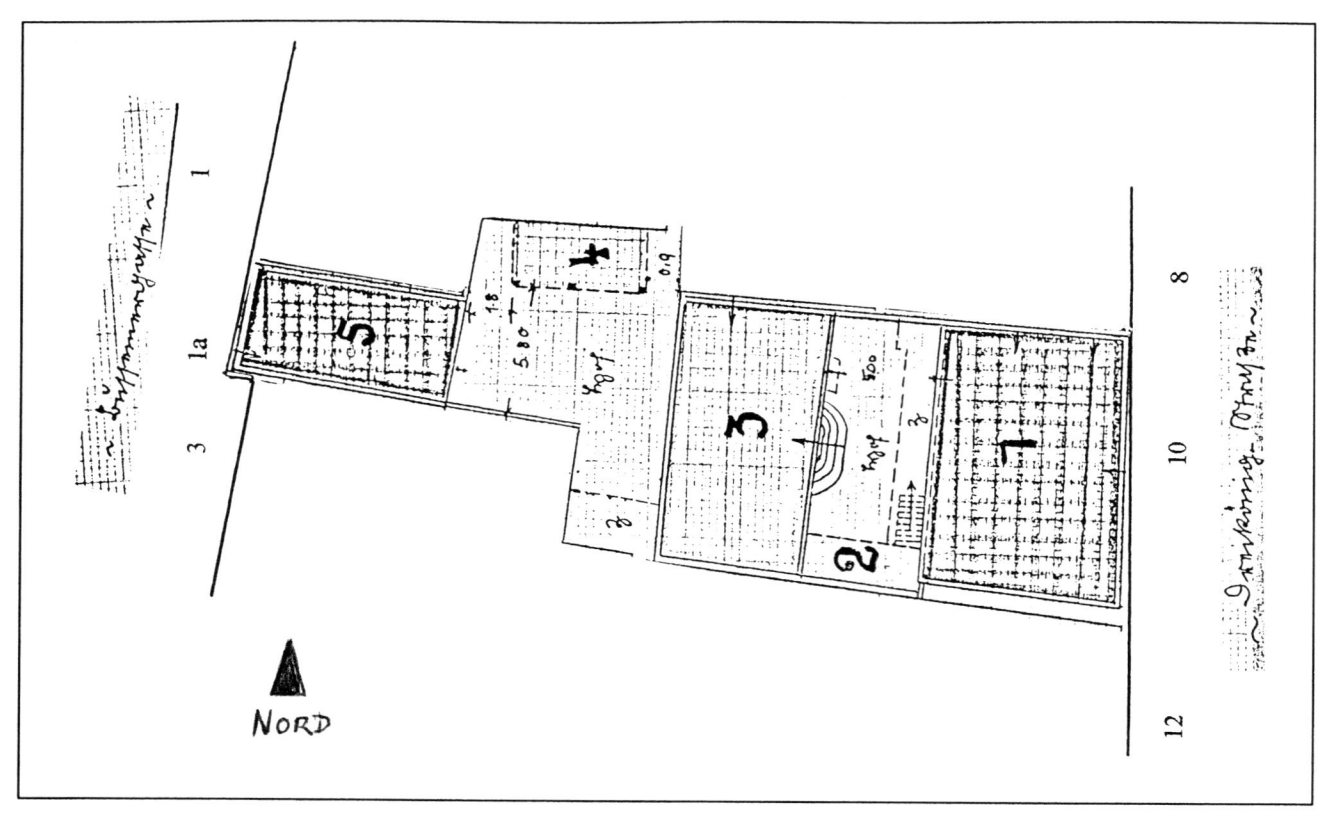

Lageplan Maßstab 1 : 333 1/3
Einschätzungsverzeichnis der Städtischen Gebäudeversicherungsstelle 1938

Ein kleineres Stück dieses Hofes resultiert aus dem früheren Nonnengässchen.[5]

Mehr als hundert Jahre lang (von 1712 bis ca.1832) diente diese gesamte Freifläche als Garten und war nur mit einem Tor zur Bussemergasse hin abgeschlossen. Erst Anfang des 19. Jahrhunderts wurde das heute vorhandene Haus (mit 5 bezeichnet) errichtet.

1833 kam das dritte Flächenstück des Hofes zwischen der heutigen Dreikönigstraße 10 und der Bussemergasse 3 hinzu.[6] Es gehörte bis dahin zur Bussemergasse Nr. 3 und wurde ebenfalls vom Eigentümer der Dreikönigstraße 10 gekauft..

An der Nordseite (im Plan oben) des heutigen Hofes von ca. 100 qm wurde etwa zur gleichen Zeit ein zweistöckiger Holzschober (mit 4 bezeichnet) errichtet.

Eine einstöckige Überdachung (mit "z" bezeichnet) schließt den Hof im Süden (im Plan unten) ab.

Zwischen den Rückseiten der beiden Grundstücke verlief von Süden nach Norden die gemeinsame Abwasserrinne des gesamten Häuserblocks, die in den Urkunden meist als *gemeiner* oder *gemeinschaftlicher Winkel* bezeichnet wird.

---

[5] DERWEIN, H. 1940, S.216 weist darauf hin, dass die *Nonnengaß* im Zusammenhang mit dem Nonnenhaus des Klosters Neuburg gesehen werden muss. Siehe S.31, Kapitel: Die "Nonnengaß" - wiedergefunden

[6] CB Bd. 23, S.690

Grundstücksbezeichnungen —
Die Nachbarschaftsdefinition als goldener Findeweg

Im Mittelalter und in der frühen Neuzeit, als die Einwohnerzahl Heidelbergs nur um 5000 Personen betrug, war eine Nummerierung der Grundstücke nicht nötig. Jeder wusste, wem ein Haus gehörte. Man bezeichnete ein Haus mit dem Namen des derzeitigen oder früheren Eigentümers. Zur genaueren Definition dienten ferner die Namen der jeweiligen Eigentümer der Nachbargrundstücke. Nicht zuletzt hielten sich wichtige Funktionen oder Eigenschaften eines Hauses oft sehr lange im Gebrauch: Etwa das "*Nonnenhaus*" bzw. das "*Jesuitterhaus*", die "*Schwabusch*".[7]

Ab dem Jahre 1770 wurden erstmalig sämtliche Grundstücke Heidelbergs in einem Lagerbuch und einem Katasterplan erfasst und durchnummeriert. Die Stadt wurde dabei auch traditionsgemäß in vier Viertel unterteilt. Die Judengasse lag *Im 4n Viertel Quadrat*, das auch mit dem Buchstaben D, *litt.D* geschrieben, definiert wurde. Um die Mitte des 19. Jahrhunderts unterteilte man Heidelberg auch in zwei Teile: Stadt und Vorstadt. Stadt wurde jetzt mit vorangestelltem *S*, Vorstadt mit *V* abgekürzt. Erst 1871-1881 wurden sämtliche Grundstücke Heidelbergs fortlaufend nummeriert. Dies war zugleich die bis heute letzte Neudefinierung.

Die hier behandelten Grundstücke erhielten im Laufe der folgenden Jahre mehrmals andere Kennzahlen.[8]

---

[7] Noch 1772 wurde ein auf dem Grundstück der ehemaligen Schwabenburse stehendes Haus "die mittlere Schwabusch" genannt. CB Bd. VII, S.583. Die Schwabenburse war bereits 1546 geschlossen und das erste Gymnasium Heidelbergs darin errichtet worden.

[8] Die Quellen sind: Lagerbuch der Stadt Heidelberg von 1770. StAHD
Verzeichnis der Grundeigentümer von 1791/92. StAHD
"Universitäts und Addreß Calender von Heidelberg auf das Jahr 1816"
Verzeichnis der Grundeigentümer von 1822
Adressbücher der Stadt Heidelberg 1839/1855/1856. StAHD
heute gültige Lagerbuchnummern von 1881

Im Jahre	Judengasse/ Dreikönigstr.10	Bussemergasse 1a
1770	148 1/2,	142
1791 + 1816	235	
1822	232	
1839/1855	176	
1880	294	294

Erst um 1880 wurden beide Teile mit der gemeinsamen Lagerbuchnummer 294 zusammengefasst.

Hilfreicher als die wechselnden Grundstücksnummern erwies sich immer wieder die Nachbarschaftsdefinition. Sie war vor 1770 sogar die einzige Orientierungsmöglichkleit.

Was die Nachbargrundstücke betrifft, so standen dort z.T. Gebäude, die zeitweilig institutionelle Nutzer hatten. An die Judengasse 10 schlossen sich im Mittelalter nach Norden die Grundstücke der universitätseigenen Schwabenburse an (heute Dreikönigstraße 8, 6 und 4).[9] Nach Süden besaß der Deutsche Orden über Jahrhunderte ein Haus - zumindest war es ihm abgabenpflichtig (heute Dreikönigstraße 12). An den Garten der Bussemergasse 1a grenzte im Mittelalter nach Norden das Nonnenhaus bzw. das Nonnengärtlein.[10] 1732 errichteten die Jesuiten an dieser Stelle das noch heute vorhandene Eckhaus, das die Bussemergasse 1 und Lauerstraße 16 umfasst. Es nimmt damit eine erheblich größere Fläche ein als früher das Nonnenhaus.

---

9   LEHMANN, H.W. 1996
10 Dies gehörte zum Stift Neuburg. Nach dem Orleans-Pfälzischen Krieg übernahm es der Jesuitenorden und ergänzte das Areal durch Zukäufe zweier weiterer Grundstücke. Am 8.6.1801 wurde es von der "Churfürstlichen Rheinpfälzischen unmittelbaren Specialcommission in Geistlichen Angelegenheiten" in zwei Teilen weiterverkauft.

DAS 14. JAHHUNDERT

Die erste Eigentümerin: "Die Gladebechen" und das Weistum von Handschuhsheim 1399

Am 28. April 1399 ließ der Erzbischof von Mainz in Handschuhsheim ein *Weisthum-Buch* erstellen, eine Art Bestandsaufnahme von mündlich überlieferten Rechtsfällen, auf die bei Auseinandersetzungen zurückgegriffen werden konnte. Es muss sich um eine groß angelegte Aktion gehandelt haben, denn "... *der schultheiß und die scheffen und die gantze gemeynde zu Hendschußheim by einander sint gewest ....*"[11] Der Erzbischof unterstrich dadurch seinen Besitzanspruch auf Handschuhsheim. *Die Gladebechen,* später auch *Glatbechin* genannt, wird darin erwähnt.

Im Jahre 1319/1320 hatte das Erzbistum Mainz mit der Schauenburg bei Dossenheim zugleich die Besitzrechte an einigen Ortschaften auf der Nordseite des Neckars, darunter Handschuhsheim, erworben. Auch der Odenwald gehörte zu Mainz, ein Gebiet, für das jedoch die Pfalzgrafen Rechtshoheit hatten. Besitzansprüche auf die verwalteten Vogteien konnten die Pfalzgrafen daraus aber nicht ableiten.[12] Die Rechte der Mainzer Erzbischöfe missfielen dem Pfalzgrafen und den späteren Pfälzer Kurfürsten sehr. Sie stritten sich mit dem Erzbistum wegen dieser Besitzansprüche mehr als hundert Jahre lang, bis Kurfürst Friedrich I., der Siegreiche, 1460 die Streitfrage mit Gewalt löste. In der Schlacht bei Pfeddersheim besiegte er seine Kontrahenten, ließ die Schauenburg schleifen und machte Handschuhsheim zu einem Teil der Kurpfalz.[13]

Fast 80 Jahre nach dem Erwerb der Schauenburg sollte im April 1399 die Aufzeichnung der überlieferten Rechtsfälle wohl dazu dienen klarzustellen, dass wichtige Teile des nördlich des Neckars gelegenen Odenwaldes zu Handschuhsheim gehörten und damit rechtmäßig von Mainz zu beanspruchen waren. Zu den wertvollen Grundstücken gehörten sicherlich die Weingärten an den *Neckarhalden* oder *Neckarhelden*

11	WEECH, v. in ZGO, Bd.26, 1874 S.39
12	GOETZE, J. 1988, S.18
13	HEIBERGER, H. 2.Aufl. 1986, S.16

(heute Neckarhelle genannt) jenseits der Alten Brücke von Neuenheim bis Ziegelhausen.[14] Auf sie beziehen sich etliche Eintragungen im Weistum von 1399.[15] Neben vielen anderen Personen wird darin auch eine Frau *Gladebechen* erwähnt, der Weingärten an den Hängen des Odenwaldes im Neckartal gehört hatten und die diese dem Schöffen von Handschuhsheim abgetreten hatte.[16]

Dort heißt es:
"Ebenso: Nydenstein von Heidelberg kauft Weingärten, die an den Neckar-Halden liegen. Diese waren Eigentum der Gladebechen. Sie gab diese Weingärten weg an den Schöffen des Gerichts zu Handschuhsheim "

Acht Jahre später begegnet uns dieselbe Frau wieder, in einer Einschätzung und Registrierung der an den Deutschen Orden zu zahlenden Abgaben. Dort wird sie Frau *Glatbechin* genannt.[17] Ihren Vornamen kennen wir nicht. Der Nachname lässt vermuten, dass sie aus einem Ort namens Gladebach oder Glatbach stammt. So deutet es auch CHRIST, der die 32 Jahre später aufgestellte Schatzung aus dem Jahre 1439 erläutert. Er meint, es handle sich um einen Ort Glattbach oder Gladbach bei Lindenfels.[18] EULENBURG nennt in seiner Schrift über dieselbe Schatzung einen Ort: Gladebach in Hessen-Nassau, der früher zur Kurpfalz gehört habe.[19] Er meint damit wohl denselben Ort.
In der Schatzung von 1439 werden zwei Personen mit dem Nachnamen Gladebach genannt, ein Weingärtner Claus Gladebach und ein Schneider Sifrid Gladebach.[20] Beide aber kommen als Besitzer des Hauses nicht in Frage, auch wenn sie verwandt, etwa die Söhne sein sollten, denn zu diesem Zeitpunkt hatte das Haus bereits nachweislich einen anderen Eigentümer.

---

14   JAEGER, O.1988, Einträge 658-660 und 677-682 sowie 684
15   DERWEIN, H. 1940, Nr. 640 meint, dass die *Neckarhelden* besonders ertragreiche Weinberge waren, die unterhalb des Schlosses lagen - gegen Schlierbach zu. Und "*nicht scharf vom Friesenberg zu trennen*" sind. Die Beziehung zu Handschuhsheim weist aber darauf hin, dass es sich um Hänge auf der nördlichen Seite des Neckars handelt. Auch wäre dort der erheblich günstigere Standort, um Reben zu ziehen. Vgl. JAEGER, O. 1988, S.114
16   WEECH, v. in ZGO, Bd.26, 1874, S.46. Wortlaut im ANHANG
17   GLA 66/3481 Berainbuch des Deutschen Ordens fol. 3r
18   NAHD, Bd. III, S.231 Fußnote 4 und S.243 Fußnote 4
19   In der Schatzung von 1439 ist auch ein Ort *Gladebach* unter Position XXXIV gesondert ausgewiesen. NAHD Bd. V, S.32. Heute existiert ein Ort Glattbach bei Fürth / Kreis Bergstraße, um den es sich dabei wohl handelt.
20   NAHD, Bd. III S.231 -Nr.264 und S.243 -Nr.540

Der Name Gladebach taucht auch in den Matrikeln der Universität Heidelberg auf. Im gleichen Zeitraum sind dort einige Studenten eingetragen, die Gladebach, Glatbach etc. heißen. TOEPKE verweist darauf, dass der Name Glatbach auch mit *Doleatoris* oder *Doliatoris* umschrieben wird, was aus der Berufsbezeichnung *Böttcher, Büttner* oder *Bender* abgeleitet sei.[21]

Eine Verbindung zu der erwähnten Frau Glatbechin ließ sich aber nicht nachweisen, obwohl immerhin vier dieser Doleatoris aus Heidelberg stammen.

---

21   TOEPKE, G. Bd. III, S.129 und S.198

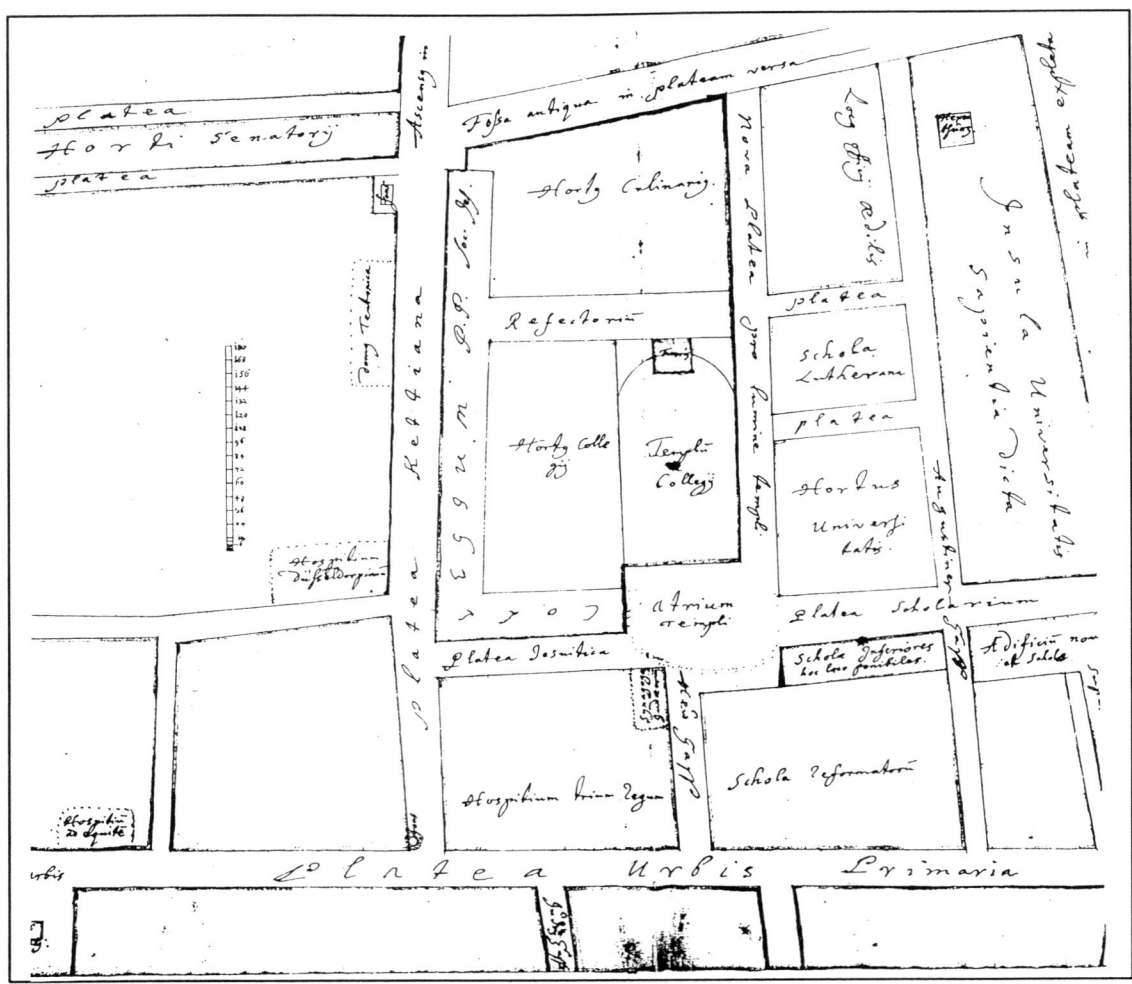

Das Deutsche Haus in Heidelberg

Das "*Domus Teutonica*" ist an der Kettengasse, der "*Platea Kettiana*" oben links eingezeichnet. Die *Juden Gaß* liegt unten in der Mitte und zweigt von der Hauptstraße, der platea Urbis Primaria, ab.

Plan- Ausschnitt um 1713 GLA 204/2096

DAS 15. und 16. JAHRHUNDERT

Der Deutsche Orden registriert seine Besitzungen

Acht Jahre nach der ersten Erwähnung taucht *die Gladebechen* als *Glatbechin* in einem Buch des Deutschen Ordens auf, in dem sämtliche Einkünfte aus Grundbesitz registriert wurden. Frau *Glatbechin* hatte nicht selbst an den Orden Abgaben zu zahlen, sondern war Nachbarin eines Hauses, das dem Deutschen Orden abgabepflichtig war.

Zur genauen Lokalisierung der ordenseigenen Grundstücke und Häuser wurde auch 1407 die Nachbarschaftsdefinition verwendet. So ließen sich die topographische Situation und damit auch die Besitzerin des hier behandelten Grundstücks in der Judengasse erschließen.

Der Deutsche Orden, auch Deutschritter-Orden oder Deutschherren-Orden genannt, besaß seit dem Mittelalter Rechte an einer ganzen Reihe von Häusern in Heidelberg. Dieser Tatsache verdanken wir, dass sich die Besitzer des hier untersuchten Grundstücks so weit zurück nachweisen ließen. Es soll daher kurz auf die Geschichte des Deutschen Ordens eingegangen werden.

Als letzten der drei Kreuzfahrer-Orden bestätigte im Jahre 1191 der Papst die Deutschordensherren, also noch kurz bevor Heidelberg überhaupt in die Geschichte eintrat.[22] Mit der Niederlage bei Accon 1291 war einhundert Jahre später der Rückzug aller Kreuzfahrer-Orden aus dem Heiligen Land besiegelt.

Der Deutsche Orden konzentrierte sich jetzt mit seiner Aufgabe, das Christentum zu verbreiten, wenn es sein musste auch mit Feuer und Schwert, verstärkt auf Ostpreußen, wo er bereits seit 1227 missionierte.[23]

---

22 Heidelberg wurde erstmals im Jahre 1196 urkundlich erwähnt.
23 Kaiser und Papst unterstützten das Vordringen nach Osten, um die Heiden zu "bekehren" mit verschiedenen Privilegien: Es wurden "... päpstliche Ablässe für die Ausführung der Kreuzzugsaufgaben verliehen." KWIATKOWSKI, S. 1997, S.122. Die Zusage, dass alles eroberte Land dem Orden zufällt, schürte enorme Expansionsgelüste. Aber auch die Versicherung, "... daß der Dienst im Orden (also das Leben nach der Regel und der Heidenkampf) ein sicherer Weg zur Erlösung der Seele sei." KWIATKOWSKI, S. 1997, S.121.

Der zweite Absatz von oben lautet:
"Ite[m] Heinnz Pate der Gyßubelin man gibt xi Heller und 1 Cappen von cym huse in der Juden gaßen Da hat oben an mathis Gyßubel und vnden Dran Die glatbechin". Über dem ausgestrichenen Namen "glatbechin" steht "Peter Besserer".
Berainbuch des Deutschen Ordens von 1407   GLA 66/3481

Der Orden war zunächst sehr erfolgreich. Es kam aber zu Aufständen der unterdrückten Bevölkerung, und schließlich kam der Orden mit den bereits christianisierten Polen ins Gehege und verlegte nach empfindlichen Niederlagen 1466 seine Residenz zunächst nach Königsberg. Ab 1530 befand sich der Sitz des Hochmeisters in Bad Mergentheim.[24]

Damit war der Deutsche Orden endgültig in die unmittelbare Nähe Heidelbergs gerückt. Schon viel früher, seit etwa 1260, war er bereits hier ansässig geworden.[25] In der Kettengasse / Ecke Zwingerstraße gingen 1280 Grundstücke, die ursprünglich den Herren von Walldorf gehört hatten, in seinen Besitz über.[26] Für damalige Verhältnisse handelte es sich um ein großes Areal innerhalb der Stadtmauern.[27] Darauf wurde das *Deutschordenshaus* oder *Deutsche Haus* errichtet.[28] Am östlichen Giebel des heute als Theater genutzten Baues in der Zwingerstraße 3 ist ein Wappen angebracht, das von zwei Löwen getragen wird.[29] Es handelt sich um das Wappen des Hochmeisters des Deutschen Ordens aus dem Jahre 1604, des Pfalzgrafen Franz Ludwig, eines Sohnes des Kurfürsten Philipp Wilhelm.[30] Es war offensichtlich früher an anderer Stelle angebracht - der Rundung nach zu schließen über einem Torbogen.

Die Macht des Ordens lässt sich auch daran erkennen, dass er 1407 von 22 Häusern in der Stadt Abgaben kassierte.[31] Wenn man berücksichtigt, dass damals sehr beengt gewohnt wurde - man schätzt, dass etwa 2 Familien bzw. 12 Personen in einem zweistöckigen Hause zusammen lebten - so kontrollierte der Orden mit 250 Personen ca. 5 Prozent der Bevölkerung Heidelbergs.[32] Über alle Kriegswirren hinweg blieben

---

24	Heute ist der Sitz des OT, des Ordine de Cavallieri Tedesci, in Wien.
25	DERWEIN. H. 1940, S. 85
26	GOETZE, J. 1996, S.114
27	Heute: Kettengasse Nr.21 und Zwingerstraße 3. Ob auch Kettengasse 23 und Zwingerstraße 1 dazu zählten, wird unterschiedlich bewertet.
28	Auf dem Plan aus dem 18. Jahrhundert ist nur das Haus Kettengasse 21 als *domus Teutonica* eingezeichnet, GLA 204/2096.
29	DRÖS, H. 1991 S.260 Tafel 39
30	CHRIST, K. NAHD Bd. 1 S.203
31	GLA 66/3481 Wortlaut im ANHANG
32	DERWEIN, H. 1940, S.24 schätzt die Einwohnerzahl in dieser Zeit auf etwa 5200-5800; andere Autoren schätzen 5000.

die Grundstücke abgabenpflichtig. Beim Verkauf eines Grundstücks wurde die Belastung jeweils weitergegeben mit der Formel "... *beschwert mit 1 cappen 3 x 6 fl. grundt Zins dem Teutschen Hauß...*"[33]

Der Deutsche Orden registrierte 1407 außer den Häusern noch 268 Morgen Land, Weinberge und Äcker in der näheren und weiteren Umgebung.[34] Alle waren abgabenpflichtig. Die Ordensverwaltung führte darüber Buch. Immer wieder wurden sämtliche Grundstücke beschrieben und mit ihrer Verpflichtung in den Zinsbüchern verzeichnet.[35]

Wappen des Pfalzgrafen Franz Ludwig, Hochmeister des Deutschen Ordens,
heute am Giebel des Hauses Zwingerstraße 3 angebracht.

---

33   Hier zitiert aus CB II, S.691. Kaufbrief des noch kriegszerstörten Hausplatzes in der Judengasse (heute Dreikönigstr.12) vom 28.7.1712

34   Zusammenstellungen nach DERWEIN, H. 1940, S.85f. 268 Morgen entsprechen etwa 90 ha, nicht ganz einem Quadratkilometer.

35   Solche Berain-Bücher sind im GLA Karlsruhe erhalten und unter der Abteilung 66/ registriert: für die Jahre 1407-66/3481, 1445-66/3483, 1487-66/3485, 1509-66/3487, 1529-66/3489, 1529+1532+1576-66/3488, 1563+1599+1630-66/3492, 1663-66/3491, 1744-66/3507, 1770-66/3512, 1785-66/3515.

Der Fischer oder Schiffer Peter Besserer

Der nächste Eigentümer nach Frau Glatbechin war Peter Besserer. Er wird in dem bereits erwähnten Berainbuch von 1407 als Nachbar des südlich angrenzenden Grundstücks, heute Dreikönigstraße 12, erwähnt.

Hier ist der ursprünglich eingetragene Name "*glatbechin*" durchgestrichen und durch "*peter besserer*" ersetzt.[36] Peter Besserer hat also erst nach 1407 das Grundstück erworben. Es muss aber vor 1439 gewesen sein, denn im Berainbuch dieses Jahres wird Peter Besserer nur noch allein genannt. Wann der Eigentumsübergang genau stattfand, bleibt offen. Während über Frau Glatbechin nichts weiter zu finden war, tauchte der Name Peter Besserer beim Deutschen Orden kontinuierlich bis 1532 auf.[37] Allerdings kann er 1532 nicht mehr gelebt haben - er wäre mindestens 110 Jahre alt gewesen. Es ist anzunehmen, dass es sich um einen Nachkommen gleichen Namens handelt.

Im Jahre 1449 erfahren wir etwas über Peter Besserer, weil er als Schuldner des Augustinerklosters verzeichnet ist: "*13 schilling pfennig vff Peter Besserer, gibt jtzundt der Retz zu Kyrcheim*" hat das Kloster vermerkt.[38]

Noch mal gut 40 Jahre später erscheint Peter Besserer wiederum als Schuldner der Augustiner: "*1491. Nov. 14. Peter Besserer, Bürger zu Heydelberg giebt dem Kloster dreizehn Schilling Pfennig ewigen Zinses zu einem ewigen Seelgeräte für Hannszenn Meder. Verpfändet ist ein Weingarten in Rohrbacher Mark.*"[39].

Besserer, auch *peter beßer* genannt, gehörte der "*Fischer zunnfte*" an.[40] In dieser Zunft waren nicht nur die Fischer, sondern auch die Schiffer organisiert. Peter Besserer muss also einen dieser beiden Berufe ausgeübt haben.

---

36 GLA 66/3481, S.3
37 1439 - GLA 66/3482 fol.3r, 1445 - GLA 66/3483 fol.7r; 1487 - GLA 66/3485, fol.7r; 1529 - GLA 66/3489 fol.6r; 1531 - UAHD RA 657 S.222; 1529 - GLA 66/3489 fol.6v; 1532 - GLA 66/3490, fol.6v
38 UAHD IX, 4b Nr.135, zitiert nach NAHD, Bd. IV, S.124
39 Cod. Heid. 308,77. f.126, zitiert nach NAHD Bd. IV, S. 61
40 Dies lässt sich aus der Schatzung des Jahres 1439 - GLA 66/ 3482 - entnehmen. Veröffentlicht im NAHD, Bd. III. Dort sind die Einwohner nach Berufsgruppen getrennt aufgeführt: z.B. auch Pfarrer oder die Personen, die keiner Zunft angehören. Titelseite im ANHANG

Ganz so ordentlich, wie die Bücher den Anschein erwecken wollen, ging es bei der Verwaltung des Deutschen Ordens nicht zu. Berainbücher wurden kopiert, ergänzt, korrigiert, erneuert bzw. *renovirt,* so bezeichnete man die Neuauflage. Die alten Bücher wurden sorgfältig aufbewahrt. Vor allem Besitzerwechsel, aber auch Zahlungseingänge wurden dort hinein notiert. Warum und wofür wurde kopiert? Offenbar benutzten die Schreiber mal dieses, mal jenes Verzeichnis für ihre Nachträge. Dann existierten mitunter zwei gleichlautende Exemplare parallel, in die hineingeschrieben wurde. Dies trifft für das Jahr 1529 zu.[41] Besonders viele Nachträge - jedoch leider nicht kontinuierlich - finden sich in den Büchern von 1529 und 1532.[42]

Die Verwalter des Deutschen Ordens kamen dabei manchmal ganz schön durcheinander. Dies gipfelte in einem Abschreibefehler. Mitten im Dreißigjährigen Krieg, im Jahre 1630, legte der Orden ein neues Buch an.[43] Nach der Eroberung der Pfalz durch die kaiserlichen Truppen und einem Rekatholisierungs-Programm glaubte man wohl, die Zinsen wieder eintreiben zu können. Als Vorlage muss ein uraltes Verzeichnis gedient haben. Nur so ist es verständlich, dass noch 1630 *Peter Beßerer* als Besitzer eingetragen wird, der doch längst verstorben war.[44] Der Name ist dann durchgestrichen und der Name der neuen Eigentümer *Christian Engels alten Bottenmeisters Erben* ist am Rande vermerkt.[45] Dieser Abschreibefehler hat aber einen sehr positiven Nebeneffekt: er bestätigt die Identität des Grundstücks (aber nicht des Besitzers!) über zweihundert Jahre hinweg.

1407
Ausschnitt aus dem Berainbuch des Deutschen Ordens
siehe S.24

---

41 GLA 66/4388 und GLA 66/4389
42 GLA 66/4389 und GLA 66/3490
43 GLA 66/3492
44 GLA 66/3492 S.23. Peter Besserer hat das Haus zwischen 1407 und 1439 übernommen. Seitdem waren also gut zweihundert Jahre verflossen.
45 Siehe später S.45, Kapitel: Christian Engel verdient nur 10 Gulden im Jahr 1604.

Der Walbom gegen Peter Besserer

Der Name Peter Besserer taucht auch in den Rektorbüchern der Universität Heidelberg auf. Die Universität musste alle paar Jahre zahlreiche Reparaturen an ihren Häusern vornehmen lassen. Die Versammlung des Universitätssenates beriet 1529 unter Punkt 4 der Tagesordnung wieder einmal die Maßnahmen im Detail. Auch in der Schwabenburse, die der Universität gehörte, stellte man eine ganze Reihe von Schäden fest. Normalerweise sind diese Mängellisten ohne die übliche Nachbarschaftsdefinition erstellt worden, weil ja jeder wusste, wo die Universitätsgebäude lagen. Bei der Schwabenburse handelte es sich jedoch nicht nur um ein, sondern um zwei Häuser. Zur Unterscheidung wurde daher vom alten und vom neuen Haus gesprochen. Nun reichte dem Schreiber zur exakten Lokalisierung eines defekten Daches auch diese Angabe nicht aus, und er notierte zusätzlich den südlichen Angrenzer, einen Peter Besserer. Ob es sich dabei um denselben Peter Besserer handelt, darf, wie schon erwähnt, sicher angezweifelt werden. Oder man verwendete den Namen Peter Besserer zur Grundstücksbezeichnung über den Tod des langjährigen Besitzers hinaus? Immerhin waren bereits mindestens 90 Jahre vergangen, seit der Name zum ersten Mal mit diesem Haus in Verbindung gebracht wurde.

Der Bericht führte genau aus, es seien an demselben Haus überall die *wasserdeger* zu reparieren.[46] Ferner sei *der Walbom* (das Walmdach) gegen Peter Besserer hin zu decken und auszubessern. Ferner solle die Mauer im Hof nachgesehen werden - u.s.w..[47]

Mit dem *Walbom*, der hier gedeckt und ausgebessert werden sollte, wurde der abgeschrägte Giebel - heute Walmdach - bezeichnet. Auf dem Heidelberg-Stich von Sebastian Münster kann man erkennen, dass die Häuser der Schwabenburse mit dem Giebel zur Straße standen und beide ein Walmdach trugen. Allerdings muss danach nach Süden, in Richtung auf Peter Besserers Grundstück, die längere Dachseite gezeigt

---

46 Wird Wasserdecher gesprochen. Damit sind wohl wasserabführende Leitungen, Dachrinnen oder Fallrohre gemeint.
47 UAHD RA 657, fol.222r. Wortlaut im ANHANG

haben. Auch 180 Jahre später, als Mathäus Merian 1620 sein Bild von Heidelberg zeichnete, sahen die Dächer der Schwabenburse noch genauso aus.[48]

Stadtansicht von Sebastian Münster 1550. Ausschnitt
Das Judentor ist in der Stadtmauer vorne sichtbar. Die Judengasse zieht von da aus schräg nach rechts hinten. Die Dächer der Schwabenburse liegen parallel zum Neckar.

---

48   LEHMANN, H.W. 1996, S. 59

Die "Nonnengaß" - wiedergefunden

DERWEIN hat in seinem Buch über die Flurnamen Heidelbergs auch die Nonnengasse erwähnt und zitiert: "*die Nonnengaß, stoßt vornen uf die Juden Gaß, hinten uf ...*" und ergänzt: "Bussemergasse".[49] Die Nonnengasse verband demnach beide Gassen, Judengasse und Bussemergasse, miteinander. Ferner verweist Derwein auf das Nonnenhaus des Klosters Neuburg, das in der Bussemergasse am östlichen Eck gegen den Neckar hin lag und meint, dass der Name Nonnengaß vom Nonnenhaus abgeleitet ist.

Heute ist die Nonnengasse verschwunden. Die Häuser sind aneinander gebaut. Nichts deutet auf eine Gasse hin.

Blickt man auf die Kellergrundrisse, so lässt sich daraus allerdings ein Durchgang erkennen. Es fällt auf, dass die Keller in diesem Bereich zwei bis drei Meter voneinander abgerückt sind. Dies ist zwar nicht ungewöhnlich, aber immerhin ist Platz genug für eine schmale Gasse.

Zudem gibt es im Keller des Vorderhauses einen Beweis dafür, dass hier ein Durchgang gewesen sein muss. Dort befinden sich heute noch Treppenstufen und Reste eines Kellerhalses, das heißt eines gewölbten Kellerausgangs, der nach Norden, und damit in die Nonnengasse führte. Die Wandöffnung ist heute vermauert.

Ein weiterer Hinweis ist der heutige unregelmäßige Grenzverlauf des Grundstücks. Er ist durch die Aufteilung der ehemaligen Nonnengasse erklärbar. Vermutlich wurde die Nonnengasse geteilt und drei verschiedenen Grundstücken zugeschlagen.

Der westlichste Teil der ehemaligen Nonnengasse gehört heute zur Bussemergasse 1. Der Jesuitenorden erhielt Anfang des 18. Jahrhunderts das Nonnenhaus und kaufte dann am 27.2.1713 das nach Süden anschließende Grundstück dazu.[50] Als dann 1732 das neue Gebäude der Jesuiten errichtet wurde, rückte man bis an den alten Keller von Bussemergasse 1a ran und überbaute den nicht unterkellerten Teil der ehemaligen Nonnengasse mit.

Folgt man dieser Hypothese, so bildet das daran anschließende Teilstück der Nonnengasse die zur Dreikönigstraße 10 gehörende Grundstücksecke, in der heute der

---

49 DERWEIN, H. 1940: GLA Berainbuch 3500
50 CB Bd. II, S.824

Holzschober steht. Der östliche Teil der Nonnengasse dürfte dem Haus Dreikönigstraße 8 zugeschlagen worden sein.

Diese Grundstücksveränderungen müssen allerdings schon sehr früh erfolgt sein, denn bei der Beschreibung der universitätseigenen Schwabenburse ist nie ein Weg oder dergleichen erwähnt. Vielmehr wird immer nur vom Winkel bzw. schon 1529 von Peter Besserer als Angrenzer gesprochen.[51] Auch das von den Jesuiten überbaute Stück kann natürlich schon vor der Zerstörung Heidelbergs (1689) bebaut gewesen sein. Der fehlende Keller ist kein Beweis für eine Nicht-Bebauung.

Im Jahr 1732, das die Fundstelle von DERWEIN angibt, kann diese Gasse nach unseren Recherchen nicht mehr bestanden haben. Hier muss sich die Erwähnung auf eine zurückliegende Zeit beziehen.

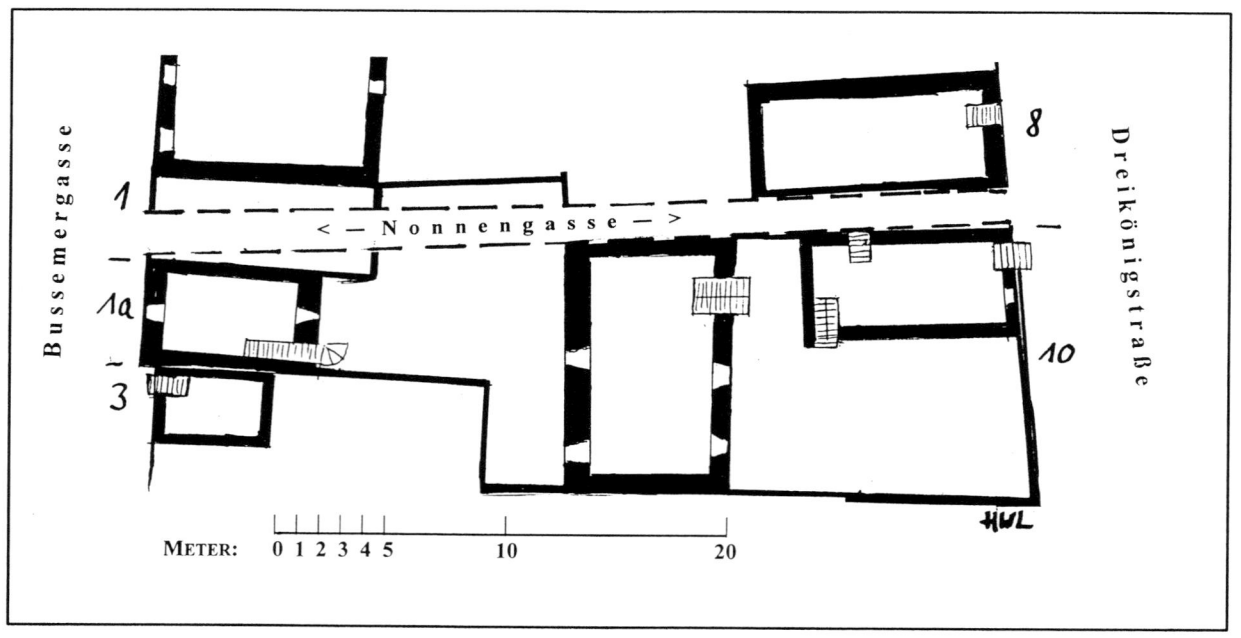

Vermutete Lage der früheren *Nonnengaß* mit Kellerausgang aus dem Keller Dreikönigstr. 10 nach Norden. (nach einem Kellerplan des Städtischen Tiefbauamtes)

---

51 Siehe vorhergehendes Kapitel: Der Walbom gegen Peter Besserer

Die nächsten Eigentümer — Schmid, Ganzherd und Rönnere

Auf Peter Besserer folgte als Besitzer J. Michel Schmid, auch Michael Schmidt geschrieben. Er wurde nach 1532 im Berainbuch des Deutschen Ordens als Nachbesitzer eingetragen.[52] Vor 1576 muss er gestorben sein, denn dort taucht nur noch *Michael Schmidts Wittib* auf.[53] Im Verzeichnis von 1532 sind außerdem als Nachbesitzer eingetragen: *"modo wolff ganzherd [oder gennzherden?]* und *"modo: Hanns Frantz Rönnere, Zahlmeister"*[54]. Diese beiden Namen waren später nicht noch einmal zu finden. Weder 1576 noch 1577 wurden sie angegeben. Dagegen wird in den Büchern von 1576 und 1577 wieder *Michael Schmidts Wittib* genannt.[55]

Dies lässt verschiedene Hypothesen zu. Zunächst sei daran erinnert, dass es sich bei der betreffenden Zeit um die erste Phase nach der Reformation handelt, in der insbesondere die Kurpfalz mehrere religiöse Umpolungen erlebte. Es kann sich hier schlicht um einen Fehleintrag handeln. Man muss aber eher davon ausgehen, dass die Witwe Schmid nacheinander noch zweimal geheiratet hat, nämlich Ganzherd und Rönnere.

Solche Wiederverheiratungen trifft man häufig bei Witwen eines Zunftangehörigen. Die Zünfte hatten meist die Anzahl ihrer Mitglieder begrenzt.[56] Die Witwe konnte das Zunftrecht weitergeben und ermöglichte so dem Einheiratenden, in eine Zunft aufgenommen zu werden, Ein solcher Schritt sicherte zugleich auch der Witwe eine Altersversorgung.

Wenn nun der Angeheiratete vor seiner Frau starb, blieb die Witwe Schmidt weiterhin im Besitz des Zunftrechtes. Und daher wurde sie dann wieder *Michael Schmid Witwe* genannt. Diese Hypothese könnte auf Wolff Ganzherd, nicht aber auf Rönnere zutreffen. Rönnere war Zahlmeister. Seine Ehe muss anders begründet worden sein.

---

52 GLA 66/3490 fol 6 v
53 GLA 66/3488 fol.30 r
54 GLA 66/3490 fol.6 v
55 GLA 66/3488 fol.30 r. und GLA 66/3493 S.14
56 Noch in der Zunftordnung der Steinhauer, Maurer, Schieferdecker und Tüncher vom 10.11.1757 nennt der Artikel 1 die Einheirat als eine von mehreren Bedingungen, in die Zunft aufgenommen zu werden. StAHD H 75

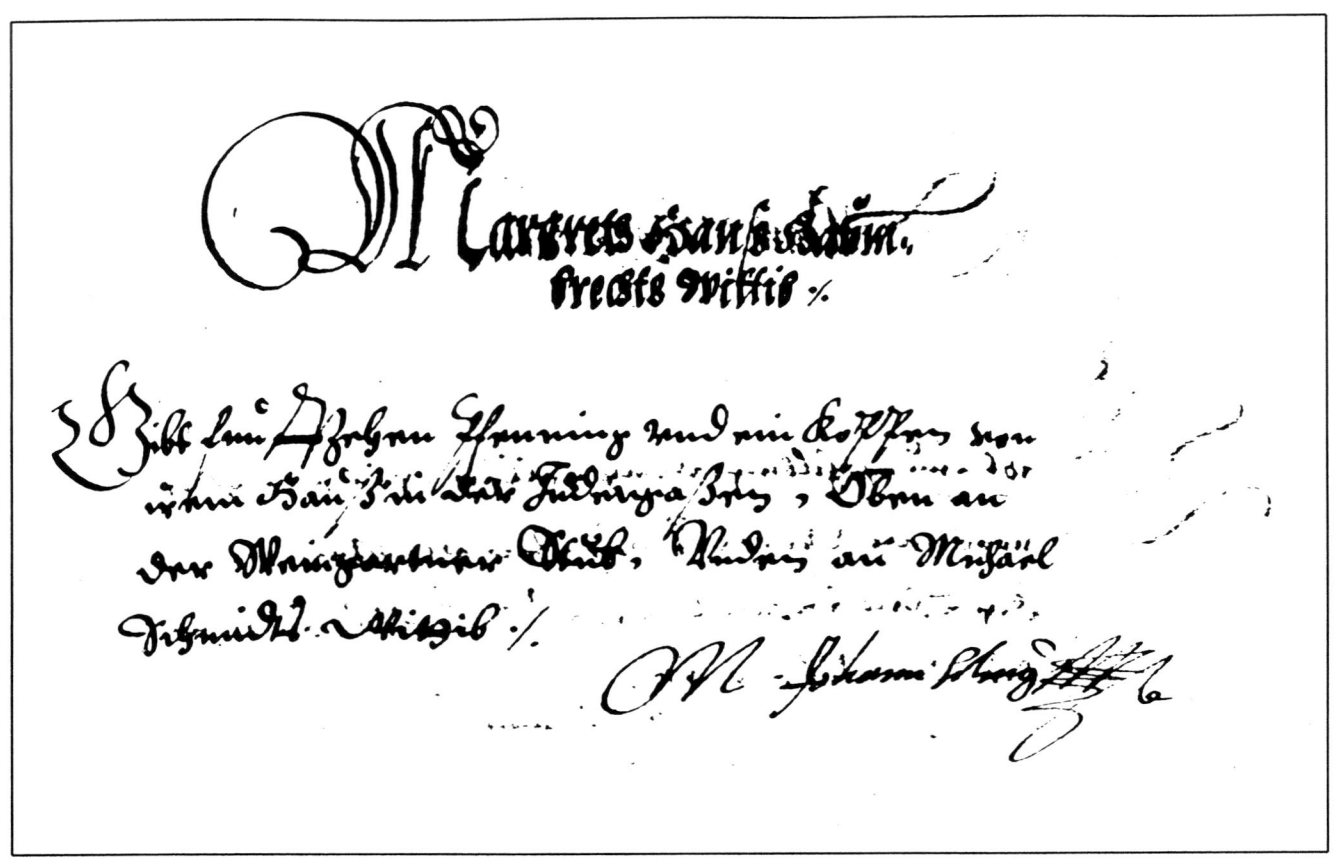

"*Margrets Hanß Haumbrechts Wittib ./. Gibt fünnffZehen Pfenning vnd ein Kappen von irem Hauß in der Judengaßen, Oben an der Weingärtner Stub, Vnden an Michael Schmidts Wittib ./. M Johann Schug Mstr.*"

Eintrag im Berainbuch des Deutschen Ordens von 1577   GLA 66/3493 S.14

Die Familie Hügel[57]
aus Heiligenstein bei Schlettstadt

Noch vor Ende des 16. Jahrhunderts kommt das Grundstück wieder in andere Hände. Als nächstes taucht der Name Hügel auf. Über den Eigentumsübergang von Besserer über Schmidt, Ganzherd und Rönnere an Hügel konnte nichts eruiert werden. Obwohl von der Familie Hügel viele Daten überliefert sind, fehlt darüber jede Information.

Sebastian Hügel senior, ein Jurist, stammte aus dem Elsass. Er ist am 2.10.1512 als Student in Heidelberg mit dem Namen "*Sebastianus Hügel, de Heilgenstein Argentinensis dioc.*" eingeschrieben.[58] Am 10.10.1519 wird eingetragen, dass "*Sebastianus Hugonis Argentinus d.*" die "*insigna magisterij in artibus*" erhalten hat.[59] Ab 1529 ist er als Professor Dr. jur. an der Universität in Heidelberg nachgewiesen, 1529/30 als Rektor. - Die kurze Amtszeit war normal; Rektoren wurden damals jährlich neu gewählt. - 1548 bis 1552 wird Sebastian Hügel sen. zum Reichskammergericht berufen.[60] Vor dem Jahr 1566 ist Sebastian Hügel sen. verstorben.

Als Ehefrau dieses Sebastian Hügel ist Barbara Schwarzerdt überliefert.[61] Ob sie die Mutter sämtlicher 14 Kinder ist, bleibt offen. Sicher haben aber nicht alle 14 Kinder das Erwachsenenalter erreicht, was man schon daran ablesen kann, dass jeweils zwei Kinder mit identischem Namen überliefert sind. Je zwei hießen Johann bzw. Barbara.

In den Matrikeln der Universität Heidelberg tauchen vier Kinder des Sebastian Hügel sen. als Studenten auf: Karl, später auch Professor in Heidelberg, schreibt sich

---

57 Andere Schreibweisen sind: Hügele, Hügelin, Hügelius, Hugelius, Hug, Hugonis, Collibus.
58 TOEPKE Bd. I, S.487 Dioc. bedeutet diocesis, d.h. der Distrikt Argentoratum bzw. Argentaria (Straßburg).
59 TOEPKE Bd. II, S.439
60 STUCK, K. 1986, S.47
61 Interessant wäre, der Frage nachzugehen, ob Barbara Schwarzerdt mit Philipp Melanchton verwandt ist, der ja ebenfalls Schwarzerdt hieß, dann aber seinen Namen "schwarze Erde" nach guter humanistischer Sitte wörtlich ins Griechische übersetzte.

am 16.10.1554 ein[62], Sebastian jun. am 19.4.1558[63], Georg am 17.10.1558[64] und Johannes am 18.10.1568[65].

Zwei dieser 14 Kinder, der spätere Landschreiber und Keller Georg Hügel und der spätere Rechenschreiber Sebastian Hügel, werden uns weiter beschäftigen.

62	TOEPKE Bd. II, S.494 :"Carolus Hügelius, Heidelbergensis, filius doctoris Sebastiani Hügelij"
63	TOEPKE Bd. II, S.495 :"Sebastianus Hugelius Heidelbergensis, filius doctoris Sebastiani Hugelij"
64	TOEPKE Bd. II, S.16 :"Georgius Hugelius Heidelbergensis"
65	TOEPKE Bd. II, S.44 :"Joannes Hugelius Heidelbergensis"

Sebastian Hügel registriert des Kurfürsts alte Kleider

Man schrieb den *"27. februariy Ano p. 81"* - 1581 nach Christi Geburt. Die Kleiderkammern des Pfälzischen Kurfürsten Ludwig VI. wurden tagelang auf den Kopf gestellt. Stück für Stück wurde hervorgeholt, vorgezeigt, begutachtet, beschrieben und registriert. Ein über 30 Seiten langes *"Inventarium"* gibt darüber Rechenschaft.[66]

Die überlieferte Liste ist sorgfältig nach einzelnen Kleiderarten geordnet: Des Kurfürsten Röcke, Hosen, Handschuhe, Brusttücher, Hüte - mit und ohne Pelzbesatz etc., wurden nicht nur nach ihrer Machart, ihrem Material, *"Beltz, Sammet, Seide, Attlaß"*, genau beschrieben. Auch die Ausschmückung der Kleidungsstücke war den Beurteilenden wichtig. So hieß es etwa: *"Die Schnitt mit Laubwergk außgeneht"*, *"mit schwarz seiden börtlein gerembdt."*[67] Nicht zuletzt wurde der Erhaltungszustand beurteilt. Dies erledigte *"Maister Endres Kargen Ihrer Churfl. Gnaden Hoffschneider"*.

Neben dem Rechenschreiber Sebastian Hügel waren gleich mehrere hochrangige kurpfälzische Beamte dabei anwesend. Eine so wichtige Angelegenheit konnte man nicht einfach dem Hof-Schneidermeister allein überlassen. Wie der Urkunde vorangestellt ist, fand das ganze statt *"... in beisein Ihrer Churfürstlichen Gnad[en] Stebler Wilhelm von Meisenbugs, Cammermeisters Georgen Stuichs, Haushoffmeisters Sebastian Vriels von Appenzells und Rechenschreibers Sebastian Hügels ..."*

Kurfürst Ludwig VI. erwies sich nicht nur hierin als der alles ordnende, strenge Fürst. "Auch im alltäglichen Leben war eine Reglementierung durch kleinliche Verordnung zu verspüren. Die christliche Polizeiordnung von 1578 wetterte gegen Genusssucht und Verschwendung. Sie verbot die im dörflichen Leben der Kurpfälzer so beliebte Kirchweih, auch das Fastnachten und heiteren Mummenschanz."[68] Der Kurfürst versuchte auch mit aller Gewalt das Luthertum in der Pfalz wieder durchzusetzen, indem er die anderen protestantischen Kirchen, Calvinisten und Reformierte, unterdrückte.[69]

---

66 UBHD. Die Deutschen Pfälzer Handschriften. Pal.Germ. 837/209 (nach Wille)
67 "Die Schnitte mit Laubwerk ausgenäht", "mit schwarz seidenen Börtchen verbrämt".
68 KOLLNIG, K. 1993, S.54.
69 Darüber ausführlich HEPP, F. 1991, S.99ff

Inventar der Kurfürstlichen Kleiderkammer vom 27.2.1581
"Inuentarium Über deß Durchleuchtigsten Hochgeborenen Fürsten vnd Serrn. Herrn Ludwigen Pfaltz=Grauen bey Rhein ..."[70]

---

70   UBHD Pal.germ. 837 / 209 (Wille). Deckblatt, stark verkleinert. Wortlaut im ANHANG.

In diesem Kontext überrascht es nicht, dass auch darüber detaillierte Listen aufgestellt wurden, welche alten und abgetragenen Kleidungsstücke der Kurfürst nicht mehr verwendete. Ein ganzer Abschnitt befasst sich mit *"Leib vnnd wapen Röck so nit mehr zutragenn"*[71]. Selbst Kleidungsstücke lange verstorbener Kurfürsten, nämlich Friedrichs II. (1544-1556) und Friedrichs III. (1559-1576) finden sich in der Aufstellung des Jahres 1581. Offenbar wurden diese Kleider nicht etwa ausgesondert oder gar an Arme abgegeben. Darüber steht zumindest keinerlei Notiz in dem überlieferten Inventarium.

Der als Mitarbeiter dieses Inventariums von 1581 erwähnte Rechenschreiber Sebastian Hügel ist von besonderem Interesse, weil er auf dem Grundstück in der Judengasse wohnte, das hier behandelt wird.

Sebastian Hügel ist sieben Jahre nach der Aufstellung dieses Inventars, nämlich 1588, im Einwohnerverzeichnis der Stadt Heidelberg als in der Judengasse wohnhaft aufgeführt.[72] In der Rubrik *"Marschalks- und Hofangehörige"* steht: *"... Sebastian Hügele, Rechenrath mit weib, 4 kindt, 3 mägdt, 9."*[73]

Das Einwohnerverzeichnis von 1588 macht keine weiteren Angaben als den Straßennamen, in der die aufgeführten Personen wohnen. Eine Nachbarschaftsdefinition fehlt, somit war die exakte Lage des Hauses, in dem Sebastian Hügel wohnte, nicht feststellbar. Es kann sich aber nur um ihn handeln. Denn außer dem Rechenschreiber Sebastian Hügel wird 1588 nur noch eine weitere Person mit dem Namen "Hügel" als Bewohner in Heidelberg erwähnt. Dr. jur. Hypolitus oder Hippolitus a Collibus, Prorektor an der Universität. Er wohnte allerdings ebenfalls in der Judengasse. Auch er wird einst Hügel, Hügelin oder Hügele geheißen haben. Der damaligen Mode entsprechend wurde der Name sicher latinisiert.[74]

---

71 "Leib- und Waffenröcke, so nicht mehr zu tragen [sind]"
UBHD Die Deutschen Pfälzer Handschriften Pal.Germ. 837/209, S.227 (nach Wille).
72 MAYS A.: Einwohnerverzeichnis der Stadt Heidelberg vom Jahr 1588 NAHD Bd. I, S.92
73 Die letzte Ziffer 9 ist die Summe der zur Familie gehörenden Personen, (nicht unbedingt des Hauses). Mägde und Knechte hatten keine Bürgerrechte und wurden daher nicht namentlich erfasst. Dies spiegelt auch die miserable soziale Stellung dieser Abhängigen wider.
74 Hippolitus von Colli (de Collibus) ist in Zürich geboren. Er war Professor in Basel, 1587/1588 in Heidelberg Prorektor. STUCK, K. S.21, Abb. S.23, KREBS, M. ZGO Neue Folge Bd. 55, S.399

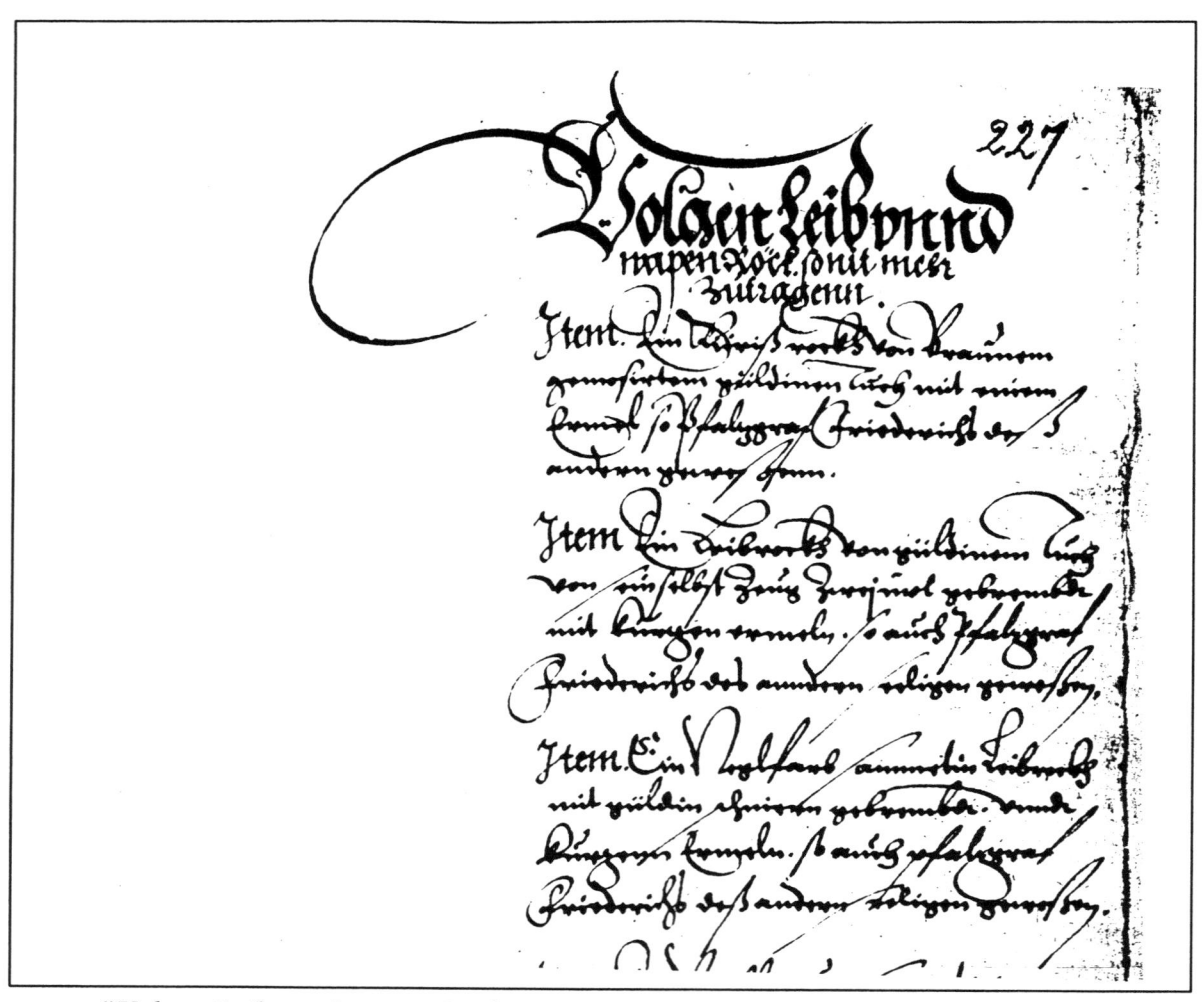

"*Volgen Leib vnnd wapen Röck. so nit mehr zutragen.*"
Ausschnitt aus einer Seite des Inventars der Kleiderkammer des Kurfürsten 1581.[75]

---

75 UBHD Pal.germ. 837 / 227 (Wille). Wortlaut im ANHANG

Abgesehen von der abweichenden Namensgebung spricht auch für Sebastian Hügel als Besitzer des Hauses, dass nur er mit dem Landschreiber Georg Hügel verwandt ist. Dieser Bruder Georg Hügel ist wenige Jahre später in einem anderen Zusammenhang als Besitzer des Hauses nachgewiesen. Auch HELWERT kommt zu demselben Schluss, dass Sebastian *Hügele* der Vorbesitzer des Hauses gewesen ist.[76]

---

[76] GLA 65/20005. Nachlass HELWERT, G. HELWERT erarbeitete 1930 eine Zusammenfassung des Zinsbuches von 1607.

Stegenzinsbuch 1607.

Georg Hügel - Landschreiber und Keller in Neustadt

Georg Hügel oder Hügelin ist als früherer Besitzer des Hauses in der Judengasse im Jahre 1607 nachweisbar. In diesem Jahr wurde für sämtliche Grundstücke der Stadt Heidelberg - entsprechend ihrer Größe - eine Steuer festgesetzt und in einem so genannten *Stegenbuch* verzeichnet.[78] Darin wird *Georg Hügelin Landschreiber zu Neustatt* als Vorbesitzer des Hauses in der Judengasse genannt, das zu diesem Zeitpunkt bereits dem Nachfolger Engel gehört. Als angrenzende Nachbarn werden *Georg Weinkrauß Herren Fischer* und *der Universitet Hauß die Schwaben Burst genannt* angeführt. Da die Lage der Schwabenburse eindeutig festgestellt werden konnte[79], ist dadurch auch das hier interessierende Haus als Eigentum der Familie Hügel lokalisiert.

Der Landschreiber Hügel hielt sich aber offenbar nicht ständig in Heidelberg auf. Bei der Zählung im Jahre 1588 wird er nicht als in Heidelberg wohnhaft genannt. Dafür aber, wie bereits erwähnt, sein Bruder Sebastian, der auch 1581 an der Erstellung des Inventariums der kurfürstlichen Kleider beteiligt war.

Einige weitere biographische Daten sind noch überliefert. Georg Hügel muss um 1540 geboren sein, denn am 17.10.1558 schreibt er sich in die Listen der Universität ein als "*...Heidelbergensis Wormac. dioc.*"[80] Er heiratet etwa 1565 Margarethe Culmann.[81] Im Jahre 1590 wird Georg Hügel in den kurpfälzischen Dienerbüchern aufgeführt als *Landschreiber und Keller zu Neustadt.*[82] *Keller* oder *Kellner* hieß ein Steuerbeamter,

---

78	auch Stegenzinsbuch genannt. GLA 66/3495. Doppel davon GLA 66/3477
79	LEHMANN, H.W. 1996
80	Heidelberg gehörte zur Diözese Worms, daher *Wormacensis*.
81	STUCK meint, sie sei eine Tochter des Dr. jur. Ludwig C., dessen Geburtsdatum er auf 1544 schätzt. 1565, also nur 21 Jahre nach seiner Geburt hätte dann seine eigene Tochter heiraten müssen. Dies ist schlicht unmöglich. Es ist eher anzunehmen, dass Margarethe und Ludwig Abkömmlinge des Adam C. sind, der 1541 als "Diener von Haus aus" erwähnt wird, damit um 1544 schon erwachsen war. STUCK, K. 1986, S.24 und S.110. Die Familie C. lebte schon lange in Heidelberg. Vater Adam C. und Großvater Johann C. standen in Diensten der Kurfürsten. Der Urgroßvater von Ludwig und Margarethe C. war Bürgermeister in Heidelberg gewesen. PRESS, V. S.280-281
82	KREBS, M. in: ZGO Neue Folge 1942, Bd. 55, S.70

der die Abgaben in den Kellereien eintrieb und dafür sorgte, dass die Steuern auch gezahlt wurden. Georg Hügel wohnte zu diesem Zeitpunkt also in der linksrheinischen Pfalz. Vermutlich befand er sich bereits 1588 dort.

Wie Georg in den Besitz des Hauses kam, darüber war nichts herauszufinden. Entweder, so muss man annehmen, besaß schon der Vater Sebastian Hügel sen. das Haus. Die beiden Brüder könnten es also zunächst gemeinsam geerbt haben. Danach hätte Georg es allein übernehmen können. Oder aber Georg war - trotz seiner Tätigkeit in Neustadt - von vornherein alleiniger Eigentümer. Schließlich kann er es von seinem Bruder geerbt oder erworben haben.

DAS 17. JAHRHUNDERT

Christian Engel verdient nur 10 Gulden im Jahr 1604

Im *Stegenzinsbuch* von 1607, worin sämtliche Grundstücke der Stadt Heidelberg und die nach ihrer Größe gestaffelten Zinsen verzeichnet sind, steht wörtlich:[83]

"*Christian Engel Churfl.: Pfaltz Bottenmeister iii hlr*
Hievor Georg Hügelin Landschreiber zu Neustatt, gibt jars auf Martini von seinem Haus in der Judengaßen ainseites Georg Weinkrauß Herren Fischer, Anderseitts der Uniuersitet Hauß die Schwaben Burst genanntt, gelegen, hinden auf den gemeinen Winkel, oben auf obgemelte gaßen stoßent, unabläsig gestendig."

In heutiges Deutsch übertragen lautet dies:
"Christian Engel. Churfürstlich Pfälzischer Botenmeister 3 Heller
Früher Georg Hügelin, Landschreiber zu Neustadt. Zahlt jährlich zu Martini für sein Haus in der Judengasse, das einerseits grenzt an Georg Weinkrauß, Herrenfischer, andererseits an das Universitäts-Haus, die Schwabenburse genannt. Stößt hinten auf die gemeinsamen Abwasserrinne, vorne auf die genannte Gasse. Erkennt die Forderung an."

Damit ist die Lage des Grundstücks eindeutig beschrieben. Leider konnte auch hier nicht aufgedeckt werden, wie und wann das Grundstück auf den Kurfürstlichen Pfalz-Botenmeister Christian Engel überging, da sämtliche städtischen Verzeichnisse vor 1693 verloren gingen. Auch Engel ist, wie der Vorbesitzer Georg Hügel, am Kurpfälzischen Hofe angestellt. Als Botenmeister stand er den kurfürstlichen Kanzleiboten vor, also nicht den städtischen Boten. Dennoch erscheint Christian Engel aber nicht in den kurpfälzischen Dienerbüchern.[84]

In der Heidelberger Universitätsbibliothek wird ein sehr schöner Beleg verwahrt, der die Kurfürstlichen Dienste beweist. Es ist eine eigenhändig geschriebene Quittung, in der Christian Engel bestätigt, seine Jahresbesoldung für das Jahr 1604 entgegenge-

---

83   GLA 66/3495 S.60
84   KREBS, M. in ZGO Neue Folge 1942, Bd. 55

nommen zu haben.[85] Ihm wurden 1605 vom Kurfürstlich-Pfälzischen Christlichen Gefällverwalter Geörg Friderich Hailmann zehn Gulden ausbezahlt.

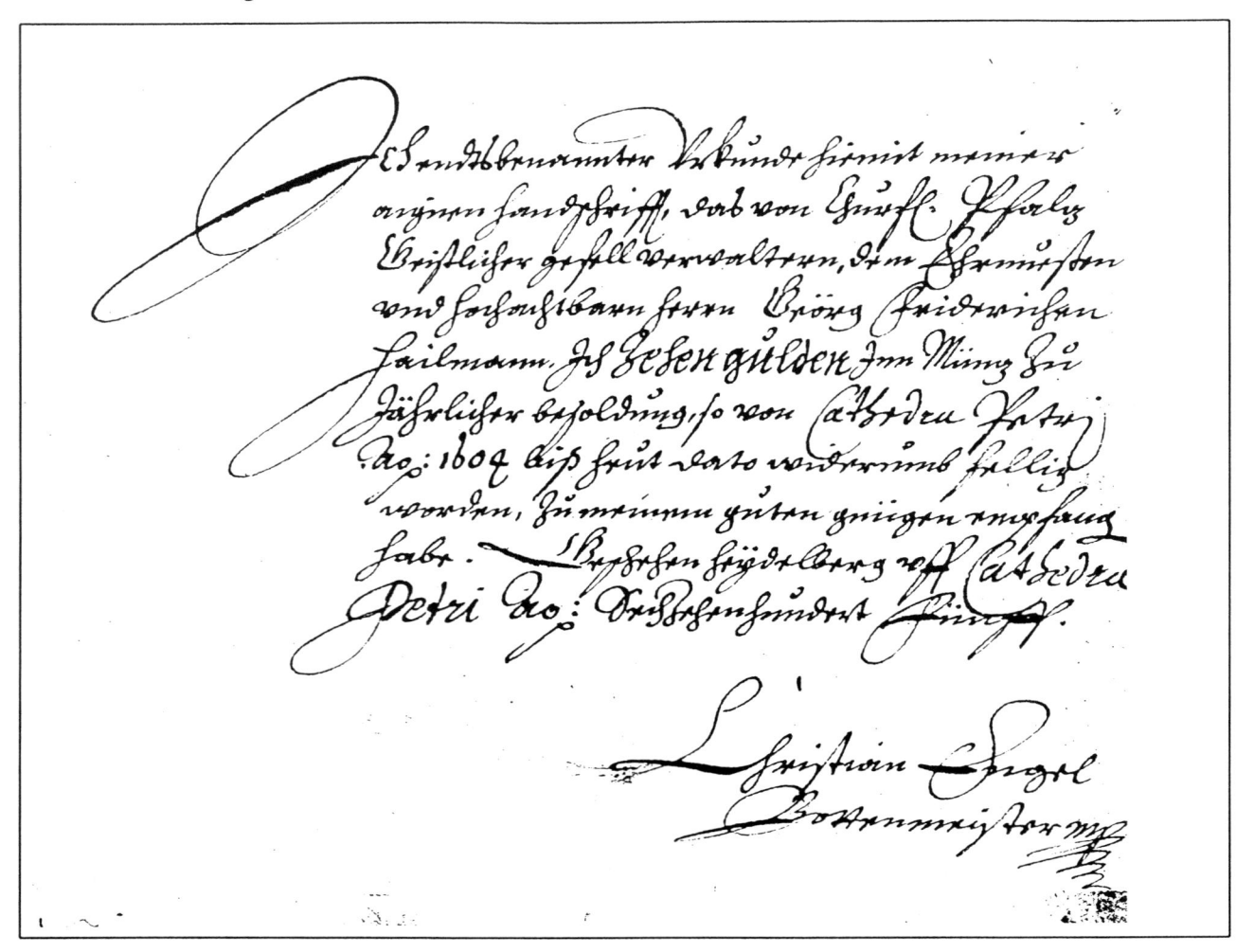

Quittung des Botenmeisters Christian Engel 1605.[86]

---

85   UBHD. Batt 331 / Blatt 82
86   Wortlaut im ANHANG

Im Besoldungsbuch von 1618 wird Christian Engel nochmals erwähnt, immer noch mit denselben zehn Gulden.[87] Dazu bekommt er noch 3 Ohm Wein und 4 Malter Korn.[88]. Nach dem Untertitel "*Zu denen Dienst-Besoldungen in Genere gehörig*" folgt auf S.57:

"*Bottenmeister Christian | Engel | Hatt vonn der Verwaltung wegen Überschickung | derselben brieff, Jars |*
Geldt_____10 fl minz
Wein_____3. Ohm
Korn_____4. mtr
Terminus, In Cathedra Petrij | Anno 1618 | vffs neue empfangen | ist zalt"

"Botenmeister Christian Engel hat von der Verwaltung auf Grund der Beförderung ihrer Briefe, Jahres-Geld von 10 Gulden in Münzen, Wein 3 Ohm, Korn 4 Malter - Zum Termin: Im Jahre 1618 des Stuhles Petri - aufs Neue empfangen. Ist bezahlt."

Zehn Gulden waren in dieser Zeit nicht sehr viel Geld.[89] Das lässt sich leicht anhand eines Vergleichs mit anderen Gehältern von kurfürstlichen "Dienern" ablesen, die in dem genannten Besoldungsbuch registriert sind. Ein Verwaltungs-Registrator bekam schon 100 Gulden, ein Kirchenrat 200 Gulden, dazu 2 Fuder Wein und 16 Malter Korn.[90] Dies ist ein Vielfaches von dem, was unser Botenmeister Christian Engel erhielt.

Im Jahre 1618 brach der Dreißigjährige Krieg aus, den Kurfürst Friedrich V. durch die Annahme der böhmischen Krone auslöste. Heidelberg wurde stark in Mitleidenschaft gezogen und 1622 von General Tillys kaiserlicher Armee erobert. Die Stadt wurde rekatholisiert, dann 1632 wieder von den Protestanten zurückerobert. Im Jahre 1630 legte der Deutsche Orden wieder ein Berainbuch aller abgabepflichtigen Grundstücke an. Der Schreiber nahm offenbar ein altes Buch und ersetzte die früheren Namen durch aktuelle.[91] Vielleicht diente das alte Buch auch nur als Konzept? Für uns ist interessant, dass der Name *Peter Beßerer* darin auftaucht. Am Rande ist vermerkt:

---

87   GLA   77/3337 S.57
88   Das entspricht etwa 450 Liter Wein und 600 Liter Korn.
89   Ein Gulden entsprach 1911 15 Mark. DONAT, W. in NAHD Bd. IX, S.149-154
90   Ein Fuder fasste etwa die zehnfache Menge eines Ohms. Ein Kirchenrat erhielt also 1890 Liter Wein und 2400 Liter Korn.
91   GLA   66/3492, S.11

"Christian Engels alten Bottenmeister Erben". Von *Engels Erben* sprechen die Berainbücher des Deutschen Ordens noch 1650 und 1655. Mehr ist darüber nicht zu finden. Die Nachkommen Engels tauchen auch in den Dienerbüchern des Kurfürsten nicht mehr auf.

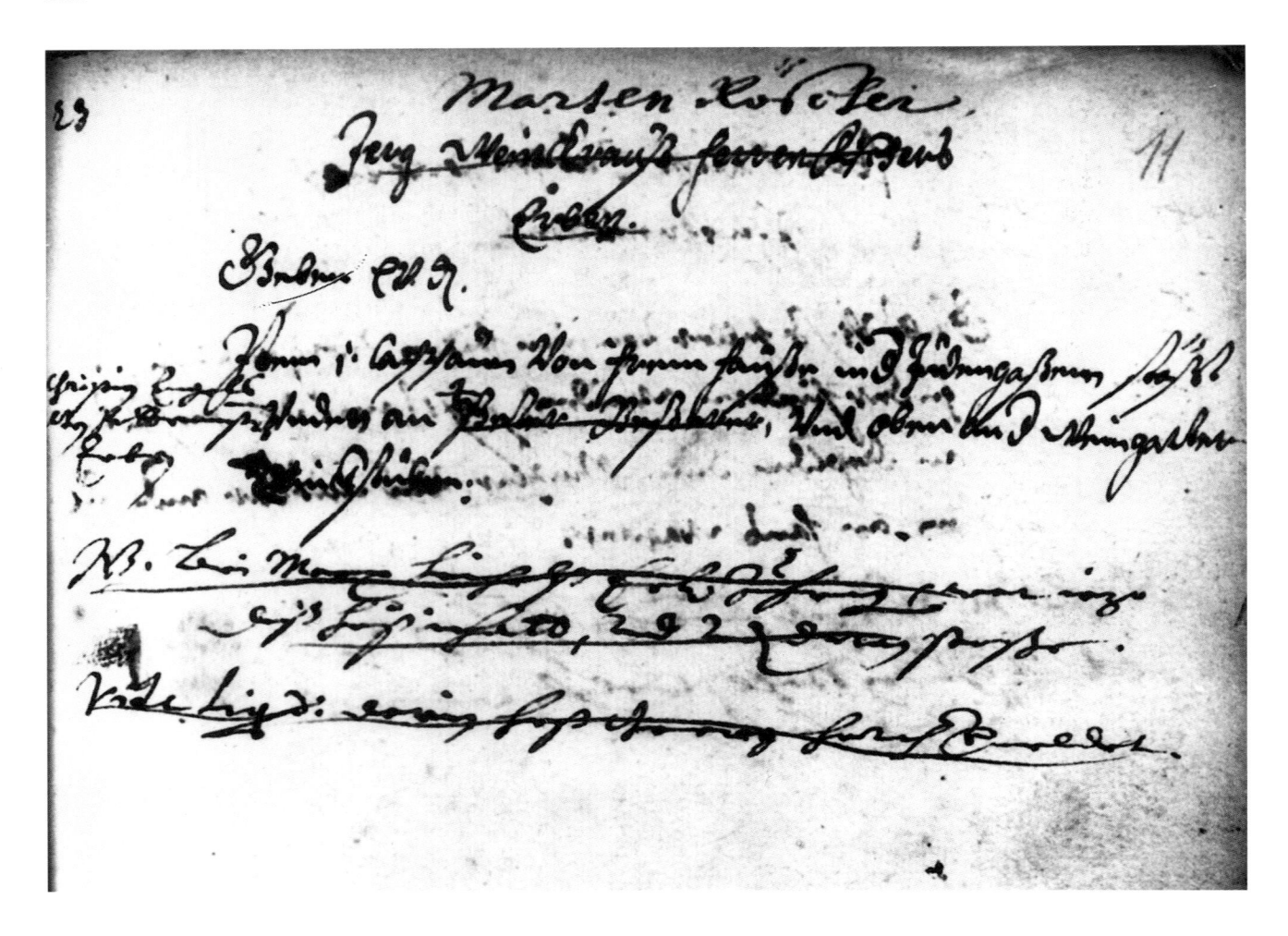

Eintrag im Berainbuch des Deutschen Ordens 1630

Die Situation nach dem Dreißigjährigen Krieg

Nach dem Dreißigjährigen Krieg erhielt Karl Ludwig, der Sohn des früh verstorbenen Friedrich V., wieder eine Kurwürde. Weil die alte Kur der Pfalz an Bayern übergegangen war und der bayerische Herzog nicht darauf verzichten wollte, wurde eine weitere, achte Kurwürde geschaffen. Karl Ludwig kehrte als Kurfürst 1649 in seine Residenzstadt Heidelberg 'heim'.

Hier aber waren größte Schäden entstanden. Die Universität war seit 1632 endgültig geschlossen; Universitätsverwaltung und Professoren waren geflohen. Die Bibliothek, die in der Heilig-Geist-Kirche verwahrte berühmte Bibliotheca Palatina, hatten die Truppen Tillys schon 1622 als Geschenk des Kaisers an den Papst nach Rom abtransportiert. Nur das Universitätsarchiv war 1621 nach Frankfurt am Main gerettet worden.

Weithin war das Land verwüstet, die Städte und Dörfer entvölkert. Die Bevölkerungsverluste werden heute auf 60-70% geschätzt.[92] Der Kurfürst gab die bislang in der Kurpfalz geübte enge Glaubensmaxime auf und holte Menschen unterschiedlicher Religionen in die Pfalz. Auch für anderswo Vertriebene, wie Hugenotten und Wallonen, öffnete er die Stadt. "*Seine weitherzige Konfessionspolitik kam dem ganzen Lande zugute, der lutherischen und der katholischen Minderheit ebensowohl wie den Täufern, Sozinianern und Juden.*"[93] In Mannheim ließ er als äußeres Zeichen eine Konkordienkirche bauen, die allen christlichen Konfessionen offen stehen sollte.[94]

Dagegen betont LÖWENSTEIN, dass er diese Offenheit aber nicht gegenüber den Juden zeigte. "*... hinsichtlich der Juden kannte Kurfürst Karl Ludwig wenig Rücksicht. Zwar hatte 'an dem neu aufkeimenden Wohlstand des Landes jener edle und freie Sinn einen großen Anteil, womit religiöse Formen jeder Art geschützt wurden'; aber um den Juden freie Bewegung zu gönnen und sie menschenwürdig zu behandeln, dazu fehlte der edle und freie Sinn.*"[95]

92	z.B. KOLLNIG, K. 1993, S.70
93	BENRATH, G.A. 1969, S.43
94	SPITZER, K. 1931, S.57
95	LÖWENSTEIN, L. 1895, S.73

Nicht nur die Wirtschaft wurde - man würde heute sagen - angekurbelt, der Kurfürst reaktivierte auch die Universität. Er holte geflohene Professoren nach Heidelberg zurück und ließ neue Professoren berufen. Was die Universität betraf, so war der Kurfürst hier erheblich aufgeschlossener als den Bewohnern der Stadt gegenüber. *"An der Universität kam diese Toleranz [Karl Ludwigs] zunächst in der Berufungspolitik zum Ausdruck"*.[96]

---

96   BENRATH, G.A. 1969, S.43

Dr. Jacob Israel - Professor für Anatomie wird 1652 nach Heidelberg berufen

Unter den an die wieder eröffnete Universität neu berufenen Professoren war auch ein Mediziner jüdischen Glaubens: Jacob Israel.[97]

Der Kurfürst hatte offenbar die Berufung angeregt. Bereits am 20.September 1652 wurde im Senat besprochen, dass der Kurfürst mit einer Antrittsvorlesung Israels einverstanden sei. Auch der Senat hat die Antrittsvorlesung des Dr. Israel über die Zergliederung beliebiger (Leichen-) Körperteile *"vor guth befunden"*.[98] Ausdrücklich wurde noch das Urteil des Medizin-Professors Dr. Fausius vermerkt. Er wies darauf hin, dass die *menschliche Natur ein unaussprechliches, alles übertreffendes tollkühnes Wunder* sei. Fausius, der Dekan der Fakultät war, hat damit wohl gegenüber konservativen Kollegen und gegenüber der Kirche betont, dass das von Gott geschaffene Wesen Mensch nicht einfach zum Gegenstand der Anatomie gemacht werden kann, sondern ein Wunder bleibt. Fausius drückte sich dazu sogar in Lateinisch und Altgriechisch aus und unterstrich damit auch seine Gelehrtheit und Bildung.

Mit Datum vom 1.12.1652 ist eine Vorlesungsankündigung überliefert. Der Prorektor der Universität lädt darin "... *zur Vorlesung ein, welche morgen im auditorium der juristen Jak. Israel, med. dr., professor der botanik und anatomie, über die Struktur des Herzens und die "plexa" seiner gefässe halten wird."*[99]

Schon am 2.12.1652, dies muss sofort nach der Antrittsvorlesung gewesen sein, beschließt der Senat, den Kurfürsten zu bitten, seinen endgültigen Beschluss mitzuteilen. Die Professoren schreiben an den Kurfürsten: *"Med: Doctorem Israel betreffend ist man mit dessen annehmung undt gehaltener Lection dießseits wohl zufrieden undt er-*

97	Auch Benedictus de Spinoza erhielt einen Ruf nach Heidelberg, aber erst am 16.2.1673. Am 30. März desselben Jahres lehnte er ab mit der Begründung, er habe nie beabsichtigt, "... *.als öffentlicher Lehrer der Jugend zu wirken und weil er nicht wisse, in welchen Grenzen er sich zu halten habe, um die ihm zugestandene Freiheit des Philosophierens nicht zu überschreiten."* LÖWENSTEIN, L. 1895, S.93. LÖWENSTEIN erwähnt Israel nicht.
98	Am 21.11.1652 in den Rektorbüchern vermerkt. UAHD RA 683 S.28. Wortlaut im ANHANG
99	nach WINKELMANN, E. 1886, Bd.II, Eintrag 1622. Ann. XXXI,29

DOMINUS PROVIDEBIT

IACOBVS ISRAEL MEDICINÆ DOCTOR
ET IN PERANTIQUA HEIDELBERGENSI ACADEMIA
PHYSIOLOGIÆ PROF. ORDINARIUS ÆTAT XXXVIII. AÑO 1659.

Jacobus Hinderich de Vos pinxit   Johan Schweizer sculpsit

Dr. Jacob Israel
1659
38 Jahre alt

UBHD

wartet von I[hrer] C[hurfürstlichen] D[urchlaucht] ... endtliche resolution."[100] Die Professoren hatten es also eilig.

Umgehend traf am 3. Dezember 1652 die Ernennungsurkunde vom Kurfürsten ein, die ins Senatsprotokoll wörtlich abgeschrieben wurde.[101] Jacob Israel nahm den Ruf nach Heidelberg an.

Mit dem Beginn seiner Vorlesungen an der Universität muss es allerdings gewisse Schwierigkeiten gegeben haben.[102] Die Universität kämpfte um die ihr zustehenden Gefälle, d.h. die ihr aus abgabenpflichtigen Gemeinden und Besitzungen zufallenden Zinsen. Auch TOEPKE begründet die Verzögerung damit, dass die Universität Israel noch nicht habe bezahlen können. Israel sei zwar im Dezember 1652 dazu bestellt worden, ein "... *Gehalt konnte ihm jedoch erst vom 1. Januar 1654 ab gewährt werden.*"[103]

Der Senat unter Vorsitz des Rektors hatte nicht nur den eigentlichen Universitätsbetrieb, wie wir ihn heute verstehen, zu organisieren, sondern musste auch den Grundbesitz und die Finanzen der Universität selbst verwalten. Konkret hieß das: dafür sorgen, dass die Universität die ihr zustehenden Gelder auch bekam. Die Professoren waren gewissermaßen selbst schuld, wenn ihnen ihre Gehälter nicht bezahlt werden konnten. Im Schnitt traf sich der Senat einmal in der Woche vormittags. War nicht alles erledigt, setzte man die Sitzung nachmittags fort.

In der nächsten Senatssitzung am 8.12.1652 fehlte Israel.[104] Er befand sich noch in *Regenspurg,* was in dieser Zusammenkunft ausdrücklich bestätigt wird.

Das Protokoll des Senats vom Mittwoch, dem 8.12.1652, teilt aber vor allem über die Besoldungsverhandlungen Genaueres mit. Dr. Israel soll ein Jahr lang auf sein Gehalt verzichten. Dafür solle er mit einer freien Wohnung zufrieden sein sowie einem Fuder Wein im Herbst oder Getreide, das ihm die anderen Herren Professoren werden zukommen lassen.

100	UAHD RA 683 S.32. Wortlaut im ANHANG
101	UAHD RA 683 S.38. Wortlaut im ANHANG
102	HÄUSSER, L. 1856, S.601 gibt an, er hätte schon an der Eröffnungsfeier der Universität am 1.11.1651 teilgenommen. Rektorbücher der Universität aus diesem Jahr existieren jedoch nicht mehr.
103	TOEPKE, Bd. II, S.317 Fußnote 2
104	UAHD RA 683, S.36. Wortlaut im ANHANG

Am 10.9.1653 nahm Israel das erste Mal persönlich an einer Senatssitzung teil.[105] Es war die 27. Sitzung des Universitätsjahres, das schon am 10.11.1652 begonnen hatte, also nicht mit den Kalenderjahren deckungsgleich war.

Im Jahre 1621 in Düsseldorf geboren, hatte Jacob Israel in Duisburg und Köln studiert. Mit 29 Jahren nahm er einen Ruf nach Freiburg an, wo er zum Dr. med. promovierte, bevor er nach Heidelberg übersiedelte.[106] Freiburg machte danach mehrmals den Versuch, ihn an seine Universität zurückzuholen. Jacob Israel blieb aber in der Kurpfalz.

Israel lehrte Pathologie, Physiologie und Anatomie. Die Anatomie war eine recht junge Wissenschaft. In Heidelberg hatten noch nie zuvor Leichenöffnungen stattgefunden. Dies war für die Bevölkerung so eindrucksvoll, dass für solche Schauveranstaltungen Einladungen gedruckt wurden und jedermann gegen eine Eintrittsgebühr beim Sezieren zuschauen konnte.[107] Das öffentliche Interesse wiederum stärkte die Bedeutung der Anatomie und ihrer Lehrer.

Die Beschaffung von Leichen, die seziert werden konnten, war jedoch offenbar nicht immer ganz einfach. Es ist ein Schreiben erhalten, das die Medizinische Fakultät am 5.2.1655 mit der Bitte um Überlassung einer Leiche an *Ihre Churfürstliche Durchlaucht* schickte. Man habe gehört, dass in Bretten eine Hinrichtung bevorstehe. Um ihrer Bitte Nachdruck zu verleihen, rühmten sich die Professoren, dass sie mit der öffentlichen Sektion eines weiblichen Körpers zum Ruf der Universität beigetragen hätten. Deshalb wollten die Mediziner mit solchen Veranstaltungen fortfahren.[108] Diese Faszination zur Schau gestellter Leichen hat in unserer Gegenwart in der Ausstellung plastifizierter Leichenteile ihre Entsprechung.

Wie aus dem nur zwei Tage danach, nämlich am 7.2.1655, in den Senatsprotokollen festgehaltenen Antrag Dr. Israels hervorgeht, hatte der Kurfürst offenbar umgehend zugestimmt. Dr. Israel berichtete im Senat über den Erfolg des Bittbriefes und die Genehmigung des Kurfürsten, dass die Leiche aus Bretten überführt werden dürfe. Dazu

---

105	DRÜLL, D. 1991, meint, am 24.11.1653 habe er seine Tätigkeit aufgenommen. Dagegen meinen WOLF, K.H. 1991, S.171 und STÜBLER, E., 1926, S.84, er sei bereits 1652 in den Senat aufgenommen worden.
106	STÜBLER, E. Heidelberg 1926, S.84ff
107	STÜBLER, E. 1926, S.77 und SCHIPPERGES, H. Öffentlicher Vortrag Mai 1996
108	Originalbrief abgedruckt in GAWLICZEK, H. 1985, S.44. und SCHÖNFELD, W. 1961, S.352. Wortlaut im ANHANG

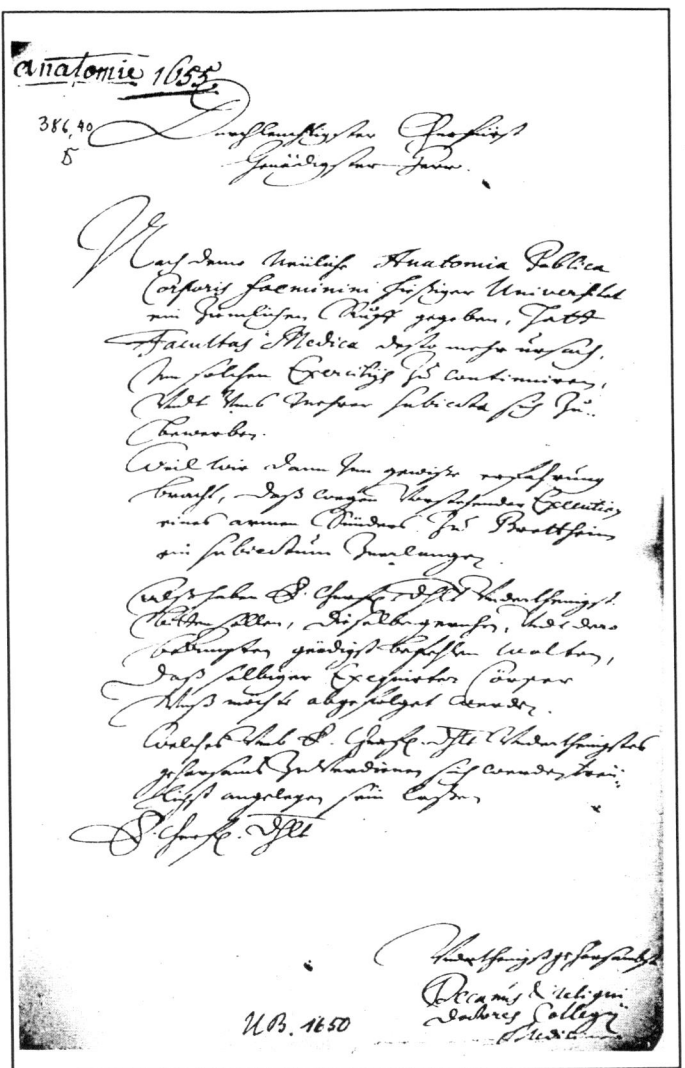

"Durchlauchtigster Churfürst
Gnädigster Herr.

Nachdeme Neüliche Anatomia Publica
corporis faeminini hiesiger Universitet
ein Ziemlichen Ruff gegeben, hatt
Facultas Medica desto mehr ursach,
Inn solchen Exercitijs Zu continuiren,
Vndt Vmb mehren subiecta sich Zu=
bewerben.
Weil wir dann Inn gewiße erfahrung
bracht, daß wegen Vorstehender Execution
eines armen Sünders Zu Brettheim
ein subiectum Zuerlangen.
Alß haben I. Churfl. Dhlt. Vnderthenigst
bitten sollen, Dieselbe genehm Vndt dero
beAmpten gnädigst befehlen wolten,
Daß selbiger Exeqirter Cörper
Vnß möchte abgefolget werden.
Welches Vmb I. Churftl. Dhlt. Vnderthenigstes
gehorsames Zuverdinen sich werden treü=
lichst angelegen sein laßen.
I. Churfl. Dhlt

Vnderthenigst gehorsambst
Decanus & reliqui
Doctores Collegij
Medicinae"

1655, Antrag der Medizinischen Fakultät zur Überlassung einer Leiche
entnommen SCHÖNFELD, W. 1961, S.351

UAHD IV, 3c,1

fehle der Medizinischen Fakultät allerdings das Geld. Israel beantragte, dass die Kosten der Überführung von der Universität übernommen würden. Der Senat beschloss daraufhin, der Medizinischen Fakultät *die costen zu nehmen, umb den Cörper herzubringen.*[109]

Viermal wurde Israel während seiner Zeit an der Universität Heidelberg zum Dekan und dreimal zum Rektor der Universität gewählt.[110] Im Jahre 1672, zwei Jahre vor seinem Tod, übernahm Israel die erste Professur, d.h. die leitende Stellung der Medizinischen Fakultät, als Nachfolger des berühmten Vorgängers Johannes Fausius.

109	UAHD RA 683 S.402. Wortlaut im ANHANG
110	Dekan war er 1654, 1656, 1660 und 1671. Im Jahr 1658 hatte er ein halbes Jahr das Amt des Prorektors inne. Zum Rektor wählte ihn der Senat 1661/62, 169/70 und 1672/73. WEISERT, H. 1968, Seiten: 62,63,17,18

Wohnungsprobleme

Eine kostenfreie Wohnung wurde Dr. Israel für das erste Jahr seines Aufenthaltes, ab Januar 1653 in Heidelberg, zugesagt. Sie war ebenso Teil der Besoldungsvereinbarung wie die Möglichkeit, von dem Deputatswein Wein verkaufen zu dürfen. Die Wohnung solle aber zuvor noch repariert werden, beschloss der Senat.[111] Wo diese erste Wohnung lag, ist nicht überliefert.

Zwei Jahre später wohnt Jacob Israel bereits in der Judengasse. Dies wird beiläufig erwähnt, weil ein Jean Houst am 9. Mai 1655 ein Haus von der Universität mieten will, das "... *in der Judegassen, neben Hn Dr. Israel gelegen [ist]*...".[112]

1656 pachtete Jacob Israel von der Universität noch einen Garten, ein "... *Plätzlein Zu Dossenheim, die oberbadt stuben genannt.*" Der Senat stimmte zu und ließ dies sofort in den Unterlagen eintragen.[113] Wir wissen nicht, was für ein Platz dies war. Vielleicht gab es dort eine Badestube oder eine Quelle, die den Arzt Israel interessierte.

Im Jahre 1661 wurde Heidelberg vom Hochwasser heimgesucht. Auch Isreals Haus in der Judengasse war offenbar unbewohnbar geworden. Am 10. August bittet Dr. Israel daher, im Mediziner-Haus wohnen zu dürfen, "... *weilen er in seiner Behausung solche incomoditet vom waßer erleiden müßte* ..."[114] 'Unbequemlichkeit' ist dafür ein recht euphemistischer Ausdruck. Er zieht also um in das Krankenhaus in der Plöck, wo der erste Stock extra für ihn hergerichtet wird. Schon einen Monat später, am 14. September 1661, gibt es einen anderen Interessenten für dieselbe Wohnung. Bei diesem neuen *Supplicanten* handelte es sich um den Professor Gerlach.

Israel muss jedoch nicht ausziehen. Vielmehr beschließt der Senat, das Hinterhaus in der Plöck für den neuen Antragsteller herrichten zu lassen.[115]

Glücklicherweise stand dieses Hinterhaus noch und war nicht abgerissen worden. Aus den Senatsprotokollen des vorangegangenen Jahres 1654 geht nämlich hervor,

---

111   UAHD RA 683, S.36
112   UAHD RA 683, S.421. Wortlaut im ANHANG
113   UAHD RA 683, S.534
114   UAHD RA 684, fol. 66v. Wortlaut im ANHANG
115   UAHD RA 684, fol. 75r. Wortlaut im ANHANG

dass sich die Professoren mehrmals mit dem *Medizinischen Haus* beschäftigen mussten. Das Gartenhaus des Universitätsspitals sei *"... gantz grundt vndt baufällig ..."* wird darüber am 19.7.1654 berichtet. Zwei Wochen danach präsentierte der Rektor einen Kostenvoranschlag des *Bauschreibers*, der vorschlug, das Hinterhaus zu verkaufen und das gewonnene Geld lieber zur Reparatur anderer Häuser zu verwenden. Der Senat entschied sich dagegen und wollte, dass das Haus *conservirt* wird.[116] So war es also noch vorhanden.

Im November 1661 versucht Professor Gerlach erneut, die jetzt von Israel benutzte Wohnung im Krankenhaus zu bekommen. Er trägt im Senat vor, dass jetzt ein anderes Haus leer stehe, in das Israel einziehen könne. Der Senat beschließt aber, da sogar verschiedene Häuser leer sind, Herrn Gerlach ein anderes zu überlassen.[117]

In derselben Senatssitzung am 30. November 1661 mahnt Israel, dass die Toilette, der *secretus locus*, in seiner jetzigen Wohnung dringend repariert werden müsse.

Die Universität war offenbar bereit, die Häuser der Professoren bis zu einem gewissen Grade instand zu halten. So wird Jacob Israel am 8. Juli 1671 zugesagt, den Hof in seinem Hause neu pflastern zu lassen, damit das Wasser nicht mehr in den Keller sickern kann.[118] Im selben Jahr wird ihm auch genehmigt, Kammern, das heißt Räume, bei denen die Wandöffnungen nur durch Klappläden verschließbar waren, durch Einbau von Fenstern bewohnbar zu machen. Ein gleichlautender Entschluss erging auch für andere Professoren.[119] Auch einen Kamin beantragte Israel, weil er, wenn *"... er krank werden sollte nirgends sich auffhalten könnte."* Mit diesem Antrag kommt Israel nicht durch. Am 25. Oktober und nochmals am 15. November 1671 wird der Kaminbau im Senat abgelehnt.[120] Heizen war offenbar ein großer Luxus, keinesfalls eine Voraussetzung normalen Wohnens und Arbeitens.

---

116   UAHD RA 683, S. 310 und 316
117   UAHD RA 684, fol. 89r. Wortlaut im ANHANG
118   UAHD RA 687, fol. 15v. Wortlaut im ANHANG
119   UAHD RA 687, fol. 27r
120   UAHD RA 687, fol. 30r und 36r. Wortlaut im ANHANG

Dr. Jacob Israel, Stadtphysicus - Arzt für die Stadt

Israel kam 1651 als Stadtphysicus nach Heidelberg. Auch HAUTZ meint, Israel sei 1651 zuerst vom Stadtrat nach Heidelberg gerufen und *"... im folgenden Jahre zum ordentlichen Professor der Medicin ernannt und in das collegium medicum aufgenommen [worden]."* [121] Sicher ist, dass er neben seiner Universitätsarbeit zugleich zuständig war für die medizinische Versorgung aller Einwohner der Stadt, was er bis zu seinem Tode am 17. Februar 1674 auch blieb.[122] Dies umfasste nicht nur die Behandlung Kranker, sondern auch vorbeugende und allgemeine Hygiene-Maßnahmen. WOLGAST meint sogar, er sei *"vor allem Praktiker"* gewesen.[123] Um dieser Aufgabe nachzukommen, musste er seine Vorlesungen schon früh morgens um 6 Uhr halten.[124] *"1665 bestellte der Kurfürst Israel zum Generalarzt und Aufseher in den Spitälern des Sapienzkollegiums und der Waisenhäuser zu Handschuhsheim und Mannheim."*[125]

Über die ärztliche Tätigkeit erfahren wir nur zufälligerweise. Es sind keine systematischen Aufzeichnungen erhalten. Einmal wird über eine Epidemie in der Neckarschule berichtet.

"Im Jahre 1661 brach eine grassirende Seuche in der Stadt aus, dauerte auch noch im folgenden Jahr fort, und drang ... auch in die Neckarschule ein."[126] Der *"Oeconomus uff der Neckarschul Adam Becker berichtet* [an seinen Träger, den Kirchenrat]*, daß Dr. Israel bei grassirender Krankheit Wermuth=Wein verordnet habe."* Darauf muss Adam Becker, der Verwalter der Neckarschule, einen Antrag beim Kirchenrat gestellt haben. Dessen Antwort lautete: *"Resolv. Kirchenrath hat vor genehm gehalten, daß Oeconomus uff der Nackarschul angebrachter Maßen 2 Ohm alten Wein kaufen, und daraus Wermuth=Wein bei grassirender Krankheit vor die Neckarschüler machen lassen*

---

121 HAUTZ, J. F. 1849, S.83 Fußnote 255
122 SCHWAB, J. Bd. II, 1790, S.27
123 WOLGAST, E. 1985, S.50f
124 SCHIPPERGES, H. Öffentlicher Vortrag Mai 1996
125 STÜBLER, E. 1926, S.84 / WINKELMANN, E. Bd.II, 1886, S.208
126 HAUTZ, J. F. 1849, S.82

solle."[127] Alkohol war also nicht nur zur Desinfektion, sondern auch als Heilmittel bei ansteckenden Krankheiten angesagt.

Auch um die allgemeine Hygiene-Situation kümmerte sich Israel. Vom Kurfürst war ein Erlass herausgegeben worden, dass in der Stadt keine Schweine gehalten werden dürfen. Daran haben sich wohl die privilegierteren Professoren nicht immer gehalten. Jedenfalls fordert Israel 1661 im Senat, dass auch ein Herr Gothier die Schweine abschaffen solle. Daraufhin beschließt der Senat, dass der Erlass des Kurfürsten auch für die Universitätsangehörigen gelten muss: *"Soll alles und wider denen Universitets ahngehörigen beschlossen werden, weil I[hre]. C[hurfürstliche]. D[urchlaucht]. die Sau[en] abzuschaffen gebotten Sie [die Angehörigen der Universität] auch die Ihrigen abschaffen sollen."*[128]

Die Bekämpfung der Pestepidemie in Heidelberg 1666/1667, die letzte Epidemie dieser Art in Europa, fiel ebenfalls in den Aufgabenbereich des Dr. Jacob Israel.[129]

1672 bringt Israel auch im Senat zur Sprache, dass im Contubernium, dem Studentenwohnheim, der *Secret*, das heißt der Abort überfüllt sei.[130] Er bittet, dass der *Minirer* nachsehen solle, ob nicht ein *Kanal* vorhanden und dieser verstopft sei. In dieser Stellungnahme wird nicht nur die Rolle Israels als Aufseher und hygienischer Wächter über die Gesundheit der Studenten deutlich, sondern es lässt sich auch über die Konstruktion des Aborts erschließen. Entweder hatte man eine Fäkaliengrube, deren Überlauf als ein Rohr ausgebildet war und verstopft sein konnte. Oder es handelte sich um einen Abort, der in eine der Entwässerungsrinnen mündete, wo sich immer wieder Staus bildeten.

---

127 HAUTZ, J. F. 1849, S.83
128 15.7.1661, UAHD RA 684, fol 63r
129 Über die verheerende Rolle der Pest im Mittelalter und in früher Neuzeit berichten ausführlich JANSEN, R. + JANSEN, H. H. in Semper Apertus 1985, Bd. I, S.317 ff
130 UAHD RA 687 fol. 48r. 3.1.1672

Ein Fall von Kurpfuscherei

Ein wenig ruhmreicher Behandlungserfolg Israels löste eine Klage im Senat aus. Zwar richtete sich diese nicht gegen Israel selbst, sondern gegen Thomas Joubert, von dem das falsche Heilmittel empfohlen worden war. Peinlich muss es allemal für Israel gewesen sein, denn unwidersprochen blieb in der Senatsverhandlung, dass seine therapeutischen Maßnahmen erfolglos geblieben waren.

Im Protokoll des Senats vom 2. November 1672 steht folgendes:[131] Der *frantzösische Sprachmeister Fondrillon* habe eine Anklageschrift gegen Thomas Joubert übergeben und ihn darin verschiedener Delikte angeklagt, insbesondere wegen einer Fehlgeburt. Die Professoren lassen daraufhin Thomas Joubert holen. Dieser erklärt nun, dass ein Schuster namens Jacques Bouillon der Frau Joubert die Medikamente gegeben habe. Auch dieser Schuster wird herbeizitiert und bestätigt, er habe der Frau die Holunderwurzel eingegeben. Der Schuster war offenbar bereits gewarnt und gut vorbereitet und übergab den Herren im Senat zugleich ein Schriftstück, das den Hergang beschrieb. Der Senat entnimmt daraus, dass "... *der Schuster keine böße intention gehabt, auch dieses medicament für sich v.[und] seine Frau mehrmahls gebrauchet ohne schaden ...*" Er wurde daraufhin entlassen mit der Mahnung, sich künftig "*dergleichen zu enthalten*".

Der Senat konzentrierte sich daraufhin wieder auf Thomas Joubert. Dieser soll auch erzählt haben, dass der erste Mann von des Sprachmeisters Frau gehängt worden und die Kinder nicht von ihm seien. Weitere Vorwürfe streitet er teils ab, teils gibt er eine Schuld zu. Als sechsten Punkt schließlich verhandelt man die Fehlgeburt. Joubert gesteht zwar, dass sich seine Frau den Magen verdorben und "*ziemblich vnpäßlich befunden*" habe. Anfangs habe er von Dr. Israel ein *Klistir* geben lassen. Als die Übelkeit aber nicht verging, habe er den mit seiner Frau verwandten Schuster Jacques Boullion um Rat gefragt. Dieser habe den Saft einer Wurzel gegeben. Joubert bestreitet aber, dass eine Fehlgeburt abgegangen sei, es habe sich vielmehr um eine Blutung gehandelt. Joubert bestreitet auch, dass er alles in eine Schachtel gelegt und habe verbrennen wollen.

---

131   UAHD RA 687 fol. 91r und fol. 9v. Wortlaut im ANHANG

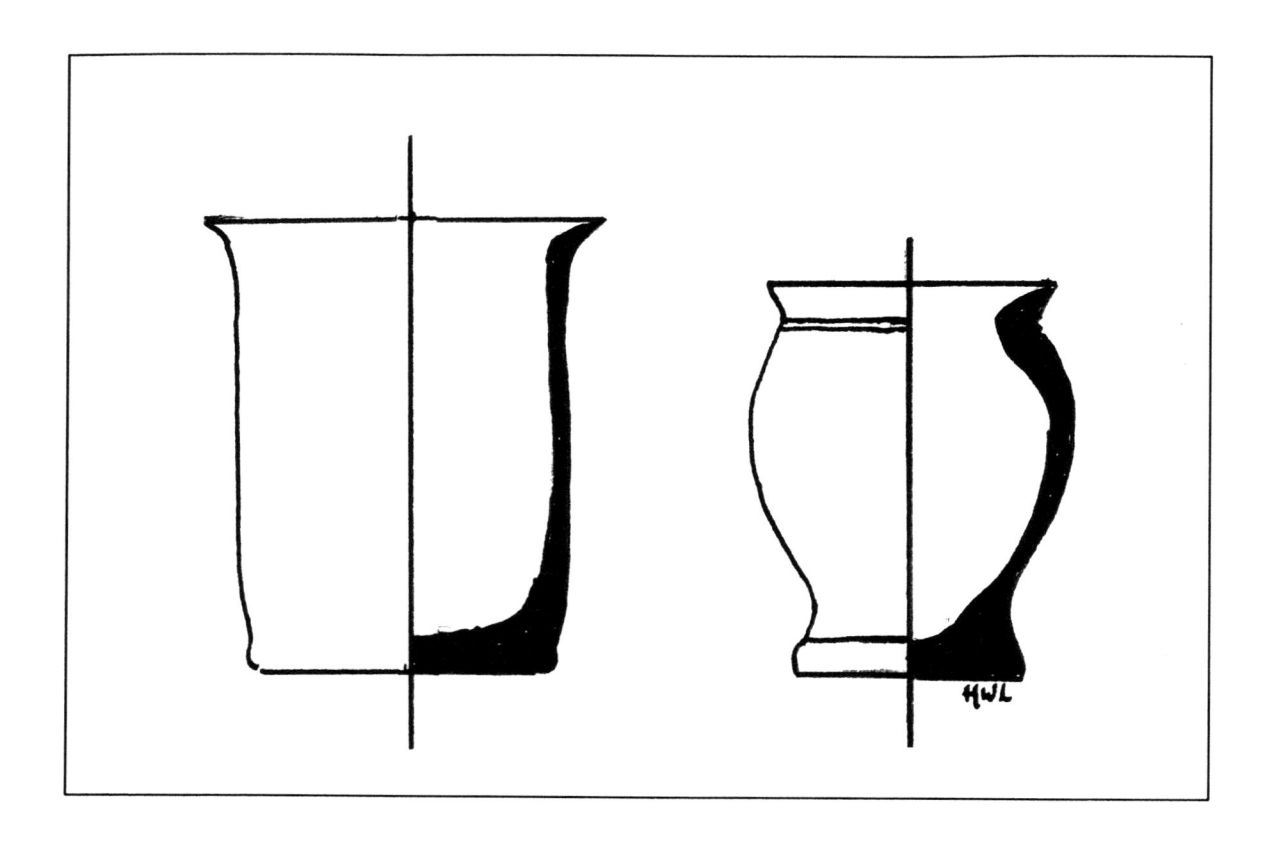

Im Hause gefundene Salbentöpfchen. Stammen sie aus Dr. Israels Hausapotheke?

Links: unregelmäßige Form. Glasur innen und außen weiß, nicht ganz deckend. Glasur bereits beim Brand beschädigt. Scherben rot.
(Höhe 6,2 cm, Durchmesser oben 5,1 bis 5,5 cm, unten 4,2 cm)
Rechts: außen grüne, innen gelbbraune Glasur. Scherben weißgrau.
(Höhe 5,4 cm, Durchmesser oben 3,8 cm, unten 2,9 cm)

In einem nochmaligen Verhör streitet Joubert rundherum alles ab. Er "*negirt die injurien absoluté*" und protestiert gegen den Zeugen, den er einen Vagabund nennt und als einen unwahrhaftigen Menschen bezeichnet, dem keinerlei Glauben zu schenken sei. Joubert wird nur ermahnt, sich bis zur Entscheidung in dieser Sache weiterer Verleumdungen zu enthalten.

Eine solche Entscheidung war aber nicht in den Rektor-Büchern zu finden.

Die Witwe Susanna Clara Israel will ihren Wein verkaufen

Jacob Israel starb 1674 im Alter von 53 Jahren. Er hatte mindestens zwei Kinder. Die Namen zweier Söhne sind im Matrikelbuch der Heidelberger Universität verzeichnet. Dort schrieben sie sich am 12. Januar 1658 unter der Nummer 63 als Johannes Jacobus und unter der Nummer 64 als Johannes Christopherus ein. Dahinter ist vermerkt "*Israel, prorectoris filij.*"[132]

Die Ehefrau Susanna Clara, deren Geburtsname nicht überliefert ist, lebte noch mindestens bis 1686.[133] In diesem Jahr stellte sie im Senat der Universität einen Antrag, man möge ihr weiterhin genehmigen, zwischen Ostern und Pfingsten Wein zu verkaufen.

Es war ein übliches Privileg der Professoren und zugleich Teil ihrer Besoldung, innerhalb eines begrenzten Zeitraumes einmal im Jahr Wein verkaufen zu dürfen. Dieser Wein wurde auch *Pfaffenwein* oder *Pfaffenschank* genannt, da Professoren häufig der Kirche angehörten und sie, wie die Priester, mit schwarzen Kutten bekleidet waren. Vorrechte genossen nicht nur die Professoren selbst, auch ihre Witwen und unmündigen Kinder hatten das "*Privileg der Schatzungsfreiheit*".[134] Auch Liegenschaften und Häuser blieben zollfrei. Der Wein konnte billig verkauft werden und verärgerte verständlicherweise die Angehörigen der Weingärtner-Zunft.[135]

Die Eingabe von Clara Israel - zugleich bei der Universität und *Ihro Churfürstl. Duchl. unterthänigst überreicht* - wurde in der Sitzung des Senats am 3. Februar 1686 jedoch abgelehnt. Der Mann der Antragstellerin, so die Professoren, habe dieses Privileg als Spezialgeschenk des verstorbenen Kurfürsten erhalten. Die Universität erklärte sich daher für nicht zuständig.[136] Vielleicht, so lässt sich phantasieren, hat man auch nur den Ärger mit den Weingärtnern befürchtet - oder stand gar dahinter, dass man den

---

132	TOEPKE, Bd. II, S.332	
133	DRÜLL, D. 1991, Bd. I	
134	MERKEL, G. 1970, S.328	
135	WIRTH, H, berichtet, dass das Universitätsstatut vom 2. Dezember 1588 noch im 18. Jahrhundert gültig war und eine Beschwerde der Wirte dagegen abgewiesen wurde. AGHD Bd. I, 1868, S.188	
136	UAHD RA 693, S.14. Wortlaut im ANHANG	

zeitlich beschränkten Verkauf des *Pfaffenweins* nicht durch noch mehr Konkurrenten erschweren wollte.

Später, im Jahre 1699, als die Universität eine Aufstellung der Schäden des Orleansschen Erbfolgekrieges erstellt, wird "... *einseits oben Fraw Dr. Israelin*" noch als Nachbarin der Schwabenburse erwähnt.[137] Das heißt aber nicht, dass sie damals noch gelebt hat. Sieben Jahre danach - 1706 - beim Verkauf des Grundstücks wird aber immer noch vom "*so genannten Ißraelisch[en] Haußplatz*" gesprochen.[138]

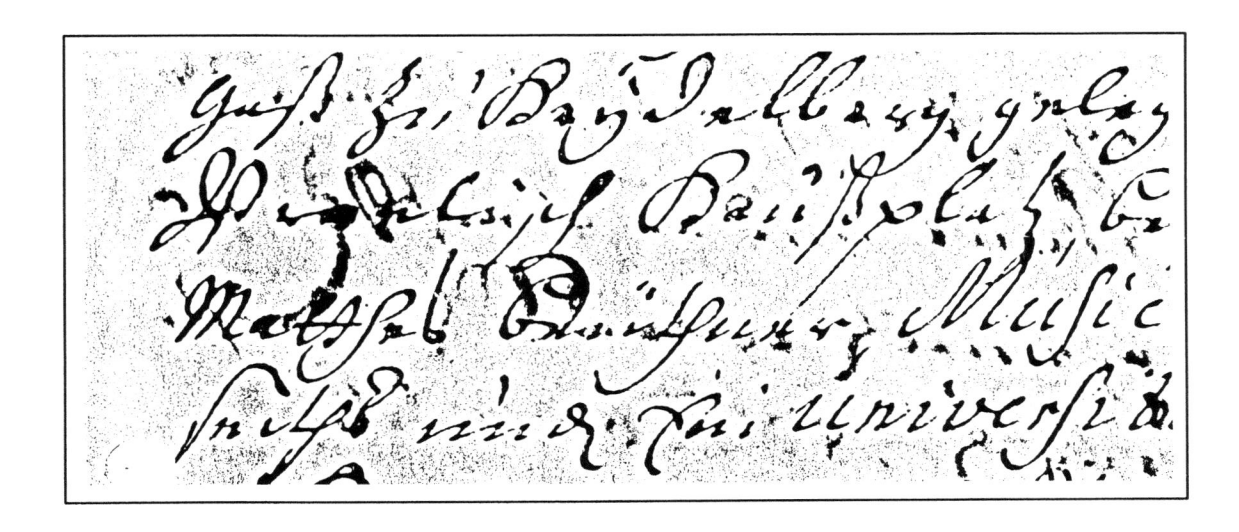

Ausschnitt aus dem Eintrag des Grundstücksverkaufs von Andreas und Lucretia Steitz an Jacob Philipp und Amelia Elisabetha Steinhöbler.[138] Dritte Zeile von unten: "*Ißraelischen Haußplatz...*"

---

137 UAHD IX 5,5b / A 420, Eintrag Nr. 15
138 18.2.1706, CB. Bd. I, S.1012-1013

Aus der Aufstellung der zerstörten Universitätgebäude vom 6.11.1699. *Dr. Israelin* steht am Anfang der fünften Zeile von oben.
UAHD IX, 5,5b/A 420

Die Situation nach dem Orleansschen Erbfolgekrieg

Als im Jahre 1693 die Armee Ludwigs XIV. Heidelberg erobert und systematisch niedergebrannt hatte, lebte praktisch niemand mehr in der Stadt. *"Wer Mittel hatte, flüchtete an einen sicheren Ort, den Ärmeren blieben nur die Wälder, aus denen sie bald zurückkehrten, um in Kellern und Ruinen zu hausen. Mit den ersten Zurückflutenden stellte sich auch Pfarrer Romberg wieder ein ...."* [139]

Im November 1693 schrieb Pfarrer Romberg an den Reformierten Kirchenrat, der sich nach Frankfurt in Sicherheit gebracht hatte, einen Brief. In diesem zählte er sämtliche noch bzw. wieder in Heidelberg lebenden Einwohner namentlich auf. Es sind 53 alleinstehende Personen[140] und 90 Paare.[141] Dazu werden noch 5 Kinder extra erwähnt. Insgesamt, den Pfarrer eingeschlossen, sind das 238 Personen. Bei der Einwohnerzählung im Jahre 1588 hatten allein in der Judengasse 253 Personen gewohnt!

In den Ruinen der Stadt zu wohnen, war keineswegs sicher und ungefährlich. Der Krieg dauerte immerhin bis 1697 an, und in der Pfalz marodierten noch die Truppen Ludwig XIV.

"Wer Mittel hatte, flüchtete an einen sicheren Ort ..." Dies wird bestätigt, wenn man die Listen der Zurückgekehrten ansieht. Unter den von Pfarrer Rombach aufgeführten Berufen findet sich nur ein Name eines Hof- oder Universitätsangehörigen: Hans Georg Schmidt. Er wird schon 1680 in den Dienerbüchern des Kurfürsten als *Fruchtknecht* erwähnt.[142] Andreas Steitz, Leutnant von Hessen-Darmstadt, der das Grundstück schließlich 1706 verkaufte, ist nicht in dieser Aufstellung genannt.

Auch die Universität war, wie im Dreißigjährigen Krieg, wieder geflohen und kam erst nach dem Friedensschluss nach Heidelberg zurück. Sie ließ am 6.11.1699 ein *"Verzeichnis aller der Universität allhier eigenthümlich zustendigen Haußplätze und Gärtten"* erstellen. (siehe gegenüberliegende Seite). Dieses Verzeichnis mit einer Kostenschätzung der durch den Krieg entstandenen Verluste sollte dazu dienen, Ansprüche

---

139	NEU, H. 1956, S.163-164
140	Davon 3 Kinder *"Sohn, Bub, Tochter"*, 23 Frauen, 27 Männer.
141	NEU, H. zählte "153 Familien". Die aufgeführten Namen ergeben jedoch nur 137 "Familien".
142	KREBS, M. ZGO. Neue Folge, 1942, Bd. 55

gegenüber dem Kurfürsten zu untermauern. Jeder Eintrag wurde von drei Handwerksmeistern, darunter dem berühmten Adam Breunig, unterschrieben. Bei der Protokollierung des Grundstücks Nr. 15, das die Schwabenburse beschreibt, wird das hier behandelte Grundstück und "... *Fraw Dr. Israelin* ..." als südliche Nachbarin der Schwabenburse erwähnt.[143]

Kurfürst Johann Wilhelm, auch Jan Willem genannt, regierte von 1690 bis 1716 - meist von Düsseldorf aus. In seine Regierungszeit fiel die Zerstörung Heidelbergs von 1693, aber auch die wichtige Wiederaufbauphase danach. Er habe "... *abgesehen von der Gründung der Düsseldorfer Gemäldegalerie wenig rühmenswertes vollbracht*", meint HÄUSSER.[144] Und es habe sich um einen "... *mehr den Künsten und Lebensfreuden zugewandten Landesvater*" gehandelt[145], so zwei sehr abschätzige Bemerkungen.

Dabei darf nicht vergessen werden, dass Johann Wilhelm großes Interesse für Heidelberg zeigte. Er wirkte mit verschiedenen Maßnahmen sogar sehr stark auf die Entwicklung Heidelbergs ein. So wollte er in der Ebene zwischen dem Neckar, am heutigen Bismarckplatz, und Rohrbach ein prunkvolles Barockschloss bauen lassen.[146] Er versuchte durch Verordnungen den Wiederaufbau der Stadt zu beschleunigen: Jeder sollte sein Grundstück entweder wieder bebauen bzw. die Gebäude selbst herrichten lassen oder aber das Anwesen verkaufen.[147] Auch die Universität verkaufte deshalb nach 1705 in rascher Folge viele ihrer Grundstücke, um mit dem so gewonnenen Geld neue Gebäude zu errichten. Natürlich konnte man auch ein bestehendes Haus kaufen.

Für Juden allerdings hatte der Kurfürst am 27. Januar 1699 eine verschärfte Verordnung erlassen. Sie durften keine Häuser kaufen, sondern waren gezwungen, neue zu bauen oder verfallene wieder herrichten zu lassen. Wer bereits ein Haus gekauft hatte, sollte sogar dazu angehalten werden, dieses wieder zu verkaufen und ein neues zu errichten.[148]

143	Im UAHD IX, 5,5b / A420 liegen zwei Exemplare dieser Aufstellung. Wortlaut im ANHANG
144	HÄUSER, L. 1856,
145	KOLLNIG, K. 1993, S.80
146	GAMER, J. 1978, S.115ff
147	Auch der Leutnant Steitz hat erst nach diesem Erlass verkauft.
148	GLA 77/2890 Wortlaut im ANHANG

DAS 18. JAHRHUNDERT

Woher hat der hessische Leutnant Steitz das Haus ?

Am 18.2.1706 verkaufen "*Andreas Steitz Lieutenant unter Ihro hochfürstl[ichen]. D[ur]chl[aucht] zu Heßen-Darmstadt und mit ihme Fraw Lucretia, deßen Ehe Consortin*" das Grundstück in der Judengasse: "*Einen in der Jud[en]= | gaß zu Heydelberg gelegenen so genannten | Ißraelisch[en] Haußplatz...*"[149] Wie kam er zu diesem Grundstück? Es lassen sich nur Vermutungen anstellen. Von wem sollte er es gekauft haben? Von der Witwe Israel? Das ist wenig wahrscheinlich. Eher kann man daran denken, dass der Leutnant vom Kurfürsten mit dem Grundstück beschenkt wurde - eine übliche Praxis, wenn der Kurfürst kein Geld hatte und seine Soldateska entlohnen musste, zumal es sich hier um ein Grundstück handelte, das vorher Juden gehört hatte. Damit waren die Kurfürsten von jeher recht großzügig umgegangen.

Wieso gerade ein Soldat aus Hessen? Hessische Soldaten waren in Heidelberg nichts Ungewöhnliches. Darauf gibt es mehrere Hinweise: Als nach dem Dreißigjährigen Krieg Kurfürst Karl Ludwig wieder in Heidelberg einzog, vermählte er sich mit der Prinzessin Charlotte von Hessen-Cassel.[150] Die Hessen hatten auch geholfen, die Residenz Heidelberg von den bayerischen Armeen zu befreien.[151] Und natürlich wurden Soldaten mit Naturalien entlohnt. HÄUSSER berichtet, dass auch nach dem Ende des

---

149   CB Bd. I, S.1012-1013
150   "Er nahm den Weg über Kassel, um die Landgräfin Amalie zu begrüßen, die sich in Zeiten der Noth, am uneigennützigsten seiner Sache angenommen und auch neulich wieder bei den münsterischen Verhandlungen das Recht der Reformierten am eifrigsten vertreten hat. Die gleichen Interessen und der gleiche Glaube......bestimmten Karl Ludwig, eine der Töchter Amaliens zur Gemahlin auszuwählen." HÄUSSER, L. Bd. 2, 1856 S.581f - FEHRLE-BURGER, L. 1996, S.135 spricht von der *schön gewachsenen aparten Erscheinung*.
151   "Am 7. Oktober zog Karl Ludwig wieder in Heidelberg ein, nachdem zwei Tage zuvor die bayerischen Soldaten die Unterpfalz geräumt und den hessischen Executionstruppen Platz gemacht hatten." HÄUSSER, L. Bd. 2, 1856 S.583

Lothringischen Krieges 1668 "... *die Offiziere mit goldenen Ketten und Pretiosen beschenkt...*" wurden.[152]

Die aus Kassel stammende Kurfürstin Charlotte ging 1662 wieder dorthin zurück. Sie und Karl Ludwig hatten sich seit 1653 auseinandergelebt, ihr Gemahl sich der Luise von Degenfeld zugewandt. Der Kurfürst heiratete ein zweites Mal - morganatisch - zur linken Hand.[153] Auch bei ihrer Rückkehr nach Heidelberg im Jahre 1680 hat Charlotte sicher wieder eine hessische Garde mitgebracht.[154] Ohne Tross konnte eine Kurfürstin ohnehin nicht reisen. War unser Leutnant Andreas Steitz darunter?[155]

Steitz war nicht der einzige hessische Soldat mit Grundbesitz in Heidelberg. In unmittelbarer Nachbarschaft verkaufte am 20.4.1708 Niclas Mauß "... *vormals gewesener Churpfalz - Garde = Reütter, nunmehro aber in hochfürstl: Hessen Casslischen Diensten stehend ... einen in der Busamer gass Dahier gelegenen abgebrannten haußplatz ...*"[156] an Johann Jakob Bentz. Dies Grundstück grenzte im Norden an das ehemalige *Nonnenschulhaus*, das bereits an die Societas Jesu übertragen war. 1713, fünf Jahre später, erwarb der Jesuitenorden das Mauß-Bentzsche Areal.[157]

---

152 HÄUSSER, L. Bd. 2, 1856, S.671
153 FEHRLE-BURGER, L. 1996, S. 135ff schildert die Dramatik der Beziehung.
154 HÄUSSER, L. Bd. 2, 1856, S.695
155 Der Name Steitz ist in Darmstadt zu dieser Zeit nicht selten. Ein Andreas Steitz ließ sich im Darmstädter Archiv aber nicht finden. Mitteilung Dr. J.R.Wolf, Hessisches Staatsarchiv Darmstadt vom 15.11.1995.
156 CB Bd. II, S.160. Der ausführlichere Original-Kaufbrief ist erhalten: GLA 43/2826
157 Siehe S.31, Kapitel Die "Nonnengaß" - wiedergefunden.

Jacob Philipp Steinhöbler wird Pförtner am Mitteltor

Schon am 31. Januar 1698 ließen sich Jacob Philip Steinhöbler, auch Steinhebler geschrieben, und seine Frau Amelia oder Amalia Elisabetha in das Bürgerverzeichnis der Stadt Heidelberg eintragen.[158] Dies war mit keiner Zahlung verbunden, da die Ehefrau aus Heidelberg stammte. Der Schreiber notierte als Beruf "*Krähmer*". Aber als Krämer arbeitete Philipp Jacob Steinhöbler zunächst nicht, sondern war als "*Pförtner am Mittelthor*" um 1701/1702 im Besoldungsbuch der Stadt eingetragen. Er verdiente 14 Gulden und 32 Kreuzer im Jahr.[159]

Nur 5 Jahre danach, am 18.2.1706, kauften die Steinhöblers in der Judengasse den "*so genannten Ißraelischen Haußplatz*" neben der Universität von *Lieutenant Andreas Steitz* und seiner Frau *Lucretia*.[160] Der Kaufpreis betrug 500 Gulden, wovon sie 300 Gulden bar bezahlen konnten. Der Rest wurde als Obligation für den Verkäufer, den "*ehemaligen Lieutenant under Ihro Hochfürstl. Majestät zu Hessen Darmstadt*", in die Contractenbücher eingetragen.

Von seinem Gehalt als Pförtner von 14 Gulden im Jahr kann Steinhöbler kaum gelebt, noch weniger das Geld für die Kaufsumme zusammengespart haben. THORBECKE meint, dass es sich bei diesen Summen nur um Ehrenämter oder Nebenämter gehandelt haben muss.[161] Ob und mit was Steinhöbler nebenbei gehandelt hat, war nicht herauszufinden.

Ein weiterer merkwürdiger Umstand ist, dass bereits am 22.6.1705, also 8 Monate früher, beim Verkauf des nördlichen Hauses der ehemaligen Schwabenburse, Jacob Philipp Steinhöbler bereits als Nachbar aufgeführt ist.[162] Hatten die Steinhöblers das

---

158 "*Philipp Jacob Steinhebler zu Frankenthal gebürthig seiner Profeßion ein Krähmer. Dessen Hausfraw Amelia Elisabetha, Bürgerin alhier 31.1.1698*" LOHMEYER, K. in NAHD Bd. XIII, 1928, S.377-457
159 THORBECKE, A.: berichtet über das *Besoldungsbüchlein 1693-1694* - "*renovirt*" 1701-1702 in NAHD Bd. VI, S.116; Eintrag Nr. 50
160 CB Bd. I, S.1012-1013
161 THORBECKE, A.: NAHD Bd. VI, S.119
162 UAHD A 401/3

Das Mitteltor

links: 1620, Ansicht von Norden (Ausschnitt)[163]
rechts: um 1830, Ansicht von Westen (Ausschnitt)[164]

Nach dem Brand von 1693 wurde das Turmdach durch einen Balkon und einen zweistöckigen barocken Turmaufbau ersetzt.

---

163   MERIAN, M. Großes Stadtpanorama. KPM
164   HEGSTENBERG, TH. KPM aus DERWEIN, H. 1940, Tafel 8. (Dort falsch WERNIGK zugeordnet)

Grundstück bereits vorher bewohnt, gemietet? Wo haben sie überhaupt gewohnt?[165] Die Stadt war ja weitestgehend zerstört worden. Im Kaufbrief von 1706 steht, dass sie nur einen Hausplatz, kein Haus erworben hatten. Wohnten sie im Keller, in einem notdürftig hergerichteten Hausrest? Jedenfalls muss man es sich so vorstellen. Die unteren Geschosse - oft aus Stein gebaut - konnten ja nicht abbrennen und waren daher nicht selten stehen geblieben. Dort hätte sich ein Notdach errichten lassen. Erst beim Neubau der Häuser wurden Mauerreste vieler beschädigter Gebäude eingerissen.[166]

Der Lieutenant Steitz hatte ein Jahr nach dem Verkauf die restlichen 200 Gulden aus dem Kaufpreis zu bekommen. Steinhöblers konnten sie aber nicht zahlen und mussten diese Summe erneut leihen. Am 17.5.1707 ließen sie daher eine weitere Hypothek auf ihr Grundstück eintragen.[167] Diesmal zu Gunsten des Rats Johann Peter Klinger und seiner Ehefrau Elisabetha. Jetzt wurde für die Rückzahlung eine längere Frist, nämlich 4 Jahre vereinbart. Statt bisher 5% mussten sie aber 6% Zinsen dafür aufbringen.

In der Schuldverschreibung von 1707 ist nun nicht mehr von einem Hausplatz allein, sondern "*sambt dem Iezig= und künftig überbaw*"[168] die Rede. Es muss also in der Zwischenzeit ein - wie auch immer - bewohnbares Gebäude hergestellt worden sein.

Bis zum 31.1.1708 verging kein ganzes Jahr, da verkauften die Steinhöblers das Grundstück wieder. Nun wurde es als "*behausung*" deklariert.[169] Der Verkaufspreis betrug 900 Gulden, wovon 700 bar bezahlt wurden. Für die restlichen 200 Gulden übernahm der Käufer die eingetragene Schuld gegen Johann Peter Klinger. Hat der Krämer Steinhöbler hier einen guten Schnitt gemacht? In zwei Jahren aus 300 Gulden Kapital-

---

165 Ein oberes Stockwerk des Mitteltorturms diente um 1806 dem Nachtwächter als Wohnung. Ob es aber bereits 1698 wieder bewohnbar war? DERWEIN, H. 1940, S.450, Nr. 605
166 Selbst heute sind noch an einigen Häusern Bauteile aus Zeiten vor der Zerstörung erhalten und sichtbar, die in die neuen Häuser integriert wurden. In der Judengasse gibt es dafür kein Beispiel, aber z.B. in der Pfaffengasse, am Eckhaus Untere Straße 31 stammen die Fenstergewände aus der Renaissance.
167 CB Bd. II, S.45-46
168 samt dem jetzigen und künftigen Überbau
169 Mit *behausung* war auch das Grundstück gekennzeichnet, auf dem das Haus stand. War ein Grundstück so groß, dass noch ein weiteres Haus darauf errichtet werden konnte, so wurde der nicht bebaute Teil als *hausplatz* extra erwähnt. Große, unbebaute Grundstücke hießen auch *Zweihausplatz*, wenn darauf zwei Häuser gebaut werden konnten oder durften.

einsatz hat er 700 mitgenommen! Das klingt nicht übel. Bleibt nur zu fragen, was für ein Gebäude er errichtete und zu welchen Kosten.

Philipp Jacob und Amalia Elisabetha Steinhöbler zogen nicht aus der Stadt weg, sondern blieben in Heidelberg wohnen. Aber erst nach mehr als 4 Jahren kauften sie am 1. November 1712 ein Haus in der Krämergasse.[170] Als Beruf ist diesmal "*Crammer*", also wieder Krämer angegeben. Wo haben sie in der Zwischenzeit gewohnt? Das neue Anwesen kostete 560 Gulden; Steinhöblers übernehmen eine Schuldeintragung in Höhe von 160 Gulden und verpflichten sich, den Rest in acht Jahresraten von 50 Gulden und 5% Zinsen abzutragen. Dies ist ihnen offenbar gelungen.

Denn am 14.Oktober 1735 verkaufen die Eheleute Steinhöbler das Haus in der Krämergasse an ihren "*Tochtermann*", d.h. den Schwiegersohn Martin Stumpf, einen Administrations Canalisten.[171] Offenbar hatte die Tochter eine gute Partie gemacht. Ein Kaufpreis ist aber nicht angegeben. Es könnte sich auch um eine (versteckte?) Schenkung handeln. Der Schwiegersohn jedenfalls übernahm die Hypothek von 160 Gulden zugunsten des *armen bürger Hospithals*.[172] Philipp Jacob Steinhöbler wird nun im Jahre 1735 als Seifensieder bezeichnet. Hat er sich als Krämer überhaupt jemals betätigt? Seifensieder und Krämer gehörten derselben Zunft an. Seine früher genannte Berufsbezeichnung *Krähmer* oder *Crammer* könnte auch nur ein Hinweis auf seine Zugehörigkeit zur Krämer-Zunft sein.

Der Kurfürst Karl Philipp hatte 1720 die Residenz nach Mannheim verlegt. Damit entzog er der Stadt einen Teil der lebenswichtigen wirtschaftlichen Grundlage.[173] Für einen Krämer und Seifensieder sicherlich eine schwere Zeit.

Das Schicksal der Familie Steinhöbler soll nun nicht weiter verfolgt werden. Das nächste Kapitel befasst sich mit Friedrich Martin Kerrmann, dem Käufer des Grundstücks in der Judengasse im Jahre 1708.

170	CB Bd. II, S.146-148
171	CB Bd. V, S.148
172	Der Begriff *arm* wurde im Sinne von *arm dran*, d.h. *allein gelassen* verwendet und bedeutete nicht: *finanziell mittellos*. Ausführlich zur Heidelberger Spitalgeschichte siehe GOETZE, J. 2000 S.14ff.
173	KOLLNIG, K. 1993, S.84

Die Religionsdeklaration von 1705 und Der Geistliche Administrations-Renovator Kerrmann

Als katholischer Fürst betrieb Johann Wilhelm auch eine Katholisierungspolitik. Er gab den Orden, vor allem den Jesuiten, Plätze zur Ansiedelung. Mit der Religionsdeklaration vom 21. November 1705 zur gemeinsamen Verwaltung protestantischer und katholischer Kirchengüter fiel in seine Regierungszeit eine Maßnahme, die die religiösen Verhältnisse in der Kurpfalz für viele Jahrzehnte bestimmen sollte.[174]

Mit dieser gemeinsamen Verwaltung des Kirchenbesitzes wurden neue Beamtenposten geschaffen. Der aus Möckmühl stammende Friedrich Martin Kerrmann profitierte davon als Geistlicher Administrations-Renovator und Rechnungsrevisor. Dies muss so etwas wie ein Finanzvorstand gewesen sein. Er konnte bereits 1708 das Grundstück in der Judengasse von den Steinhöblers kaufen und 700 Gulden in bar bezahlen.[175]

Bereits 1712 erweiterte Martin Kerrmann seinen Besitz durch den Zukauf des an sein Grundstück angrenzenden Platzes in der Bussemergasse, heute Bussemergasse 1a.[176] Hier durfte zwar ein Haus gebaut werden, aber für die nächsten mehr als einhundert Jahre nutzte dies keiner der Besitzer. Das Gelände blieb unbebaut und wurde als *Gärtlein* genutzt. Mit diesem Zukauf ähnelte das Grundstück in seiner topographischen Struktur Hausanlagen, wie sie sonst nur bei vornehmen Palais anzutreffen waren.[177] Kerrmann hoffte vielleicht, hier ein seiner Position gemäßes Areal zusammenkaufen zu können. So weit kam es nicht. Kerrmann hat zwar das an der Judengasse liegende Vor-

---

174 FELDMEIER, F. 1911 schildert die Hintergründe, wie es zu dieser Deklaration kam. Ein Edikt von 1698 erlaubte allen drei christlichen Konfessionen, gemeinsame Gottesdienste abzuhalten. Dieser Ansatz scheiterte, weil die Katholiken "... *in dem ungestörten Besitz ihrer Kirchen blieben.*" (S.43). Johann Wilhelm, der vor allem seine Kurwürde betrieb und sein Territorium erweitern wollte, erwirkte dann 1705 einen Kompromiss, nach dem sämtliche Kirchengüter unter eine Verwaltung gestellt wurden. Der Gewinn daraus wurde dann auf Reformierte und Katholiken wie 5:2 verteilt.
175 31.01.1708 - CB Bd. II, S.111-112 Wortlaut im ANHANG
176 CB Bd. II, S.667 vom 22.5.1712
177 Ein Beispiel dafür ist das Palais des Münzwarts Anton Cajet in der Haspelgasse 12, das vom Hauptgebäude aus bis zur Pfaffengasse unbebaut blieb und mit einem Park versehen war.

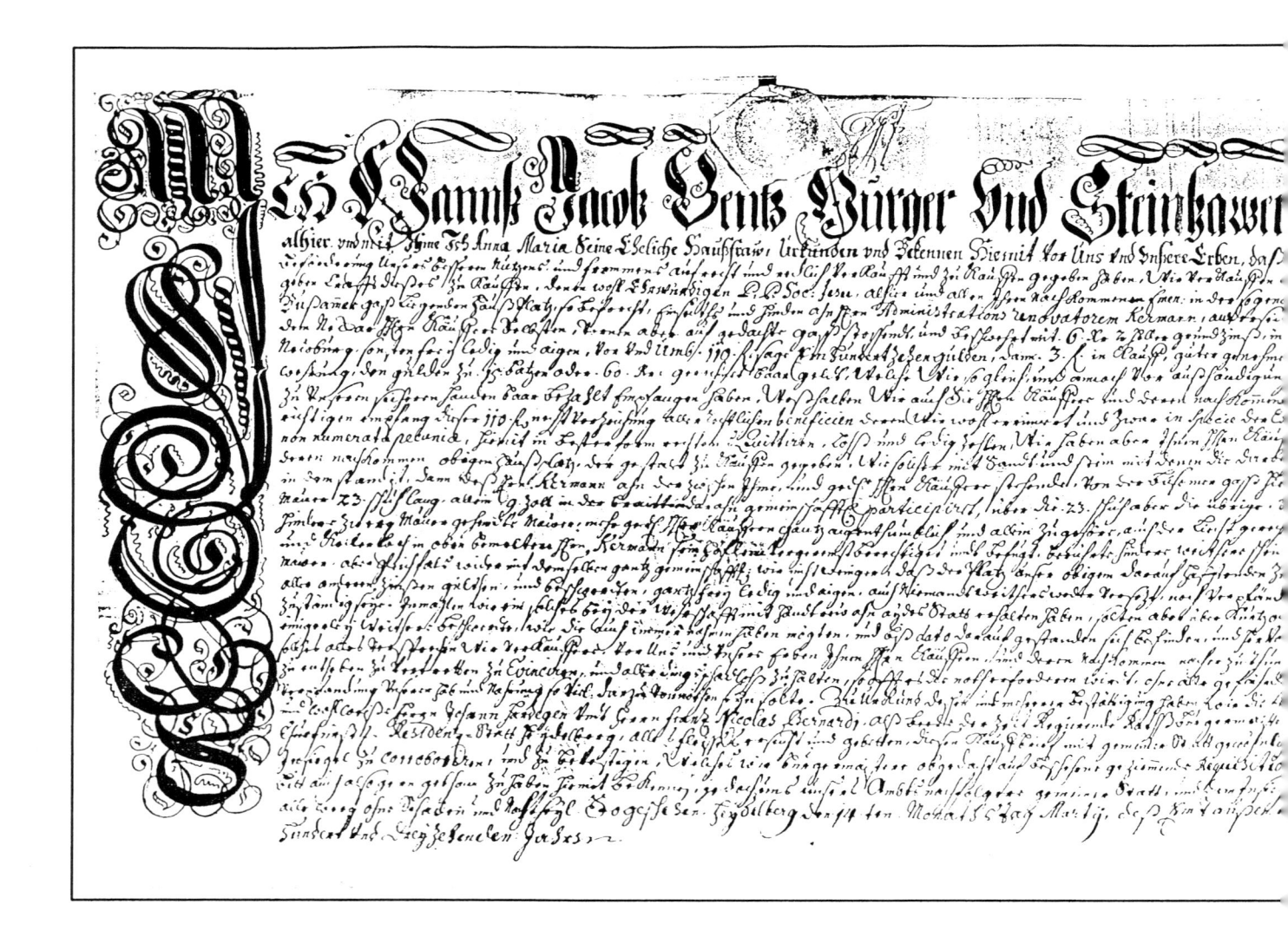

Kauff Brieff vom *14ten* Martij 1713.
Auf Pergament geschrieben (Ausschnitt)
Original: Höhe: 27 cm, Breite: 41 cm.

GLA 43 / 2821

derhaus fertiggebaut, zumindest aufgestockt. Der Dachstuhl ist aus Balken gezimmert, wozu die Bäume 1715 und 1716 geschlagen wurden, wie eine dendrochronologische Untersuchung ergab.[178] Doch mit dem Bau dieses Hauses blieb er weit hinter der Ausstattung reicher Palais zurück. Allein die außenliegende Treppe zum Obergeschoss genügte in keiner Weise nobleren Ansprüchen.

Interessant ist, dass für das Grundstück in der Bussemergasse gegen den Neckar zu als Nachbarn bereits 1712 die Jesuiten angegeben sind, obwohl dieser Hausplatz erst am 27. Februar 1713 von Hannß Jacob Bentz, einem Steinhauer, und Anna Maria an die "... *wohl Ehrwürdigen P:P: Soc: Jesu*" verkauft wurde.[179]

Herr Bentz hatte im Kaufbrief einen sonst bei Kaufverträgen in Heidelberg unüblichen Zusatz vermerken lassen, "... *zu Beförderung Unsers bessern Nutzens und Frommens ...*" Durch den Verkauf an den Jesuitenorden erhoffte er für sich offenbar eine Belohnung im Himmel. Bentz hatte den "...*abgebrannten Hausplatz ...*", wie bereits berichtet, erst im Jahre 1708 von Niclas Mauß, "... *vormahls gewesener Churpfältz[ischer] garde=Reütter, nunmehro aber in hochfürstl:[ichen] hessen-casslischen Diensten stehend ...*"[180] für 50 Gulden gekauft; Er verkaufte ihn nun an die Jesuiten für 110 Gulden.[181] Bei dieser Gewinnmarge klingt der Zusatz beinahe blasphemisch, wurde doch die *Beförderung Unsers bessern Nutzens* bereits auf Erden wirksam.

---

178 KNOCH, P., Bauforschung, Heidelberg 1999. Untersuchung im Besitz des Verfassers.
179 CB Bd. II, S.824-825
180 Auch hier wieder ein Soldat in Hessischen Diensten, wobei nicht daraus hervorgeht, ob Niclas Mauß auch aus Hessen stammte.
181 GLA 43/2826 und 43/1728. Originale Kaufbriefe vom 14.3.1713 und 20.4.1708

Desinteresse der Kerrmannschen Erben an Heidelberg

Martin Kerrmann starb schon vor 1720, was aus Kaufbrief und Obligation eines angrenzenden Hauses hervorgeht.[182] Im Jahre 1720 zog sich auch Kurfürst Karl Philipp, der seine Interessen in Heidelberg nicht mehr durchsetzen konnte, endgültig aus Heidelberg zurück und verlegte seine Residenz nach Mannheim. Damit verlor die Stadt Heidelberg nicht nur ihren Status als Hauptstadt der Kurpfalz, sondern enorm an Anziehungskraft als Wohnort angesehener Bürger. Da "... *die meisten Beamten nach Mannheim übersiedelten...*" verschlechterte sich die wirtschaftliche Situation in Heidelberg so, dass "... *hierdurch den Krämern ein großer Ausfall erwuchs ...*"[183] Die Hauspreise sanken.[184] Auch die Kerrmannschen Nachkommen verloren offensichtlich das Interesse an dem Heidelberger Haus.

Die Witwe Kerrmann blieb noch hier wohnen. Ihren Mann hat sie aber nicht lange überlebt. Vermutlich ist Maria Kerrmann vor 1727 gestorben. In einer Urkunde vom 20.7.1726 wird bereits von den "*Kehrmännischen Erben*" gesprochen.[185] Am 27.2. 1727 heißt es dann *der junge Kehrmann*.[186]

Friedrich Martin und Maria Kerrmann hinterließen mindestens 3 Söhne. Zwei der Söhne kamen zu hohen Posten im Kurfürstlichen Verwaltungsapparat:

Christian Jonathan Kerrmann schrieb sich bereits am 26.11.1705 in der Universität Heidelberg als Student ein.[187] 1706 und 1707 finden sich in den Matrikeln weitere Einträge, die auf Abschluss-Prüfungen hinweisen.[188] 1733 wird er *als Churpfältzischer Jagd Secretarius*[189] und 1734 als *Jagt=Secretarius Herr Christian Jonathan Kermann*

---

182 CB Bd. III, S.211-212 und CB Bd. III, S.222
183 ROSENTHAL, B. 1927, S.116
184 Einem Reisebericht von MONTESQUIEU ist zu entnehmen, dass 1729 in Heidelberg 1900 Personen lebten und alle arm seien. Siehe BUSELMEIER, M. 1986, S.88
185 CB Bd. IV, S.302-303
186 CB Bd. IV, S.396
187 TOEPKE Bd. IV, S.6 "*Christianus Jonathas Kermann, Möckmühlanus, log.*"
188 TOEPKE Bd. IV, S.414 und S.415
189 CB Bd. IV, S.1252

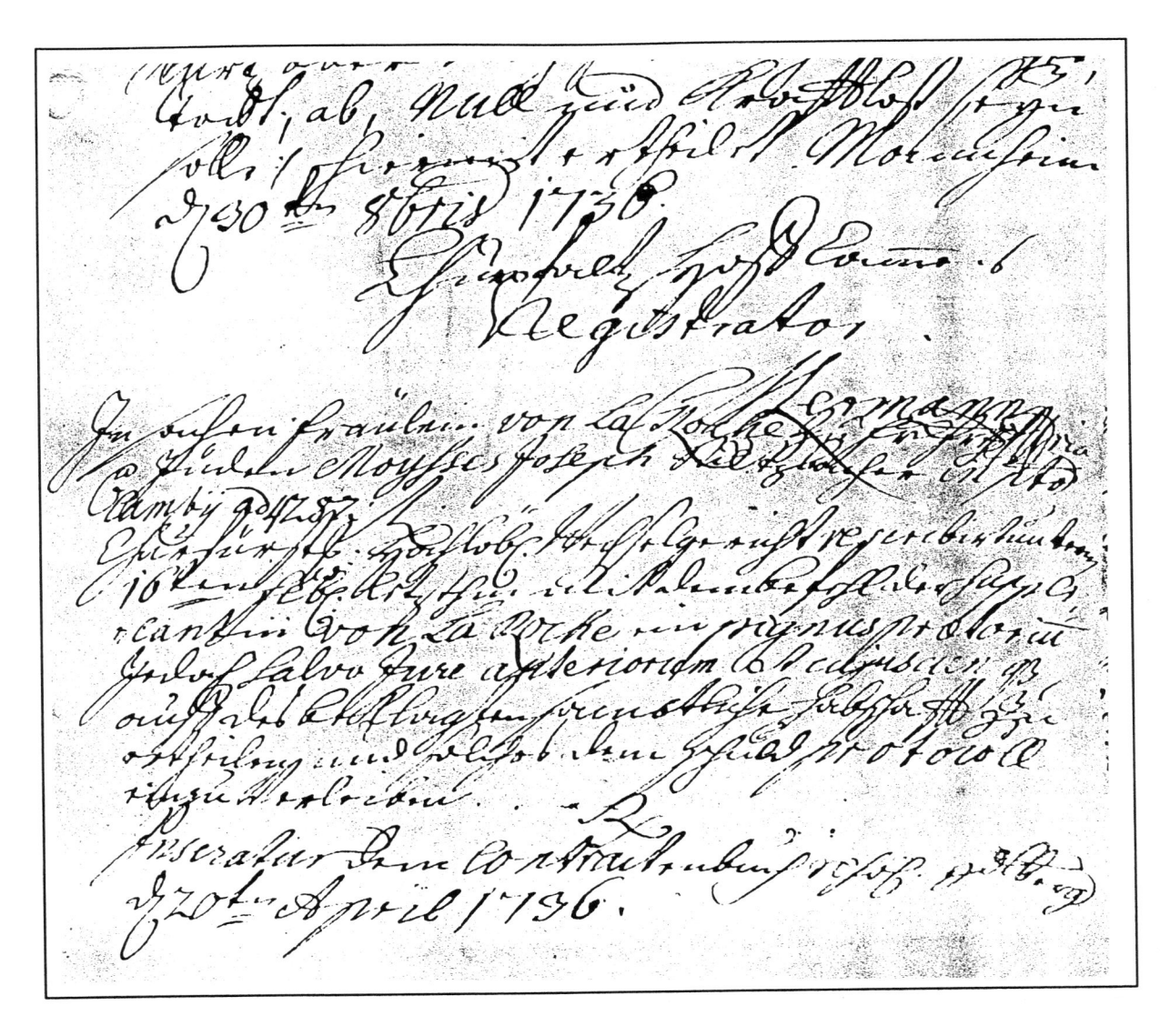

Unterschrift des *Churpfaltz HofCammers Registrator C[arolus] Kermann, mpria* unter einen Mortificationsschein. Der Name *Kermann* ist überschrieben mit einem weiteren Eintrag *In Sachen Fräulein von La Roche Zu Frkfrth ca Juden Moyses Joseph Sultzbacher*

Ausschnitt - 30.10.1736, CB Bd.V, S.227. Wortlaut im ANHANG

bezeichnet.[190] Im Jahre 1739 ist sein Titel: "*seren. electoris Palatini camerae consiliarius et consilii forestarii assesor*".[191] 1755 und 1757 findet sich mit derselben Berufsbezeichnung ein Frantz Joseph Kermann in den Hof-Calendern. Hier dürfte es sich um einen Nachkommen handeln

Der zweite Sohn des Martin Kerrmann, Carolus Sebastianus Kerrmann, taucht am 20.11.1708 an der Universität Heidelberg auf.[192] Er wird später - 1736 "*Hofkammer registrator*" genannt.[193] 1738 verwendet der Chur-Pfälzische Hof- und Staats-Calender den Titel "*Hof=Cammer=Zahlmeister*" und "*Registrator*":[194]

Haus und Grundstück in der Judengasse sind offenbar an diesen Carolus Sebastian übergegangen. Darüber existiert zwar kein Dokument in den Contractenbüchern. Es war aber auch nicht üblich, einen normalen Erbübergang darin festzuhalten, es sei denn, es hätte einen Erbvertrag gegeben. Im Juni 1733 leiht Carolus Sebastian von seinem Bruder Christian Jonathan 900 Gulden und muss diese Schuld eintragen lassen. Zehn Monate später wird der Schuldbetrag erhöht auf 1200 Gulden.[195].

Am 1.4.1735 wird eine weitere Schuld eingetragen, diesmal zugunsten der Tochter des Sebastian Kerrmann, Frau Gertrud Bickarsin. Es sind 150 Gulden, die ihr aus einer Erbteilung zustehen. Nur 5 Tage später wird dann eine Belastung von weiteren 1850 Gulden in den Contractenbüchern vermerkt.[196] Diesmal gibt das Geld der "*Hoffactor dahier Moyhses Joseph Sulßbacher*". Ein weiteres knappes Jahr danach, am 1. März 1736, ist in den Contractenbüchern vermerkt: "*Carl Sebastian Kerrmann und mit Ihme Juliana Wilhelmina dessen Eheliebste verkaufen ahn den Hoffactoren Juden Moyhses Joseph Sultzbacher, Edel Moyses dessen Ehel. Hausfrau ihre in der Judengaß dahier gelegene behausung, Hof und garthen....*"[197]

190	Churpfälzischer Staats= und Stands=Calender auf das gemeine Jahr 1734 StAMA 10168 C3/1, S.33
191	Ratgeber der Kammer des Durchlauchten Pfälzer Kurfürsten und Beisitzer des Forstrates, TOEPKE Bd. IV, S.109
192	TOEPKE Bd. IV, S.13
193	CB Bd. IV, S.1252
194	StAMA 10168 C3/1 S.52
195	CB Bd. V, S.51
196	CB Bd. V, S.106 und 107
197	CB Bd. V, S.173

Hoffaktor Moyses Joseph Sultzbacher kommt 1736 nach Heidelberg - "jedenfalls kein bedeutender Finanzier"

Moyses Joseph Sultzbacher stammte aus Sulzbach bei Amberg und wurde damals nur Moyses Joseph genannt. In Sulzbach wuchs auch der spätere Kurfürst Carl Theodor auf. Mehrere Hoffaktoren mit dem Namen Joseph sind in Sulzbach nachgewiesen, die aus Schwabach eingewandert waren. Sie wurden daher auch mit dem Beinamen Schwabacher bezeichnet. Vor allem Jakob Joseph hatte sich zu dem *bedeutendsten Hofjuden emporgearbeitet.*[198] Oft wurde dieses Amt innerhalb der Familie weitergereicht.

Hoffaktoren waren direkt dem Kurfürst unterstellt und hatten die Aufgabe, die Versorgung des Hofes mit verschiedensten Produkten zu gewährleisten, waren auch Financiers des Kurfürsten und nicht zuletzt in der Sonderform des Milizfaktors zuständig für die Ausrüstung der Armee. Hoffaktoren gehörten zu den Hofbediensteten. Sie genossen daher einen Sonderstatus bzw. hatten Sonderrechte und waren z.B. von Brückengeld-Zahlungen befreit.[199]

Der Kurfürstliche Hoffaktor Moyses Joseph reiste offenbar öfter von Sulzbach bei Amberg nach Mannheim, wo sich Carl Theodor bereits seit 1733 aufhielt. Solche Reisen Moyses Josephs sind nachgewiesen für 1733, 1734 und 1735.[200] Sie führten durch Heidelberg. Schon 1735 nennt ihn der Heidelberger Ratschreiber "*Hoffactor dahier Moyses Joseph Sulßbacher*". *Dahier*, d.h. in Heidelberg wohnhaft.[201] Den Nachnamen Sultzbacher - auch Sulsbacher, Sulzbacher oder Sulzbach geschrieben - hat er wohl auch erst hier angenommen oder angefügt bekommen. Die von den Ratschreibern verwendeten Attribute reichen von "*Oberjudenvorsteher*" bis "*Schutzjude*". Ein Schutzjude, d.h. ein Jude, der gezwungen war, seine Aufenthaltserlaubnis fortwährend neu durch Geldzahlungen zu erkaufen, kann er als Hoffaktor kaum gewesen sein. Hoffaktoren waren nämlich auch von Schutzgeld-Zahlungen befreit. Moyses Joseph Sultzbacher

---

198 SCHNEE, H. 1963, S.14
199 LÖWENSTEIN, L. 1895, S.225
200 SCHNEE, H. 1963, S.21
201 CB Bd. V, S.107

müsste sonst auch irgendwo in den Listen erscheinen, die über die abgabepflichtigen Schutzjuden in Heidelberg geführt wurden.[202] Das ist aber nicht der Fall.

Moyses Joseph Sultzbacher befasste sich mit Finanzgeschäften, berichtet SCHNEE, aber *"jedenfalls war er kein bedeutender Finanzier"*.[203] Einen ähnlichen Schluss lassen auch die Einträge in den Contractenbüchern der Stadt Heidelberg zu.

Zunächst mag es ein Geldgeschäft gewesen sein, dass zu Gunsten von M.J. Sultzbacher auf dem Grundstück des Kerrmann in der Judengasse am 6.4.1735 eine Verpfändung in Höhe von 1850 Gulden eingetragen wurde.

Weniger als ein Jahr später, am 1. März 1736, übernahm der Hoffaktor Sultzbacher das Anwesen von seinem Gläubiger Kerrmann für nicht einmal die gesamte Schuldsumme, nämlich nur 1800 statt 1850 Gulden.[204] Das heißt, Sultzbacher hat nichts dafür ausgeben müssen, sondern das Grundstück nur rechtlich überschrieben bekommen. Ja, es blieben sogar noch 50 Gulden Schuld ungetilgt. Kurz darauf aber wird das gerade erkaufte Anwesen mit weit mehr Belastungen verpfändet als die Kaufsumme betragen hatte. Bis 1738 nahm Sultzbacher insgesamt Schulden in Höhe von 8462 Gulden auf.

Im einzelnen:

Am 14.4.1736 werden 1800 Gulden für die *"verwitwete Landschreiberin Schummin"* registriert.[205] Nur sechs Tage später, am 20.4.1736, wird vom *"Churfürstl. Hochlöbl. Wechselgericht"* eine bereits am 16. Februar anerkannte Wechselschuld von 4282 Gulden zugunsten *"Fräulein von La Roche Zu Frkfrth"* eingetragen.[206] Da das Grundstück offensichtlich als Gegenwert für diese Schuld nicht mehr ausreichte, wurde angeordnet, die Pfändung *"... auf des beklagten samtliche habschaft ... zu ertheilen und solches dem Schuldprotocoll einzuverleiben"*.[207]

---

202   1744 wird aus Heidelberg ein *Moises Joseph Bamberger* als Schutzjude registriert. LÖWENSTEIN, L. 1895, S.213. Es dürfte sich hier aber nicht um dieselbe Person handeln.
203   SCHNEE, H. S.21
204   CB Bd. V, S.173
205   CB Bd. V, S.226
206   Ausführliche Geschichte der Wieblinger Adelsfamilie von La Roche in: WEISERT, H. 1966, S.43ff
207   CB Bd. V, S.227

Damit endete die Schuldenanhäufung nicht: Am 23.4.1738 wurde ein weiteres Pignus Praetorium[208] eingetragen. Begünstigt ist diesmal der "... *Rathsverwandte Nicolaus Faber*" in Höhe von 1580 Gulden. Am 28.4.1738 wird "*Rath Jacobi*" mit 400 Gulden und schließlich der "*Hochwohlgebohrene Churpfältz. Cämmerer und Hofgerichtsrath Freyh. von Schall*" mit noch mal 400 Gulden am 30.4.1738 beurkundet.[209] Die Schulden übersteigen den Wert des Grundstücks nun um ein Vielfaches.

Der Hoffaktor ist damit quasi enteignet. Schließlich verkaufen die Schummschen Erben, das heißt die Nachkommen der Landschreiberin Schummin, der als erste eingetragenen Gläubigerin, am 13.9.1754 das Grundstück. Das heißt, sie ist durch die Verpfändung in den Besitz des Grundstücks gekommen. Jetzt ist von zwei Gebäuden und dem Platz zur Bussemergasse hin die Rede. Die Käufer sind Küfermeister Christoph Jung und seine Frau Joanna Elisabetha. Diese zahlen nur 1200 Gulden, was nicht einmal die erste Hypothek von 1800 Gulden abdeckt, müssen aber noch Zinslasten zugunsten des Churhospitals und der Gefällverweserey übernehmen.[210] Bei diesen Institutionen hatte Sultzbacher also ebenfalls Schulden angehäuft.

Ob Moyses Joseph Sultzbacher zu diesem Zeitpunkt überhaupt noch lebte, ist völlig unklar. Vermutlich hat er schon längst nicht mehr, vielleicht sogar nie in Heidelberg gewohnt. Von seiner Frau Edel Moyses war überhaupt nur einmal zu hören, nämlich beim Kauf des Hauses im Jahre 1736. Später wird sie nicht mehr erwähnt.

208	Verpfändung oder Belastung eines Grundstücks auf Grund einer behördlichen Maßnahme oder eines Gerichtsbeschlusses.
209	CB Bd. V, S.382 und S.384
210	CB Bd. VI, S.349

Wohnhaus mit Mikwe - oder Handelsniederlassung?

Es deutet einiges darauf hin, dass Sultzbacher beim Kauf des Grundstücks in der Judengasse einmal wirklich vorhatte, in Heidelberg zu wohnen und hier zu bleiben. Diese These wird vor allem dadurch gestützt, dass kurz nach dem Kauf des Hauses im rückwärtigen Teil des Grundstücks ein weiteres zweistöckiges Gebäude errichtet wurde, dessen Dachstuhl frühestens 1737 erbaut worden sein kann. Die Tannen dazu sind 1736 geschlagen worden.[211]

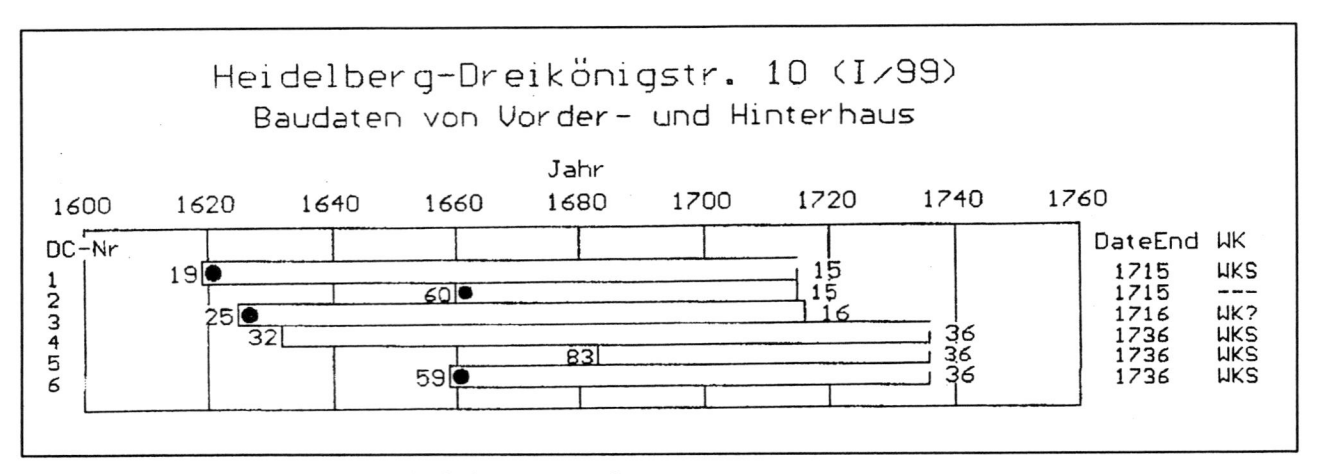

Ergebnis der Dendrochronologischen Untersuchung.
Es handelt sich um Tannenholz, das per Floß nach Heidelberg gebracht wurde.
Die Positionen 1, 2 und 3 betreffen das Vorderhaus, 4, 5 und 6 das Hinterhaus.
Linkes Datum bedeutet: Anfang, rechtes Datum Ende der Jahresringfolge.
WK = Waldkante, letzter Jahresring vor Fällung des Baumes.

Es scheint zunächst widersprüchlich, dass ein Hinterhaus, das niemand von der Straße aus sehen kann, weit aufwendiger gebaut ist als das an der Straße liegende Ge-

---

[211] Auszug aus dem Bericht des Labors für Dendroarchäologie Dr. Sibylle Bauer, Trier. 1999

bäude. Trotz der vielen Privilegien, die Sultzbacher als Hoffaktor genoss, wurden ihm sicherlich Restriktionen auferlegt, wie anderen Juden auch. Vom Kurfürst war Juden untersagt, auf der Hauptstraße, die als privilegiert galt, überhaupt ein Haus zu besitzen. Juden war es ferner generell verboten, auf dem Markt Waren feilzubieten. Auch im Erdgeschoss ihrer Häuser durften sie nicht aus den Läden heraus verkaufen.[212] Der Bau eines von der Straße abgelegenen Hauses war daher nur folgerichtig.

Die Ostfassade des von Sultzbacher errichteten Hinterhauses macht den Eindruck eines teuren, repräsentativen Hauses. Die Sandsteinbalustrade im Obergeschoss mit über vier Metern Spannweite und dem sich darüber wölbenden Korbbogen kann kaum für einen Wirtschaftsbau errichtet worden sein. Für eine geplante private Nutzung spricht auch, dass sich im Keller dieses Hinterhauses eine Mikwe, ein so genanntes Judenbad befunden haben muss. Sicher würde dies nicht in einem gewerblich genutzten Gebäude eingebaut werden. 1816, also ca. 80 Jahre nach der Errichtung des Hinterhauses, wird in einer Gebäudebeschreibung ausdrücklich erwähnt: "... *Im Keller ist ein Gemäuer von einem ehemaligen Judenbad ...*"[213] Heute ist dies nicht so einfach zu erkennen. Man wusste oder kannte 1816 wohl die Merkmale noch besser als heute. Es kommt nur eine Stelle im Keller in Frage, die jedoch bislang noch nicht genauer untersucht wurde.[214]

Das Hinterhaus bestand - so lässt sich heute erschließen - zunächst aus zwei Räumen. Im Parterre befand sich ein Raum von ca. 70 qm. Im Obergeschoss, das nur von außen per Treppe zugänglich war, befand sich außer einer unverglasten Loggia (hinter der Balustrade und dem Korbbogen) ebenfalls nur ein Raum. Die Decken waren einfach mit Kalk geweißelt, die Wände grau gestrichen und mit einem schwarzen Beistrich versehen. Wandvertäfelungen und Stuck fehlten noch völlig. Wie aus dem Innenausbau zu erschließen ist, kann dieses Gebäude also nicht von Anfang an zum Wohnen gedient haben und ist offensichtlich für einen anderen Zweck genutzt worden. Alles

---

212   LÖWENSTEIN, L. 1895, S.153ff; und ROSENTHAL, B. 1927, S.116
213   LKA SpA 3849 22.3.1816 S.5. Wortlaut im ANHANG
214   Eine Fläche von 267cm auf 155cm ist mit Sandsteinplatten zwischen 30 bis 50cm Breite, 155cm Länge und ca.15cm Dicke abgedeckt.

weist auf eine gewerbliche Nutzung hin. Für eine solche Verwendung spricht auch, dass an den Türgewänden keine Spuren einer Befestigung für Mesusen findbar waren.[215]

Denkbar sind Lagerung oder Fabrikation von Waren. Möglichweise war bei Baubeginn noch an ein Wohnhaus gedacht worden - und die Pläne wurden erst während der Bauarbeiten geändert?

Im Winter 1739 auf 1740 wurde Heidelberg von einem Hochwasser heimgesucht. Wie hoch das Wasser in der Stadt stand, ist nicht überliefert.[216] Allerdings machte es das Haus sicher nicht attraktiver. Das Hochwasser kann durchaus einen Sinneswandel herbeigeführt haben, so dass Sultzbachers Interesse an dem vor wenigen Jahren erworbenen Grundstück und dem gerade errichteten Neubau erlosch. Ein triftiger Grund für ein solches Umdenken und dafür, dass Sultzbacher Heidelberg verließ, ist möglicherweise auch darin zu finden, dass er sich hier massiv verfolgt sah. In den Rektor-Büchern der Universität wird ein Prozess geschildert, der darauf hinweist.

---

215   Mesusen sind abgeschriebene und geweihte Bibeltexte, die am Türpfosten eines Wohnhauses in einer Schutzhülle angebracht werden.
216   HERTWIG, P.G. 1998, S.135

Sultzbacher ist Ziel studentischer Anpöbelungen und Angriffe

Studenten gerieten im Mittelalter und in der frühen Neuzeit öfter mit der Bürgerschaft aneinander. Dies ging von Studentenstreichen wie *Säue rauslassen* und durch die Straßen jagen bis zu Mord und Totschlag. Auch im 18. Jahrhundert musste sich der Senat immer wieder mit dem Verhalten der Studenten befassen, die insbesondere Juden angriffen. Die Universität hatte Gerichtshoheit über alle ihre Angehörigen, auch über die Studenten. Mit Verordnungen und Bestrafungen versuchten die Professoren, die Zügellosigkeit der Studenten einzudämmen. So beschloss der Senat auch am 19. Januar 1736, Schmähungen und Misshandlungen von Juden zu verbieten.[217]

Nicht immer wurde mit gleichem Maß geurteilt. Eine relativ harte Strafe wurde z.B. gegen drei Studenten am 7. Juli 1733 verhängt. Sie wurden, *"... weil sie dem Krämer Hettenbach und anderen die Fenster eingeworfen haben u.s.w., zu je 4 Wochen Haft bei Wasser und Brot, abzusitzen auf dem Dilsberg, und zum Ersatz des Schadens und der Kosten des Verfahrens verurteilt ..."* Die Studenten waren wohlhabend, einer von ihnen ein Sohn des angesehenen *Rechnungsverhörers* Mieg in Heidelberg. Sie beschwerten sich über die schlechte Unterbringung und beantragten bessere Zimmer. Die Universität ordnete daraufhin an, ihnen *"honettere und tollerabellere zimmer auf ihre kosten anzuweisen"*.[218] Schießlich wurde ihnen vor Ende Juli der Rest der Haftstrafe sogar erlassen.

Als aber drei Studenten Sultzbacher überfielen, ging der Senat nicht wirklich gegen die beteiligten Studenten vor.[219] Die Universität kam schließlich zu der Auffassung, dass man in diesem Falle für die Studenten nicht so recht zuständig sei. Nach längeren Verhandlungen schoben die Professoren die Schuld auf den Kurfürsten. Die Studenten kamen unbestraft davon.

Um was ging es konkret?

---

217 WINKELMANN, E. Bd. II, 1886, S.257, Eintrag 2064
218 TOEPKE, G. Bd.III, S.70
219 Alle drei sind in den Matrikeln der Universität aufgeführt. Sie schrieben sich am 5.12.1735 in die Universität ein als: *Johannes Franciscus Englerth, Walthürianus, Joannes Franciscus Burgmoser, Heidelberg*, und *Joannes Philippus Fanck, Neibsheimensis*. TOEPKE, G. Bd. IV, S.90,91

Am 4. September 1736 hatte der Hoffaktor Sultzbacher eine schriftliche Klage bei der Universität eingereicht wegen der an ihm verübten *Grausamkeiten*. Zu einem solchen Schritt muss er sich gezwungen gesehen haben, da es sich nicht um eine einmalige Tat, sondern wie er schreibt "*dreymal an ihm verübt worden*" sei. Aus der nachfolgenden Verhandlung geht hervor, dass die Studenten gezielt Juden in der Stadt angriffen. So auch Sultzbacher.

Die Verhandlung im Senat der Universität wurde im Rektorbuch detailliert festgehalten. Im einzelnen wird folgendes geschildert:[220]

Der Student der Logik, Burgmoser, wurde in den Senat gerufen und befragt, wer am Samstag bei ihm gewesen sei und was er dem Juden getan habe. Er antwortet, Fang und Englerth, Studenten der Logik, seien bei ihm gewesen, und er habe nichts getan. Im Gegenteil: die Juden hätten beim Hause des Stifts-Schaffners die ganze Straße eingenommen.[221] Und von diesen hätte einer den Burgmoser auf den Sultzbach gestoßen, dass er gefallen sei. Sultzbach habe dann ihn, den Burgmoser, zuerst bei den Haaren *bekommen*. Weiterhin sei er auch von ihm zuerst geschlagen und gescholten worden. Alles sei gegen halb 8 Uhr abends geschehen. Von der zweiten und dritten Aktion wisse er nichts.

Dann wird der Student Fang befragt, warum er herzitiert worden ist. Er antwortet *wegen des Juden Sultzbachers*. Er erzählt den Vorgang wie Burgmoser außer, Sultzbach hätte den Burgmoser zuerst und auf einen anderen Juden gestoßen, so dass dieser zu Boden gefallen sei. Daraufhin die Juden ihn, den Burgmoser, beim Kopf genommen und geschlagen hätten.

Nun wird Sultzbach vernommen. Er berichtet, es sei gegen 8 Uhr geschehen. Zwei vermeintliche Handwerksburschen seien mit Tabakspfeifen ihnen entgegengekommen. Sie seien 4 Juden gewesen. Burgmoser habe ihm gleich die Perücke abnehmen wollen und Fang habe ihn am Hals gepackt. Er habe auch die Studenten weder gestoßen noch beschimpft, sondern als er mit den anderen die Straße hinuntergegangen sei, hätten diese zwei Studenten die Juden sofort gestoßen. Die Studenten hätten auch schon mit anderen Juden Händel gehabt. Ferner stimme es nicht, dass der Rabbiner ge-

---

220 UAHD RA 708 S.94 bis 100. Der vollständige originale Text im ANHANG
221 Die Stiftsschaffnei, die zur Pflege Schönau gehörte, lag an der Hirschgasse, der heutigen Heiliggeiststraße. SPITZER, K. 1931 S.108

sagt habe, seine Perücke sei da, denn er habe sie immer noch nicht. Maurermeister Syber wird als Zeuge angegeben, der noch zu vernehmen wäre.

Fang antwortet auf die Frage, ob er schon mit anderen Juden Händel gehabt habe mit Nein. Er behauptet auch, gleich um 8 Uhr nach Hause und zu Bett gegangen zu sein.

Als nächster wird Student Englerth wegen der Händel vernommen. Er behauptet, Sultzbacher habe dem Burgmoser die Pfeife aus dem Maul geschlagen und der Rabbiner hätte gesagt, er solle nur zuschlagen, das seien keine Studenten, sondern Spitzbuben. Er habe auch gesehen, dass Sultzbacher dem Burgmoser ins Gesicht geschlagen und ihn dabei einen Spitzbuben gescholten habe. Die Perücke habe der Jude aus seiner Hand zurückbekommen. Es seien insgesamt 20 Juden gewesen, und von anderen Händeln sei ihm nichts bekannt. Sobald Sultzbacher seinen Hut eingefordert und die Händel beendet gewesen, sei er, Englerth, gleich nach Hause gegangen. Als sie schon im Bett gelegen, habe der Stadtdirektor sie abholen lassen wollen. Vom Fenster einschlagen wisse er auch nichts. Sie seien ohne Degen und Tabakspfeifen spazieren gegangen.

Die Professoren gehen nicht auf diesen offensichtlichen Widerspruch Englerths ein, der einerseits behauptete, Sultzbacher habe dem Burgmoser die Pfeife aus dem Maul geschlagen, andererseits sagte, sie seien ohne Pfeifen spazieren gegangen.

Die Vernehmung wird fortgesetzt und Burgmoser befragt, ob er von den Händeln wisse, die am Sonntag geschehen seien. Hierbei muss es sich um einen der anderen von Sultzbacher erwähnten Vorfälle handeln. Burgmoser antwortet darauf, er wisse nichts davon. Es hätten ihn aber zwei Personen, als er nicht zu Hause war, abholen wollen.

Daraufhin beschließt der Senat, dass alles zu komplex und daher kürzer zu fassen sei. Die Philosophen - jetzt nicht mehr Studenten genannt - sollten nach Hause entlassen werden. Es wird dann eine Kommission von zwei Professoren gebildet, *um die Sultzbachische Klagsache zu untersuchen.* Der von Sultzbacher genannte Zeuge, Maurermeister Syber, wird nicht vor den Senat bestellt.

Zwei Wochen später, am 19. September, tritt der Senat wieder zusammen.[222] Außer dem Rektor sind elf Professoren anwesend. Der Rektor trägt den Antrag Sultzbachers vor, dass die angeklagten Studenten bis zur Beendigung der Verhandlung Heidelberg nicht verlassen dürfen. Sultzbacher will damit wohl erreichen, dass sich die Studenten nicht der Strafe durch Flucht entziehen.

---

222   UAHD RA 708, S.99,100

Der Senat geht auf diesen Antrag nicht ein. Vielmehr wird am gleichen Tag beschlossen, dass die Universität beim Kurfürsten vorstellig werden soll. Man will dort vortragendass die Universität nichts unversucht lasse, die ihr untergebenen *Studiosos* von allen Händeln und *Schwermereyen* abzuhalten. Alles aber könne nichts fruchten, da sich bisher keine Garnison Kurpfälzischer Soldaten in der Stadt befinde.

Beim Kurfürst hatte die Universität damit Erfolg. Am 31.10.1736 liegt dem Senat die Antwort des Kurfürsten vor, das *rescript gegen die Judenhetzer.*[223] Der Senat lässt dieses *rescript* überall anschlagen. Zugleich beschließt man aber, erneut beim Kurfürsten vorzusprechen. Denn einmal seien nicht alle Urheber derartiger Händel Studenten. Zum anderen sieht der Senat die eigentliche Ursache für die *insolentien*, das ungebührliche Verhalten, im Fehlen einer Garnison. Mit dieser Stellungnahme schoben die Professoren alles auf den Kurfürst, der es bisher versäumt hätte, eine Garnison von Soldaten in die Stadt zu legen.

Auch hier folgte der Kurfürst dem Wunsch des Senats. "*Infolge obigen Antrags wurden im Dezember 1736 fünfzig Dragoner nebst einem Capitain, Lieutenant und Kornet >zur verhütung deren excessen< nach Heidelberg verlegt.*"[224]

Die Universität hatte sich damit erfolgreich um eine rechtliche Entscheidung gedrückt.

Gegen die in den oben geschilderten Vorfall verwickelten Studenten wurde nicht weiter vorgegangen. Es blieb bei der allgemeinen Mahnung an die gesamte Studentenschaft. Alle drei, Burgmoser, Englerth und Fang, auch Fanck geschrieben, konnten ruhig in Heidelberg weiter studieren und legten hier im Jahr 1737 Prüfungen ab.[225] Fanck befand sich auch noch 1738 in Heidelberg.

---

223   WINKELMANN, E. Bd. II, S.258 Eintrag 2071
224   TOEPKE, G. Bd. IV, S.102 Fußnote
225   TOEPKE, G. Bd. IV, S.454,455,456

Die Gläubiger verlieren einen Teil der Hypothek

Dem Hoffaktor Moyses Joseph Sultzbacher war das Haus weggepfändet worden. Die Erben der Witwe Schummin verkauften es schließlich 1754 für nur 1200 Gulden. Obwohl die Witwe Schummin noch 1800 Gulden hatte darauf eintragen lassen, ganz zu schweigen von den anderen Gläubigern, die zwangsläufig leer ausgingen und denen gegenüber Sultzbacher mit seinem übrigen Vermögen haftete. Einer der Verkäufer, nämlich Johann Schumm, akzeptierte sogar, dass von diesen 1200 Gulden Kaufsumme nur die Hälfte bezahlt wurde und der Rest von 600 Gulden zu seinen Gunsten als Hypothek stehen blieb.[226]

Die Käufer Christoph Jung, Bürger und Küfermeister, und seine Ehefrau Joanna Elisabetha "*vorhin gewesene wittib Diehlin gebohrene Boffingerin*" zahlten aber nicht etwa ab, sondern liehen noch zweimal 200 Gulden hinzu: 1757 und 1775.[227] Das Grundstück war damit wieder mit 1000 Gulden belastet. Sie zahlten diese Hypotheken nie zurück, sondern gaben sie ihrerseits beim Verkauf an den nächsten Eigentümer weiter. Vergleicht man diese Summen mit den in zurückliegenden Jahren eingetragenen Schulden, so fällt ein massiver Wertverfall auf. Bei Sultzbacher war das Grundstück mit 1800, bei Familie Jung nur mit 1000 Gulden belastbar. Heidelberg befand sich seit Wegzug des Hofes nach Mannheim nach 1720 in einer wirtschaftlichen Flaute, von der es sich noch 30 Jahre lang nicht erholen sollte.

Man kann wohl davon ausgehen, dass Christoph Jung schon vor dem Verkauf durch die Erben Schumm in diesem Haus arbeitete und wohnte. Die Räumlichkeiten und die beiden Höfe hätten sich dazu gut nutzen lassen. Dies beruht allerdings auf Vermutungen, denn, ob Christoph Jung hier sein Küferhandwerk ausübte, war nicht herauszufinden. Auch von den beiden nachfolgenden Besitzern, einem Silberschmied und einem Rothgerber, ließ sich dies nicht feststellen.

---

226   Diese Hypothek wurde erst beim Verkauf im Jahre 1785 gelöscht. CB Bd. VI, S.349-350
227   CB Bd. VI, S.470-471 und CB Bd. VIII, S.89

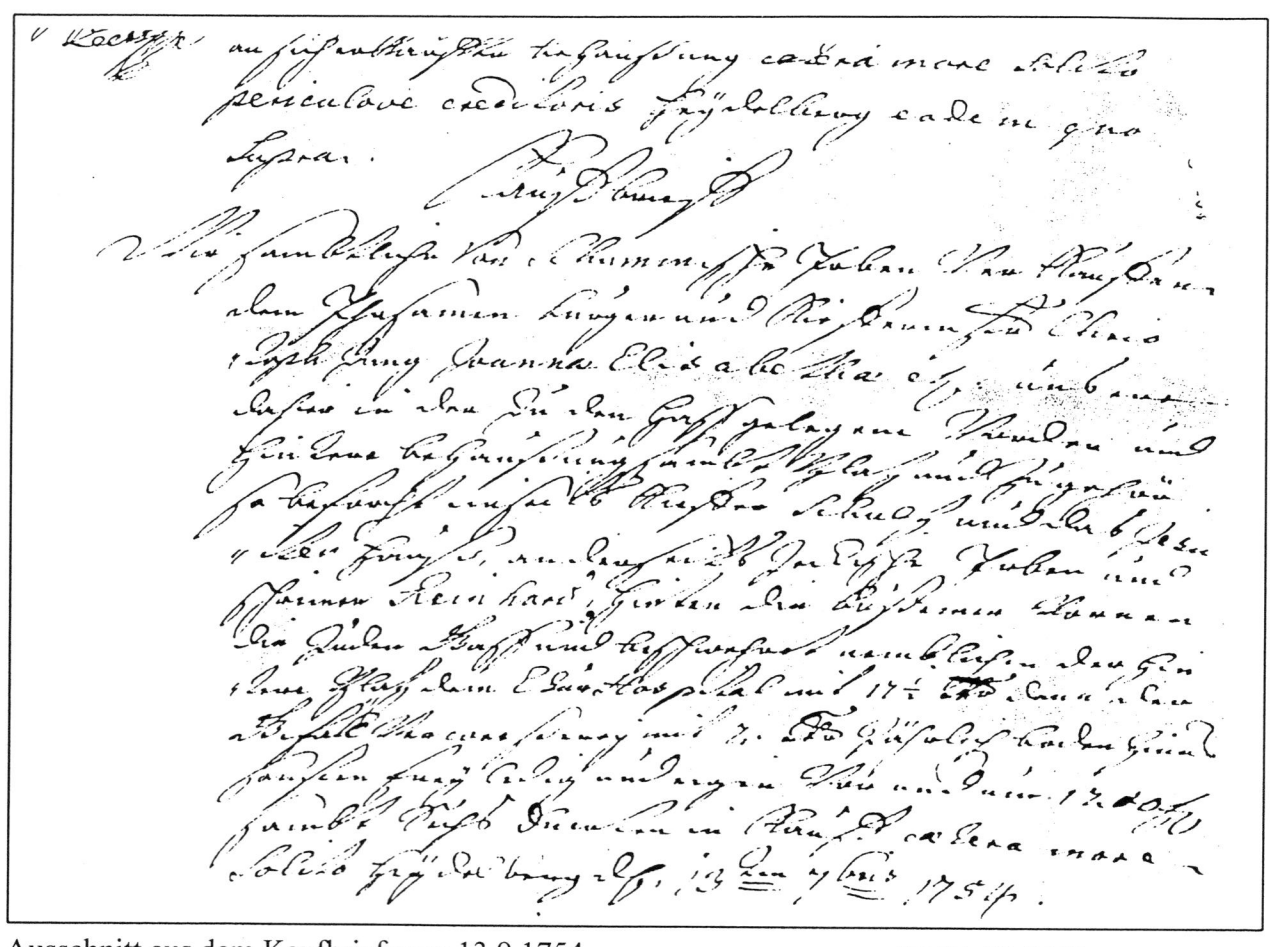

Ausschnitt aus dem Kaufbrief vom 13.9.1754   CB Bd. VI, S.349

"Wir sambtliche von Schummische Erben Verkaufen | dem Ehrsamen burger und Kiefermstr Chris | =toph Jung Joanna Elisabetha den unten | dahier in der Juden Gass gelegenen Vorder und | Hindere behaußung sambt Platz und Zugehör | so beforscht einseits Kiefer Schultz und das Jesu | =iter Hauß, anderseits Jeckische Erben und | schreiner Reinhard, Hinten die bußemer Vornen | die Juden Gass und beschwehret namblichen der hin | =tere Platz dem Churhospital ...."

Die Stadt wird 1763 gestochen und 1770 vermessen

Noch zur Zeit, als die Familie Jung die beiden Grundstücke besaß, wurde die Stadt Heidelberg zweimal dokumentiert: 1763 stach Peter Friedrich von Walpergen eine Gesamtansicht der Stadt[228]; 1770 wurde die Stadt vermessen.[229]

Als Walpergen 1763 die Stadt konterfeite, war Heidelberg nicht mehr Residenzstadt und die Bedeutung der Universität stark gesunken. Dennoch machte sich Walpergen die Mühe, die nach dem Orleansschen Krieg wieder aufgebaute Stadt detailliert zu zeichnen. Besonders gut ist vom hier behandelten Anwesen das Hinterhaus zu erkennen. Es trägt - wie noch heute - nach Westen ein Satteldach, nach Osten aber ein Mansarddach.[230] Auf dem Dach sind nach Westen zwei Gauben zu erkennen, und nach Norden befinden sich in der Giebelwand zwei übereinander angeordnete Fenster. Das kleine runde im Spitzgiebel und das ovale auf der Dachgeschossebene sind noch heute nachweisbar (siehe Abbildungen Seite 94 und 95).

Ganz genau hat Walpergen aber nicht hingesehen, denn zur Bussemergasse hin hat er ein Haus dazugedichtet. 1763 war der dortige Hausplatz noch gar nicht bebaut. Dies geht nicht nur aus den verschiedenen Eintragungen in den Contractenbüchern hervor, sondern auch aus dem Katasterplan von 1773/1774.

1770 wurden zunächst die Feldgüter vermessen. *"Nach ihrem Abschluß führte man 1773/1774 auch die Vermessung der Häuser und Grundstücke in der Stadt und in Schlierbach durch. Diese wurde durch Joh. Philipp Haas, den Sohn des Haarlaßwirts, und Carl Wiedinger aus Dossenheim vorgenommen."*[231] Einige Hinweise gibt es, die darauf schließen lassen, dass nicht nur Landvermesser aus der Kurpfalz daran beteiligt waren. Offensichtlich beherrschte jemand den Pfälzischen Dialekt nicht ganz. So ist ein

---

228 KPM, Inv. Z 2148
229 Siehe S.16
230 Diese Konstruktion ist sicher nicht zufällig, denn in Heidelberg kommen Sturm und Regen meist von Westen. Durch das Satteldach ist das Haus besser vor Unwetter geschützt.
231 DERWEIN, H. 1940, S.13

VON WALPERGEN 1763   Blick von Norden (Ausschnitt)

Zur Erleichterung der Lokalisierung sind die Straßennamen hinzugefügt und die betreffenden Gebäude geschwärzt.

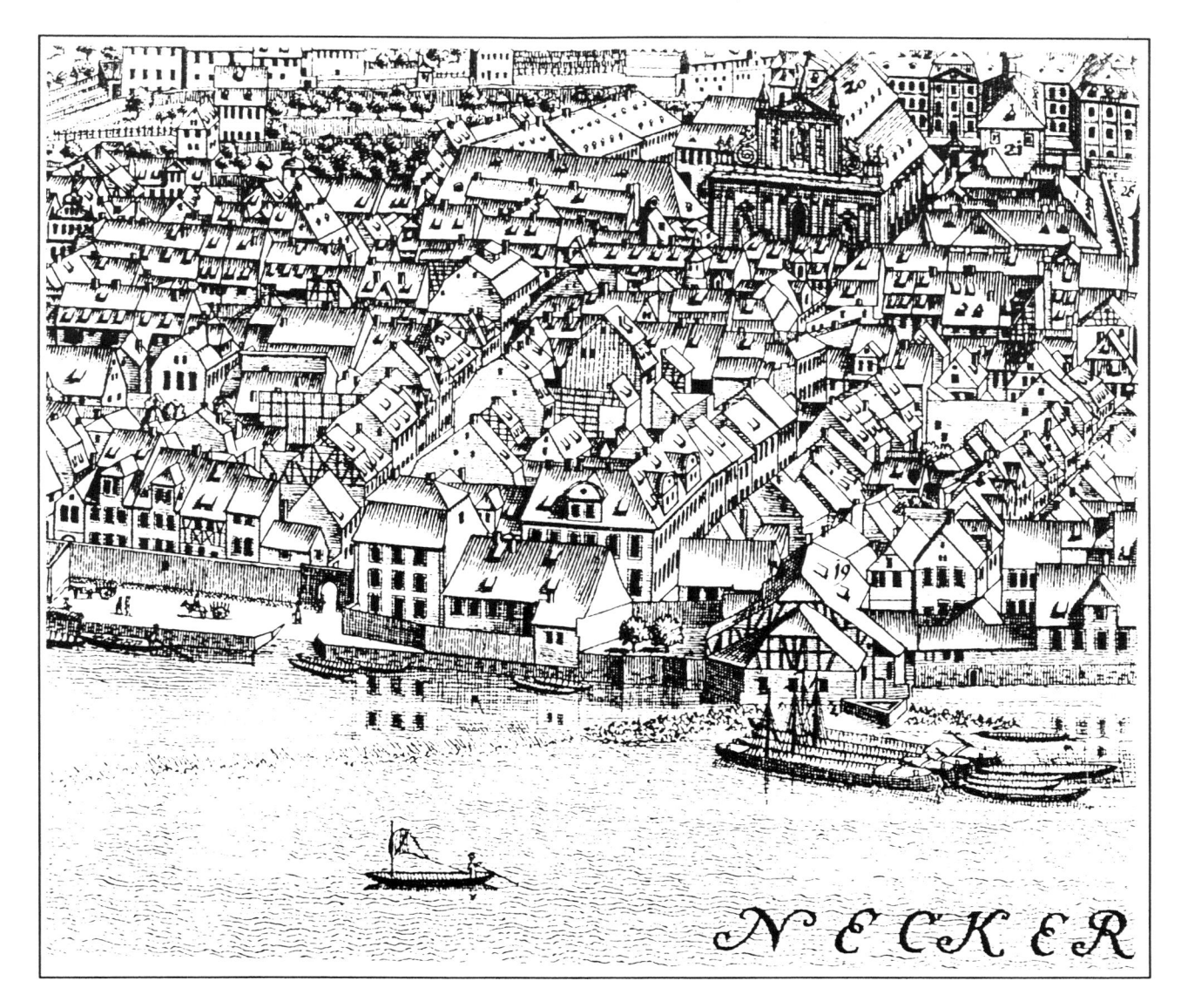

VON WALPERGEN 1763 - Blick von Norden (Ausschnitt)

Am Ufer ist das Judentor zu erkennen. Entlang des Neckars nach Osten verläuft hinter der Mauer die untere Neckarstraße, der heutige Neckarstaden. Dem Tor gegenüber beginnt die Judengasse.

Waldweg noch heute als "Hohler Kästenbaumweg" im Stadtplan geführt, der doch sicher Keschdebaamweg, und damit Kastanienbaumweg heißen müsste.[232]

Durch die groß angelegte Vermessungsaktion erhielten die Grundstücke, wie bereits erwähnt, Nummern, - in unserem Falle das Haus in der Judengasse 148½, das Grundstück zur Bussemergasse 142.[233] Als Ergebnis der Vermessung wurden nicht nur ein Katasterplan und das so genannte Lagerbuch, ein Gesamtverzeichnis aller Grundstücke, angelegt,[234] sondern auch die Grundstücksgrößen exakt benennbar. Dies wird zum ersten Mal am 2.5.1775 für dies hier behandelte Grundstück benutzt und in einem Vertrag im Contractenbuch registriert.[235]

Die Maße lauten[236]:

für den Grundstücksteil Judengasse	12 Ruthen	6 Schuh	10 Zoll
für den Hausplatz Bussemergasse	1 Ruthe	14 Schuh	
für den Garten, *das gärtlein*	4 Ruthen	3 Schuh	7 Zoll
Insgesamt sind dies:	18 Ruthen	8 Schuh	5 Zoll

Von nun an werden jahrelang immer diese Maße des Grundstücks mit aufgeführt, wenn ein Eintrag in den Contractenbüchern erfolgt.

---

232 Preußische Offiziere hatten das Vermessungshandwerk gelernt und verdingten sich nach der Entlassung aus der Armee vielerorts als Landvermesser. Man denke an Goethes Wahlverwandtschaften.

233 Eine Nummerierung "½" wurde dann benutzt, wenn mehrere Grundstücke zwar zusammen gehörten, aber an verschiedene Straßen grenzten. Heute wird dafür in Heidelberg die laufende Hausnummer mit dem Zusatz "a" versehen.

234 Katasterplan und Lagerbuch befinden sich im Stadtarchiv Heidelberg.

235 CB Bd. VIII, S.89

236 Eine Quadrat-Rute entspricht 19,93 qm. Sie enthält 16 mal 16, also 256 Quadrat-Schuh. Vgl. CHRIST, K. in NAHD Bd. II, 1894, S.194ff

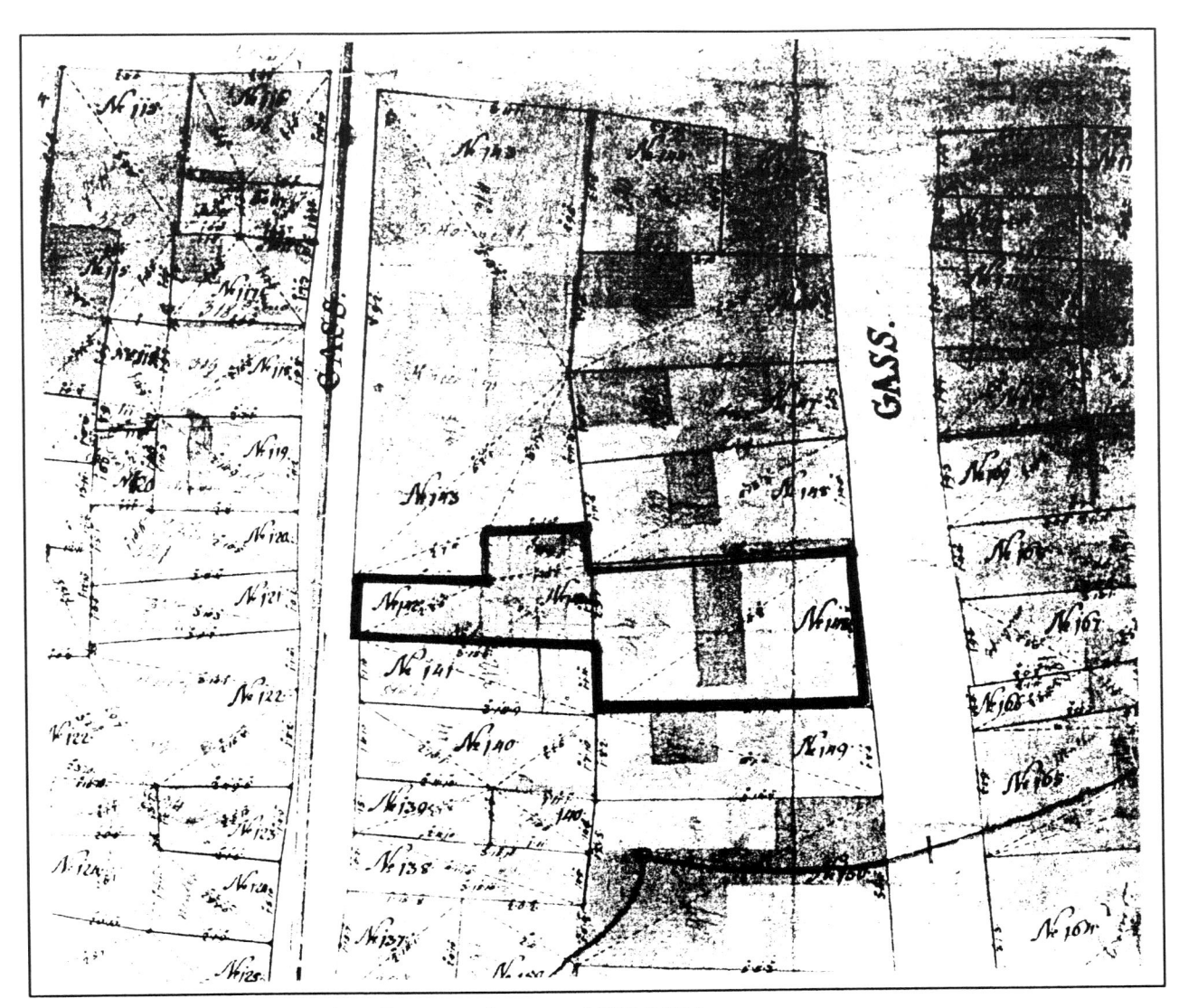

Ausschnitt aus dem Katasterplan von 1773/1774

Die Grundstücke Nr. 148½ (Judengasse) und 142 (Bussemergasse) sind durch eine dicke Umrandung hervorgehoben. Rechts verläuft die Judengasse, links die Bussemergasse, oben die Neckarstraße. Unten im Bild ist eine alte Brunnenwasserleitung eingezeichnet.

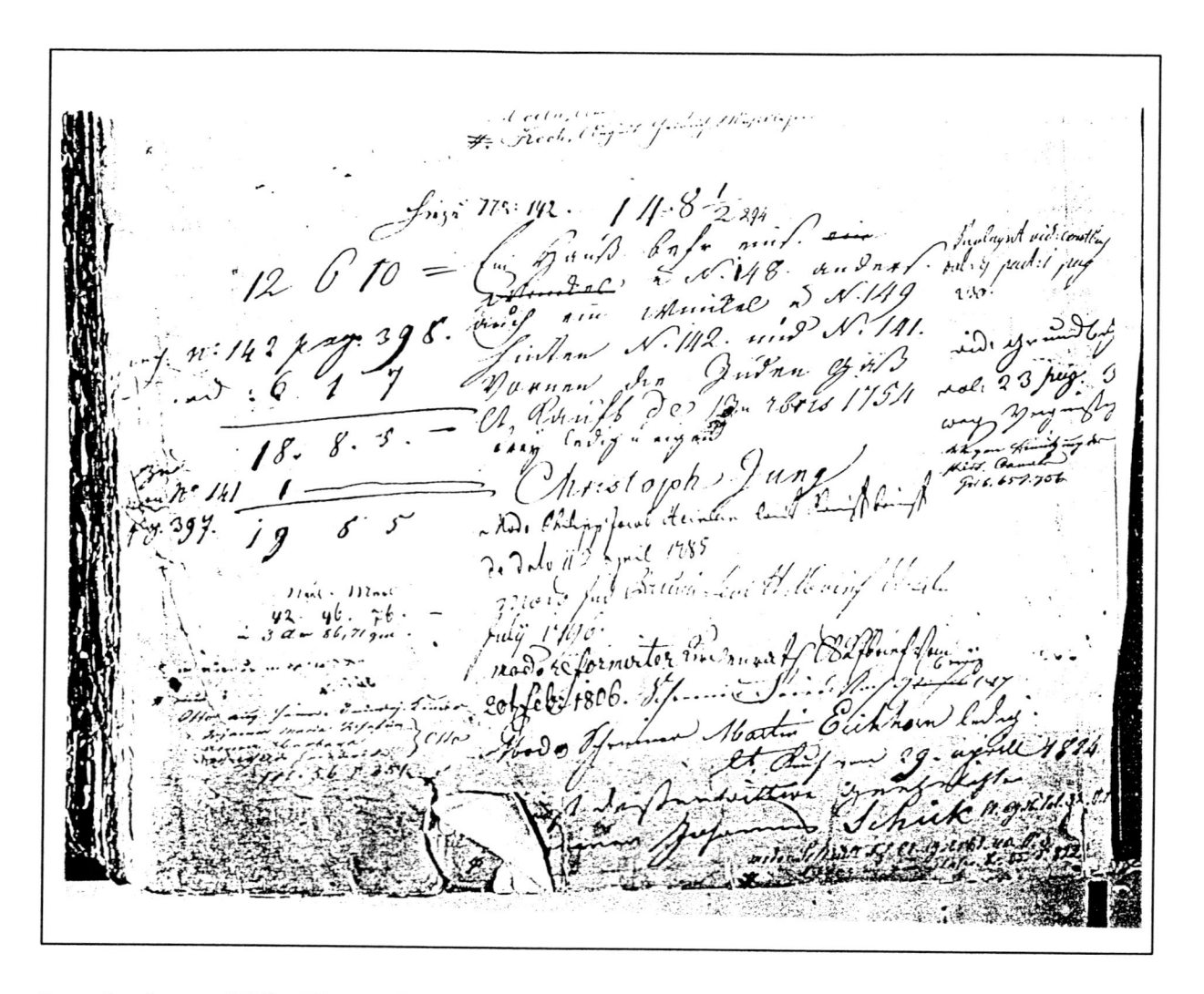

Lagerbuch von 1770. Eintrag für das Grundstück 148½

Seit 1770 wurde der Eintrag ständig aktualisiert und z. B. mit neuen Vermessungsergebnissen oder mit den Namen der neuen Eigentümer ergänzt, die dann mit dem Zusatz *modo* gekennzeichnet wurden.

Der ursprüngliche Eintrag lautet: "*Ein Hauß befr eins. ein | Winkel u. N.148 anders. | auch ein Winkel u. N.149 | hinten N.142 und N.141 | Vornen die Juden Gaß | lt. Kaufb den 13n 7bris 1754 | Christoph Jung*"

Weitergabe des Grundstücks durch Einheirat

Verschiedentlich haben sich die Besitzerwechsel durch Einheirat vollzogen. Dies lässt sich aus den Angaben der mit erwähnten Ehefrauen rekonstruieren. Christoph Jung war bereits verstorben als das Grundstück verkauft wird. Auch seine erste Frau Joanna Elisabetha, verwitwete Diehl, geborene Boffinger wird in späteren Verträgen über das Grundstück nicht mehr erwähnt. Sie gaben ihre Besitzrechte durch Heirat an einen neuen Partner weiter. Solche Veränderungen wurden nicht im Contractenbuch vermerkt.

Es lässt sich aber aus einem Vertrag im Jahre 1785 erschließen, dass Christoph Jung noch einmal geheiratet haben muss. Seine zweite Frau war danach Anna Margaretha, geborene Weibelin. Sie wird 1785 als " *geweßene Christoph Jungsche Wittib gebohrene Weibelin*" bezeichnet.[237] Sie ist nun mit einem Bürger und *Silberschmitt* Friderich Nikolaus Heinlein verheiratet. Sie hatte also nach dem Tode ihres Mannes Christoph Jung nochmals geehelicht. Bereits 1783 wurde sie als Frau dieses Friderich Nikolaus Heinlein genannt.[238]

Beide, Friderich Nikolaus und Anna Margaretha Heinlein, kauften zusammen am 16. Dezember 1783 in der Hauptstraße ein Haus, zu dessen Finanzierung sie ihr (der Anna Margaretha!) Anwesen in der Judengasse-Bussemergasse mit 1300 Gulden verpfändeten. Zu diesem Zeitpunkt lasteten noch die alten Schulden von 600 Gulden und 200 Gulden darauf. Für die 600 Gulden ist jetzt nicht mehr Johann Schumm, sondern "*Frau geheimen Rath von Klein Wittib*" genannt, für die 200 Gulden noch immer der "*Wachtmeister Lieutenant Tit. Hoffmann*".[239]

Friderich Nikolaus Heinlein bedarf allerdings der ausdrücklichen Zustimmung seiner Ehefrau, der gewesenen Witwe Jung, um das Grundstück verkaufen zu können. Sie verkaufen es an den Bruder Philipp Jacob Heinlein für 2000 Gulden. Philipp Jacob Heinlein ist Bürger und Rothgerber. Gerber brauchen viel Wasser. Eine makabre Überlegung, wenn man bedenkt, dass 1784, ein Jahr nach dem Kauf, das höchste bekannte Hochwasser durch Heidelberg floss. Das Wasser stand bis in das Obergeschoss. In

---

237 CB Bd. IX, S.200
238 CB Bd. VIII, S.818-819
239 CB Bd. VIII, S.818-819

Ufernähe waren Häuser, vor allem die am Fluss liegenden Mühlen, total zerstört worden.[240]

Der Kaufpreis von 2000 Gulden deckte nicht ganz die Summe, die als Schuld bis dahin auf dem Grundstück eingetragen war. Die beiden Häuser müssen durch Wasser und Frost arg beschädigt worden sein. Vermutlich war auch wenig repariert worden, hatten doch die Vorbesitzer bereits ein anderes Haus gekauft. Oder war es ein Preis unter Brüdern?

Auch Philipp Jacob Heinlein und seine Ehefrau Catharina Elisabetha, geborene Spitzerin, müssen sich Geld leihen. Sie lassen am 14.6.1785, also zwei Monate nach dem Kauf, 1500 Gulden "... *von der verwittibten Frau geheimen Räthin Amalia von Lüls gebohrene Pastoir ...*" eintragen.[241] 1791 wird zu Gunsten derselben Gläubigerin bereits ein *pignus prätorium* protokolliert.[242] Auch dabei musste die Frau Catharina Elisabetha Heinlein formal dem Schuldanerkenntnis beitreten.[243] Die Schulden wurden erst 1799 gelöscht, als das Grundstück den Heinleins schon lange nicht mehr gehörte.

1791/1792 ließ die Stadt Heidelberg die Grundstücke schätzen und ein Verzeichnis der Hauseigentümer erstellen.[244] Die Informationen sind allerdings nicht sehr verlässlich. Darin wird nämlich immer noch Friderich Heinlein als Eigentümer aufgeführt, dem es ja seit 1785 nicht mehr gehörte. Möglicherweise entstand der Irrtum dadurch, dass Friderich Heinlein noch in der Judengasse wohnte und arbeitete. In derselben Aufstellung ist aber noch ein zweiter Fehler nachweisbar: Obwohl der Jesuitenorden bereits 1773 vom Papst verboten worden war, wird noch vom *Congr. Cleric. o. Jesuiterhaus* gesprochen. Der Stadtschreiber, der die Contractenbücher führte, war besser informiert. Er nannte schon seit 1775 wieder Stift Neuburg als Eigentümer.[245]

Am 7.7.1796 verkaufte die Witwe Heinlein, geborene Spitzerin, in Anwesenheit eines Beistandes für sich und eines Vormundes für die Kinder, das Grundstück für 4500 Gulden an Baruch Isaac Levi. Der Verkäuferin wird sogar zugestanden, in dem Hause "*bis kommenden Michaeli frey zu wohnen*".[246]

---

240 Die Beschreibung der Hochwasserschäden in DEURER, E.F.1784 und FRIKCE, W. 1988, S.41ff
241 CB Bd. IX, S.230. In einem anderen Dokument wird ihr Name *Lilz* geschrieben.
242 CB Bd. IX, S.1353
243 CB Bd. IX, S.1371-1373
244 StAHD H 141
245 CB Bd. VIII, S.89
246 CB Bd. X, S.758-759. Diesmal wird ihr Name *Spizerin* geschrieben.

Baruch Isaac Levi —
Handelsjude, Judenwirt und ehemaliger Vorsinger

In den zehn Jahren von 1796 bis 1806, in denen Baruch Levi das Grundstück besaß, war wieder einmal eine unruhige Zeit. Französische Revolutionstruppen besetzten 1799 auch Heidelberg. Jedoch zerstörten sie die Stadt nicht, wie kaum mehr als hundert Jahre zuvor die Truppen Ludwigs XIV. Im Jahre 1799 starb auch Kurfürst Carl Theodor fernab in München. Die Kurpfalz war gewissermaßen allein gelassen. Bayerische Interessen reichten kaum bis hierher. 1803 löste dann Napoleon die Kurpfalz völlig auf und veränderte die staatlichen Grenzen im Südwesten radikal. Während die linksrheinische Pfalz Frankreich direkt zugeschlagen wurde, entstand rechtsrheinisch vom Bodensee bis Hessen ein großes Baden. Der Markgraf Karl Friedrich von Baden war nun Herr über Heidelberg geworden.

In diesen Zeiten des Umbruchs versuchten auch die Heidelberger Juden, sich mit dem neuen Herrscher gut zu stellen. Die Emanzipation der Juden kam jedoch nur schleppend voran.[247]

Baruch Isaac Levi war zum Zeitpunkt des Hauskaufes ca. 45 Jahre alt. In den Contractenbüchern fehlt jede Angabe über den Namen seiner Frau. Es wird nur er allein 1796 als Käufer des Grundstücks genannt[248] - obwohl normalerweise die Ehefrau mit erwähnt wird. Ein Zusatz, dass er Witwer ist, fehlt ebenfalls. Oder hat er das Haus nur allein gekauft? In einer Liste der in Heidelberg wohnenden Juden aus dem Jahre 1797, in der Baruch Levi als Hausbesitzer aufgeführt wird, ist ebenfalls kein Hinweis auf eine Frau enthalten. Es geht jedoch aus derselben Aufstellung hervor, dass er einen Knaben und zwei Mädchen hatte.[249] Auch später, in einer Aufstellung von 1801, einer "*Tabelle der hiesigen jüdischen Einwohner mit ihren jährlichen Ausgaben*", wird keine Frau erwähnt.[250] Die Tabelle von 1801 nennt ebenfalls wieder diese drei Kinder, nämlich zwei Mädchen und einen Jungen. Außerdem gehörten in diesem Jahre zum Hausstand zwei Knechte und eine Magd. In dieser Liste ist das Alter von Baruch Levy mit 50 Jahren

---

247 Siehe dazu ausführlich MUMM, H-M. 1992, S.22ff
248 CB Bd. X, S.758-759
249 GLA 77/7265 S.104-111. Die Liste ist zusammengestellt bei CSER, A. S.134-135.
250 GLA 77/3013 Liste "94" vom 21.9.1801

angegeben. Auch andere Aussagen über Baruch Levi sind unklar: sowohl über seinen Beruf als auch über den Status als Schutzjude gibt es differierende Angaben. Als Beruf ist in der Kaufurkunde von 1796 *Handelsjude* angegeben.[251] 1801 wird dagegen unter der Kategorie *Nahrungsbeschäftigung* vom *Gastgeber* gesprochen.[252] Am 28.6.1802 heißt es dann in einer Verpfändung des Hauses *Judengastgeber*.[253] Am 11.11.1802 nennt ein Eintrag als Beruf *Judenwirth*.[254]

Judenwirt oder Judengastgeber war eine Bezeichnung für einen Juden, der koschere Mahlzeiten nur für Juden zubereitete. Es handelte sich also nicht um ein für jedermann offen stehendes Gasthaus. Eine allgemeine Konzession als Gastwirt war offenbar nicht vorhanden.[255] Wurde eventuell das Mittelhaus als Gaststätte genutzt? Das Parterre bestand aus einem Durchgang vom Hof in den westlich angrenzenden Garten. Der südliche Raum diente als Küche und war mit seinen ca. 30 Quadratmetern eigentlich zu groß für eine private Nutzung.

Ob Baruch Levi Schutzgeld zahlte und als so genannter *Schutzjude* eingestuft war, ist widersprüchlich dokumentiert. Es ist eher anzunehmen, dass er nicht dazu zählte. In den Contractenbüchern wird er zwar 1796, 1802 und 1806 als Schutzjude bezeichnet.[256] Doch hier kann sich der Ratsschreiber geirrt haben. Öfter sind in den Niederschriften der Contractenbücher Fehler zu entdecken, die dadurch zustande kommen, dass der Ratsschreiber sein "Wissen" und seine "Ortskenntnisse", die bereits veraltet waren, mit einbrachte. Zuverlässiger dürften daher die Verzeichnisse der in Heidelberg wohnenden Juden sein. In der Aufstellung von 1801 wird ausdrücklich erwähnt, dass Baruch Levi keine Abgaben an die Judenschaft, die Stadt etc. leistete. In der Liste sind sogar gesonderte Rubriken vorhanden für von der Zahlung "*gefreute*" Juden.[257] Drei Gründe für eine Befreiung werden dort angeführt: "*arme*", "*gnädigstes*

---

251 CB Bd. X, S.758-759
252 GLA 77/3013
253 CB Bd. XI, S.969-970
254 CB Bd. XII, S.83-84
255 Ein öffentliches Gasthaus bedurfte einer behördlichen Genehmigung. Eine solche *Schildgerechtigkeit* ist noch 1823 dem Juden Ludwig Bamberger nur mit der Einschränkung: "*ausschließlich für Glieder des Mosaischen Bekenntnisses*" erteilt worden. MUMM, H.-M. 1992, S.37
256 CB Bd. X, S.758-759; CB Bd. XI, S.969-970; CB Bd. XIV, S.42-43
257 GLA 77/3013, Liste 94

rescript" und "*Alter*". Baruch Levi fiel unter *gnädigstes rescript*. Dies belegt, dass er um Befreiung nachgesucht hat und sie daraufhin bekam.

Eine weitere Aufstellung aus dem Jahre 1805 ist überschrieben mit: "*die von Zahlung des Schutzgeldes befreite Juden betreff ...*"[258] Unter Position 20 heißt es in dieser Aufstellung:

"*Baruch Levi*
Nota hiebei bemerkten die Vorsteher: daß dieser ehemalige Vorsinger Baruch Levi nicht in Schuz stehe, und auch niemalen weder einiges Schuzgeld gezalt, noch sonst einen Beitrag der Judenschaft geleistet habe, mithin könnten sie in dieser Hinsicht ihr Gutachten hierunter nicht äußern.
Inzwischen muß Seiten unten genannter Comißarius ex officio bemerken, daß ihm die Vermögens Umständen dieses Juden so ziemlich bekannt und nach besten Ermeßen demselben pro Jahr angesetzt werden können."

Schließlich kommt der Comißarius zu einer Einschätzung von 4 Gulden. Dies war nicht sehr viel. Beispielsweise hatte ein reicherer Nachbar nach derselben Liste 30 Gulden zu zahlen.

Dass Baruch Levi wirtschaftlich nicht besonders gut situiert war, geht nicht nur aus den hier aufgeführten Einschätzungen hervor, sondern auch aus der bereits erwähnten Verpfändung seines Besitzes, die am 6. Februar 1806 zu einer Zwangsversteigerung führte. Mussten beim Erwerb des Grundstücks 1796 noch 4500 Gulden gezahlt werden, so brachte die Zwangsversteigerung rund 10 Jahre danach nur noch 3700 Gulden.[259] Immobilien hatten also erheblich an Wert verloren, ein Hinweis nicht nur auf die allgemein unsicheren Zeiten, sondern insbesondere auf die Situation in Heidelberg. Baruch Levi ist in eine Schere zwischen Schulden und Wertverfall geraten.

Schon 1796 waren 2500 Gulden als Schuld auf dem Grundstück stehen geblieben. Dazu wurde am 28. Juni 1802 zusätzlich eine Schuld von 1436 Gulden eingetragen.[260] Diese dienten teilweise dazu, am 1. Juli 1802 1000 Gulden der alten Schuld zu tilgen.[261] Am 11. November 1802 kamen aber noch mal 1100 Gulden hinzu.[262] Insge-

---

258   GLA 145/199. zitiert auch bei KRAUSS, M. 1996, S.163
259   CB Bd. XIII, S.226-230
260   CB Bd. XI, S.969-970
261   untere Randbemerkung CB Bd. X, S.758
262   CB Bd. XII, S.83-84

samt waren die Schulden damit auf 4036 Gulden aufgelaufen. Die Zwangsversteigerung brachte also mit dem Erlös von 3700 Gulden nicht einmal die gesamten Hypotheken ein.

Erst am 19. Februar 1811, zu einer Zeit als Baruch Levi längst nicht mehr Eigentümer war, wurden die Schulden bezahlt und getilgt. Dies ist in einer Randbemerkung im Contractenbuch neben dem Kaufvertrag von 1796 vermerkt.[263]

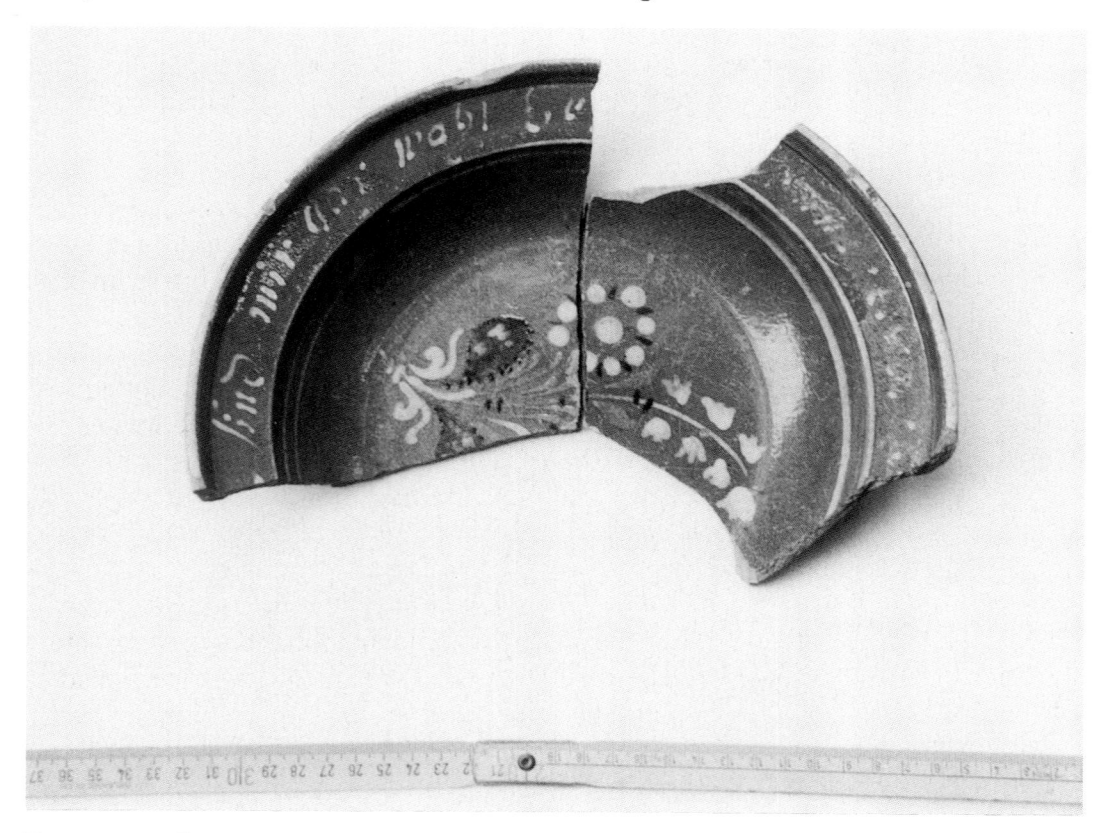

Fayance-Teller, Umlaufendes Schriftband: *"... sind mir gar wohl be ... Anno 1802 ..."*
Glasur braun, Blumen dkl grün und hellgelb. Schrift hellgelb. Scherben rot. Durchmesser 26 cm

---

263   obere Randbemerkung CB Bd. X, S.758

DAS 19. JAHRHUNDERT

Auseinandersetzungen um Abwasser und Winkelrechte

Die Beseitigung der Abwässer war im Mittelalter durchweg ein gravierendes Problem. Zwar bestanden in Heidelberg einige Abwasserkanäle. Diese deckten jedoch bei weitem nicht das Stadtgebiet ab.

Zur Abwasserbeseitigung gab es verschiedene Einrichtungen:

Erstens dienten die in den Kellern gegrabenen Fäkaliengruben bzw. überwölbten Fäkalienkeller dazu, die Fäkalien aufzunehmen. Sie lagen neben den Häusern oder unterhalb der normalen Kellerebene. Regenwasser wurde aber meist nicht in sie hineingeleitet.

Als zweite Möglichkeit, das Wasser zu entfernen, dienten die Straßen selbst. Regenwasser ergoss sich auf die Straße aus den Winkeln zwischen den Häusern und aus wasserspeierartigen Verlängerungen der Dachrinnen, die in die Straße hinausragten.[264] Auf der Straße selbst führten seitliche Rinnen, so genannte *Kandeln* das Wasser ab. Am 22. März 1816 wird eine solche Abwasserrinne in der Judengasse erwähnt: *"vor der Hausthüre auf der Straßen liegt über dem Kandel eine grose viereckichte steinerne Platte"*.[265]

Als dritte Möglichkeit zur Ableitung des Wassers dienten die Traufgänge zwischen den Häusern. Da das Regenwasser vom Dach wohl nicht immer den gewünschten Weg über die Wasserspeier nahm, wurden die Häuser mit einem Abstand voneinander errichtet. Ein Traufgang, der so genannte *Winkel* zwischen ihnen, wurde frei gelassen. Hier hinein konnten sich die Traufen direkt ergießen. Es war sowohl geregelt, wem diese *Winkel* gehörten (*Winkelrecht*) bzw. wer das Recht hatte, seine Traufe da hinein tropfen zu lassen (*Dachtraufrecht*), als auch, wer sein Brauchwasser aus der Küche in den Winkel ableiten durfte (*Wassersteinrecht*). Die Winkel führten das Wasser wohl meist wieder auf die Straße.

---

264 Diese sind auf dem Stich von MERIAN 1622 gut zu sehen.
265 LKA Sp[ecialia]A[kten] (35/6) 3849 Schriftstück vom 22.3.1816, S.1 Wortlaut im ANHANG.

Als eine vierte Möglichkeit Wasser abzuleiten, befanden sich auch innerhalb der Hausblöcke in Süd-Nord-Richtung verlaufende Abwasserrinnen, die von mehreren Grundstücken gemeinsam genutzt wurden und das Wasser direkt zum Neckar führten. So wird z.B. im Jahre 1802 beim Verkauf des ehemaligen Jesuitenhauses in der Bussemergasse genauestens aufgelistet, welche Rechte (*Gerechtigkeiten*) bestehen, Wasser abzuleiten und wer die Kosten für Reinigung und Reparaturen zu tragen hat.[266] Als Sonderfall wurde dabei erwähnt "*in dießen Kanal hat die Wittib Schwarzin ihren S.v. abtritt*".[267]. Sonst wurde da hinein offenbar nur Regen- und Küchenwasser abgeführt.

Die verschiedenen Rechte, *Gerechtigkeiten* und Pflichten wurden noch bis Mitte des 18. Jahrhunderts beim Verkauf eines Grundstücks in den Kaufverträgen ausdrücklich erwähnt. Diese Gewohnheit ging jedoch sukzessive verloren.

Da ständig neu gebaut wurde, veränderten sich auch die Abwasserverhältnisse und mussten neu geregelt werden oder führten zu Meinungsverschiedenheiten zwischen denjenigen, die die Abwasserrinnen benutzten. So wurden z.B. nach dem Orleansschen Krieg die Häuser meist nicht mehr mit dem Giebel zur Straße gestellt. Die Traufgänge, scheinbar überflüssig geworden, wurden dann oft überbaut. Brunnen versiegten oder wurden verlegt. Auch durch veränderte Grundstückszuschnitte waren Umleitungen des Wassers nötig.

Wer ein Haus besaß, musste auch sein Wasser beseitigen und dafür sorgen, dass andere dadurch weder belästigt noch geschädigt wurden.

Im folgenden wird zusammengestellt, welche Rechte auf dem hier behandelten Grundstück ursprünglich tradiert waren und wie diese später in Vergessenheit gerieten.

Beim Verkauf 1706 [268] wurde der südliche (obere) Winkel als Eigentum und das Dachtraufrecht in den nördlichen (unteren) Winkel notiert: "*.. sonderlich, daß der obere Winkel neben Matthes Beüthner diesem Hausplatz allein zuständig. und daß der Haußplatz in den unteren Winkel neben dem Universitäts Haußplatz Ime Dachtrauf zu leiten befugt ist...*"

Bei Verkauf 1708[269] wurde außerdem noch ein Brunnenrecht notiert: "*...absonderlich einer bronnen gerechtigkeit, und Tagtrauf in den undteren winkel ne-*

---

266 CB Bd. XI, S.863
267 S.v. heißt *salva venia* und bedeutet: Mit Erlaubnis zu sagen
268 CB Bd. I, S.1012
269 CB Bd. II, S.111-112

ben dem universitäts Haußplatz, sodann den oberen gantzen winkel neben den universitäts Haußplatz gerechtigkeit, so dann den oberen gantzen winkel neben Matthes Beüthner samt Ciegerling im Keller..."[270]

Beim Verkauf 1736 [271] wurden neben dem Brunnenrecht zwei südliche Winkelrechte und das Dachtraufrecht in den nördlichen Winkel notiert: *"...samt allen Recht und gerechtigkeiten, besonders Einer brunnengerechtigkeit und Tachtrauf in den underen winkel, sodann die obere zwey gantze winkel gerechtigkeit.."*

Bei den Verkäufen 1754 [272], 1785 [273] und 1796 [274] fehlt jedoch jeder Hinweis auf die früher genannten Rechte.

Bestimmte Rechte, die auf dem Grundstück lagen, waren im Laufe der Jahre offenbar vergessen worden. Es wundert daher nicht, dass Baruch Levi erhebliche Probleme bekam.

Die Auseinandersetzung wurde zunächst um den nördlichen, *unteren* Winkel geführt. Man einigte sich schließlich vor der *Heydelberger Stadtraths Commißion*, dass der Winkel zum nördlichen Nachbarn den Schulzischen Erben gehöre, Baruch Levi jedoch seine Wassersteine in diesen Winkel führen darf. Allerdings muss das Ablaufrohr, das *"Kandel Rohr"*, innerhalb der Hauswand verlegt und unterirdisch bis auf die Straße geführt werden.[275] Damit war der Winkel eindeutig dem nördlich angrenzenden, ehemals zur Schwabenburse gehörenden Haus zugeschlagen. Die Auflage, die Abflussrohre verdeckt zu verlegen, konnte keine dauerhafte Lösung sein. Wie konnten sie gesäubert oder ersetzt werden? Kaum zwanzig Jahre später wurde der Winkel dann ganz überbaut. Die Wassersteinrechte waren vergessen. Von der ehemaligen Nonnengasse, die früher genau hier durchgeführt haben muss, war keine Rede mehr.[276] Im Lagerbuch wurde der Zusatz *ein Winkel* bei der Abgrenzung gegen das nördliche Nachbarhaus N.148 durchgestrichen.[277]

---

270 Dieser Satz ergibt so keinen Sinn. Hier hat sich der Schreiber offensichtlich vertan. Der zur Universität gehörende Platz lag "unten", das heiß dem Neckar zu und nicht "oben".
271 CB Bd. V, S.173
272 CB Bd. V, S.349-350
273 CB Bd. IX, S.200
274 CB Bd. X, S.758-759
275 CB Bd. XII, S.201-203
276 Siehe S.31, Kapitel: Die "Nonnengaß" - wiedergefunden
277 Siehe S.93, Kapitel: Die Stadt wird 1763 gestochen und 1770 vermessen

Ein weiterer Streit über die Verwendung des Winkels, der innerhalb des Häuserblocks direkt zum Neckar führte, wurde vom Magistrat am 15. und 18. Dezember 1804 behandelt. Allerdings fiel eine Entscheidung erst am 4. September 1807 und wurde am 21. Januar 1808 in das Contractenbuch eingetragen.[278] Obwohl Baruch Levi, diesmal *Baruch Loevy* geschrieben, das Anwesen zu diesem Zeitpunkt schon nicht mehr besaß, ist er doch als Vertragspartner aufgeführt, und nicht etwa der Reformierte Kirchenrat als neuer Eigentümer.

In diesem Revers von 1808 ging es darum, dass die gemeinsame Abwasserrinne über die Pfisterstraße (heute Lauerstraße) hinweg durch den Keller des neckarseitig gelegenen Hauses durch ein Rohr zum Neckar geführt und von allen Beteiligten unterhalten werden muss. "*...sie mag nun die Reinigung Wiederaufbauung oder einzelne reparation betreffen...*". Die noch 1802 im Zusammenhang mit dem Verkauf des ehemaligen Jesuiten-Grundstücks dokumentierte Genehmigung des *Schwarzischen* Grundstücks, Fäkalien in diesen Kanal leiten zu dürfen, wird nicht mehr erwähnt. Ob es dafür inzwischen einen eigenen Fäkalienkeller gab oder ob stillschweigend die Ableitung von Fäkalien geduldet war, muss offen bleiben.

---

278   CB Bd. XIV, S.42-43

Aus Baruch Levi wird Benedikt Hochstätter

Nach dem Verkauf des Hauses 1806 an den Reformierten Kirchenrat blieb Baruch Levi offenbar in Heidelberg wohnen. Denn "*vom 23. April 1807 bis dahier 1808*" wurde ein "*verzeichniß*" von der *Gefällsverwaltung Heidelberg* erstellt. Darin wurde Baruch Levi wiederum mit 4 Gulden eingestuft.[279]

1809 wurde im *Regierungsblatt* des Großherzogtums Baden ein Edikt veröffentlicht, nach dem sämtliche Juden, die noch keinen Nachnamen besaßen, einen Familiennamen ihrer Wahl annehmen mussten. "*Für die meisten Heidelberger Juden brachten die Bestimmungen über die Familiennamen keine gravierenden Änderungen, betroffen waren davon hauptsächlich die Träger des Namens Levi.*"[280] Baruch Levi änderte seinen Namen in Benedikt Hochstätter. Benedikt ist die Übersetzung des hebräischen Baruch und bedeutet: gepriesen, gebenedeit. Beim Nachnamen Hochstätter ist anzunehmen, dass es sich um den Geburtsort oder Herkunftsort der Familie handelt.[281]

Der Lebensweg des Baruch Levi alias Benedikt Hochstätter wurde nicht systematisch weiter verfolgt.

Benedikt Hochstätter verstarb am 3. April 1824 und wurde am 5. April begraben. Sein Grabstein ist erhalten. Er befindet sich auf dem alten Jüdischen Friedhof am Klingenteich in Heidelberg.[282]

279	GLA 143/199
280	CSER, A. 1996, S.169
281	In der Rheinpfalz gibt es ein Hochstätten an der Alsenz (PLZ 55585) und ein Hochstetten an der Nahe (PLZ 55606). Orte mit dem Namen Hochstedt existieren in Thüringen (PLZ 99198) und bei Nordhausen (PLZ 99735). Naheliegend wäre der Stadtteil Hochstätt, der heute zu Mannheim gehört. Hierbei handelt es sich jedoch um eine "Wüstung". Die Siedlung wurde schon im frühen Mittelalter aufgegeben. HAAS, R. 1984, S.136
282	SZKLANOWSKI, B. 1984, S.40. Wortlaut der Grabinschrift im ANHANG

Grabstein des
Baruch Isaac Levi
alias
Benedikt Hochstätter

auf dem alten
Jüdischen Friedhof
am Klingenteich

StAHD Sig. 8305930

Die Neuordnung des Schulwesens in Baden vom 15. März 1803 — Der Reformierte Kirchenrat ersteigert das Grundstück

Karl Friedrich von Baden versuchte 1803 das Bildungswesen neu zu ordnen und erließ dazu eine ganze Reihe von Verordnungen. Das 13. Edikt vom 15. März 1803 befasste sich speziell mit dem Bildungssystem. Anliegen des neuen Herrschers war es, Bildungsziele, Lehrinhalte und Schulabschlüsse so zu vereinheitlichen, dass Übergänge zwischen den verschiedenen - traditionellerweise konfessionell ausgerichteten - Schulen ermöglicht werden. Dazu war eine *"unmittelbare Special Commission in geistlichen Angelegenheiten"* einberufen worden.[283]

Dieses Edikt beruhte auf dem Grundsatz der Trennung von Kirche und Staat. Die Aufsicht über die Schulen hatten zwar noch religiöse Organisationen, der Religionsunterricht musste jedoch von allen anderen Lehrinhalten getrennt werden.[284] Jetzt war es also auch möglich, dass jüdische Kinder in christlichen Schulen unterrichtet wurden.

Die seit 1705 zuständige Geistliche Administration, eine gemeinsame Verwaltung aller reformierten und katholischen Kirchengüter, wurde offenbar ausgehebelt.[285] Jedenfalls mussten sich der Kurpfälzische Geistliche Administrationsrat Doerr und sein Kollege Otto erst darum bemühen, wichtige neue Schriftstücke überhaupt in Abschrift zu erhalten.[286]

Die Kurpfälzisch Geistliche Administration hatte auch die Gehälter zu verwalten, *Besoldungs- und Taxsachen*, die in einem gesonderten Ordner *geheftet* waren.

---

283 In Karlsruhe befinden sich dazu umfangreiche Unterlagen. GLA 77/7855
284 SCHUCKERT, L. 1996, S.172f
285 Vgl. oben S.75, Kapitel: Die Religionsdeklaration von 1705 und der Geistliche Administrations-Renovator Kerrmann
286 GLA 77/7855, S.2, Kasten 38. 6.12.1803. Wortlaut im ANHANG. Später treffen wir Doerr als aufsässigen Mieter in dem hier behandelten Anwesen wieder.

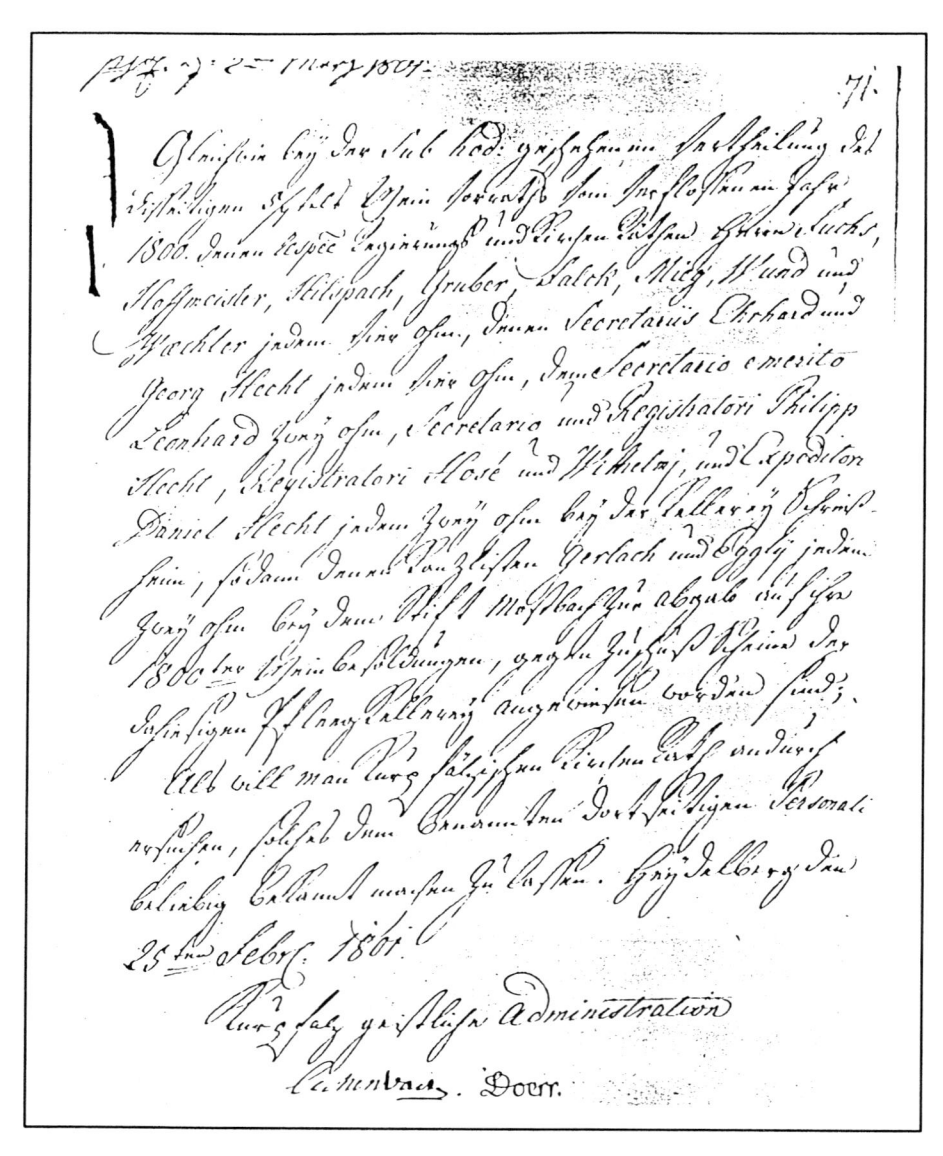

Bericht der Kurpfälzisch Geistlichen Administration über erfolgte Weinbesoldung der Kirchenräte am 25.2.1801. Wortlaut im ANHANG

Doerr berichtete z.B. an den Reformierten Kirchenrat in Heidelberg über die erfolgte "*Weinbesoldung*" der Kirchenräte.[287]

Als nun 1805 die Neckarschule wegen ihres heruntergekommenen Zustandes aufgegeben und versteigert wurde,[288] suchte der Kirchenrat dafür eine neue Unterkunft. Er fand sie in der Judengasse. Am 6. Februar 1806 erwirbt der Reformierte Kirchenrat das zwangsversteigerte Anwesen in der Judengasse. Der Kaufpreis ist nicht an den Vorbesitzer Baruch Isaac Levi zu zahlen, sondern an den Amtmann Sartorius als Treuhänder.[289] Damit wird der Reformierte Kirchenrat für 18 Jahre Besitzer des Grundstücks. Er sollte damit viel Last und wenig Freude haben.

---

287   GLA 77/7867. Wie die Universitätsangehörigen im 17. und 18. Jahrhundert wurden auch die Kirchenräte zum Teil mit Naturalien bezahlt. Die Menge an Wein betrug 2 bis 4 Ohm (1 Ohm=94,5 Liter) pro Jahr. Wortlaut einer Meldung vom 25.2.1801, S.71 im ANHANG.
288   PÄDAKTIV, 1988, S.58
289   CB Bd. XIII, S.226-230

Ein Tintenfass
aus durchsichtigem,
leicht grünlichem Glas

Wer hat hier seine
Feder eingetunkt ?

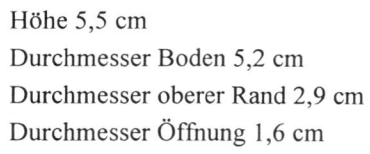

Höhe 5,5 cm
Durchmesser Boden 5,2 cm
Durchmesser oberer Rand 2,9 cm
Durchmesser Öffnung 1,6 cm

unbeschädigt gefunden

Sieben Jahre lang Schulhaus 1806 - 1813 für christliche und jüdische Kinder

1806 hatte der Reformierte Kirchenrat das Anwesen ersteigert. Er baute die Gebäude zum Schulhaus um. Später wurde dies allerdings als Fehlentscheidung angesehen: *"... auf andringen des Kirchen Vorstandes im Jahre 1806 erkauft und mit einem großen Kostenaufwand zugerichtet ..."*[290]

Wer besuchte die Schule? Im Generallandesarchiv Karlsruhe ist eine Aufstellung erhalten über die Anzahl und Konfessionszugehörigkeit der Schulkinder in Heidelberg.[291] Aus ihr kann man entnehmen, dass von den jüdischen Kindern 18 in der Synagoge und 29 in christlichen Schulen unterrichtet wurden. 1809 steht in einem Edikt des Großherzogs von Baden noch einmal ausdrücklich, dass die *Ortssynagoge* die Pflicht hat darauf zu achten, dass "*... - solange noch keine jüdischen Volksschulen bestehen - alle schulpflichtigen jüdischen Kinder die Ortsschulen regelmäßig besuchen und im Weigerungsfalle nötigenfalls mit Hilfe der Polizeibehörden für Abhilfe zu sorgen.*"[292]

Wenn auch nicht nachgewiesen werden konnte, wie viele Kinder davon in die reformierte Schule in der Judengasse gingen, so dürfte doch hier die Quelle für die Bezeichnung *Judenschule* zu suchen sein. Im 19. Jahrhundert wurde unter Judenschule nicht mehr die Synagoge verstanden, sondern so heißt "*jetzt eine Schule, in der jüdische Kinder unterrichtet werden*".[293] Dazu kam noch, dass die Schule in der Judengasse lag, was ebenfalls zur Namensgebung beigetragen haben mag.

Als Lehrer hat Jacob Spangenberg hier unterrichtet und gewohnt.[294] Die Schule wurde deshalb auch *Spangenbergerische Schule* genannt.

Im Stadtplan von HOFFMEISTER ist 1812 unter der Ziffer 48 das Grundstück in der Judengasse als der Reformierten Kirche zugehöriges Schulhaus markiert.[295] Ein Jahr

---

290	Dies steht in einem Brief von Doerr vom 04.2.1817 an das jetzt zuständige Ministerium in Karlsruhe. LKA SpA 3849 547. Wortlaut im ANHANG
291	GLA 145/203, Tabelle 8
292	ROSENTHAL, B. 1927, S.326
293	GRIMMSCHES WÖRTERBUCH, 1877, Neudruck 1991, Bd. 10, S.2357
294	Am 13.7.1806 wurde ein Sohn geboren, der als Pfarrer 1861 starb. LKA, Verzeichnis der Pfarrer.

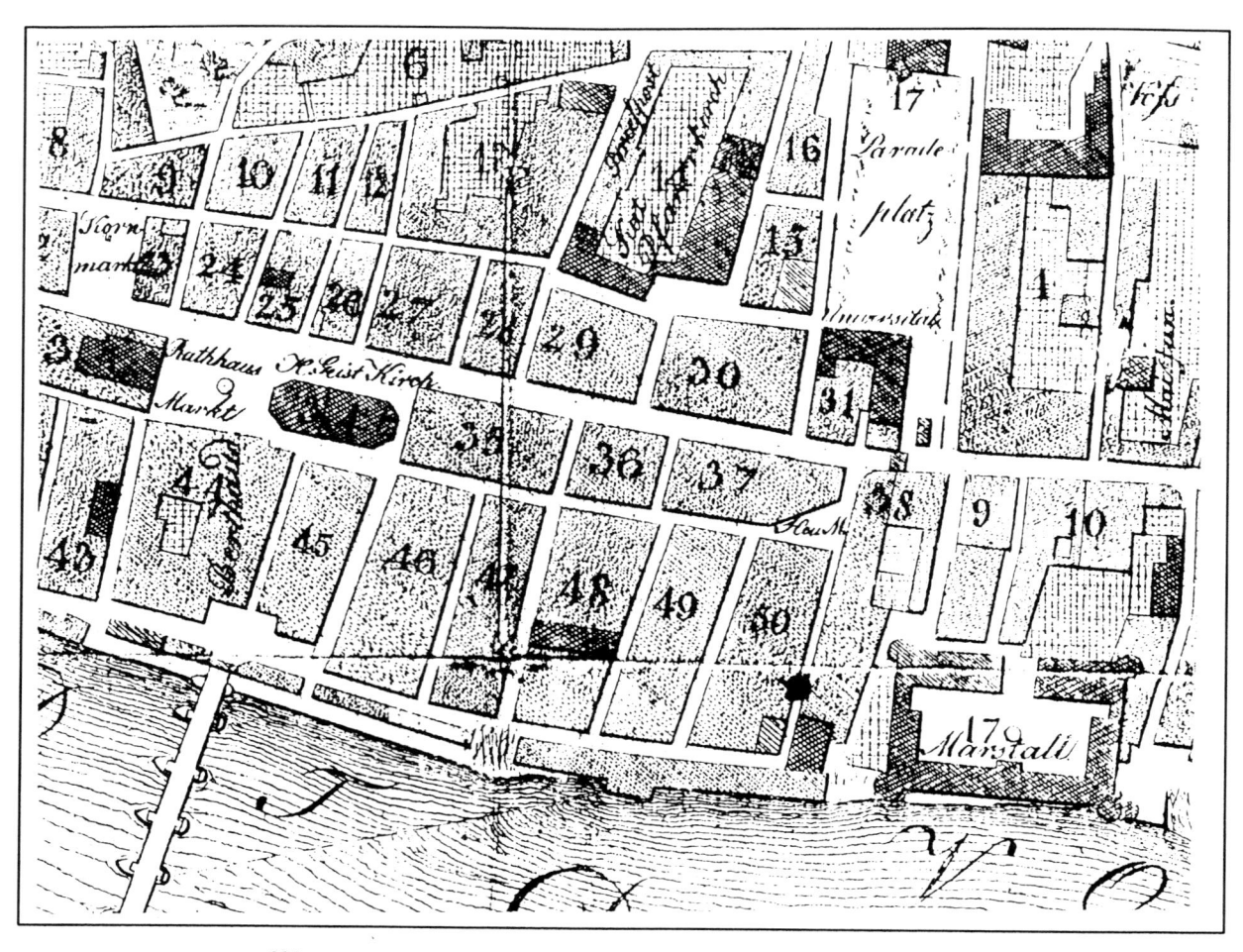

Stadtplan von 1812 [295]

Auf dem Häuserblock 48 ist schematisch eingezeichnet, wo sich das Schulhaus der Reformierten Kirche befunden hat.

---

295 HOFFMEISTER, F.L. Almanach der Universität Heidelberg auf das Jahr 1813, LEICHTEN, E.J. 1812

später, 1813, zieht die Kirche mit der Schule aus der Judengasse wieder aus und verlegt sie in das ehemalige Pfarrhaus, auch *Zimmermannsche Schule* genannt, in der Fischergasse.[296] Auch Spangenberg ist offenbar hierher mit umgezogen. Er wird drei Jahre danach, 1816, als "*ref.[ormierter] Schullehrer*", in der Fischergasse wohnhaft, erwähnt.[297] In der Korrespondenz mit dem Ministerium in Karlsruhe taucht er noch des öfteren auf, z.B. 1817 als "*Mädchen Schullehrer Spangenberger.*"[298]

Die Gründe, die bereits 1813 zur Aufgabe der Schule in der Judengasse führten, waren vielfältig. Unterlagen über die Entscheidung für den Umzug sind verloren gegangen. Als 1817 längere Dispute über die künftige Nutzung des Hauses - auch über eine Wiederherstellung als Schulhaus - geführt wurden, vermisste man bereits den Schriftwechsel und die Akten darüber:

"... *Unglücklicherweise kann die Registratur die acten nicht auffinden, worin die Vorstellungen des Schullehrers und die Vorschreiben des Kirchenministeriums wegen der nötigen Verlegung der Schule aus diesem in ein anderes Haus enthalten sind ...*"[299]

Es werden aber die Argumente aus diesen verloren gegangenen Schriftstücken im Schreiben des Ministeriums aus der Erinnerung aufgeführt:

Wichtigstes und mehrmals wiederholtes Argument, das gegen eine Wiedereröffnung des Schulhauses in der Judengasse spricht, ist die hohe Feuchtigkeit. Es sei schon vom damals eingezogenen Schullehrer über Feuchtigkeit geklagt worden, welche seine und seiner Familie Gesundheit ruinierte. Auch habe der Kirchenvorstand im Jahre 1809 versichert, dass in diesem Jahr der Neckar schon zweimal in den Schulstuben gestanden habe. Das Haus sei auch "... *übel gelegen ...*" und wegen des Hochwassers so ungesund, dass kein Lehrer des Gymnasiums dort habe einziehen wollen.[300]

Ungeeignet sei das Anwesen auch als Schulhaus deshalb, "... *weil durch die Judengasse alle Holzfuhren vom Lauer woher die ganze Stadt ihren Bedarf zieht, durch diese nicht gar breite Gasse gehen ...*" Die Lage sei ungeeignet, weil nicht nur Gefahr für Personen, sondern auch neue Schäden am Gebäude befürchtet werden müssten.

---

296   Heute Fischergasse 9
297   ADDRESS-CALENDER 1816, S.142
298   LKA SpA 3849 547 am 29.1.1817
299   LKA SpA 3849 547 am 4.2.1817
300   Hier muss es sich um Lehrer handeln, die nicht in der Judenschule, bei der es sich um eine Elementarschule handelte, unterrichteten und sich weigerten, dort zu wohnen.

Ferner werden die hohen Reparatur- und Umbaukosten genannt. Es sei schon genug Geld ausgegeben worden. Einmal sei das Schulhaus in der Judengasse wegen der Feuchtigkeit mit Öfen und Lambrien, das heißt Wandverkleidungen aus Holz, versehen worden.[301] Aber auch der Umbau des Pfarrhauses in der Fischergasse zu einem Schulhaus habe große Summen verschlungen. Nun solle das Haus in der Judengasse wieder umgebaut werden!

Das Gebäude sei außer seiner miserablen Lage und den hohen laufenden Kosten auch viel zu groß für "... *einen Schullehrer und Schulfrau ...*", weil es 12 Zimmer, zwei Küchen, mehrere Keller und ein Gärtlein enthalte und der Lehrer 10 *Stuben* behielte.[302]

Im Address-Calender von 1816 wird unter der Rubrik "*Sämtliche Geistlichkeit mit den Schulanstalten*" aufgeführt:
"... 4.) *Reformiertes Schulinstitut. a) in der Stadt. Herr Andreas Zimmermann, Knabenlehrer, Herr Jakob Spangenberg, Mädchenlehrer, Die Elementarschule hat J. Sara Catharina Zimmermann, welcher ein Adjunkt (Hr. Jakob Honig) beigegeben ist.*"[303]

Die Schule bleibt in der Fischergasse.

---

301   Die Lambrien sind zum Teil in den Obergeschossen noch erhalten. In den Parterre-Räumen waren sie bereits 1816 *ziemlich faul und verlöchert*. LKA SpA 3849 1775/1843. Mängelliste vom 22.3.1816118

302   ebenfalls LKA SpA 3849 547 am 4.2.1817. Wortlaut im ANHANG

303   ADDRESS-CALENDER, 1816, S.85

Administrationsrat Doerr macht der Reformierten Kirche Ärger

Nach der Verlegung der Schule in die Fischergasse wollte der Reformierte Kirchenrat möglichst rasch das Anwesen in der Judengasse wieder los werden. Zuvor musste man sich mit dem Administrationsrat Doerr auseinandersetzen, der dort noch wohnte. Dies gestaltete sich recht langwierig und kompliziert.[304]

Die Pflege Schönau hatte als Außenstelle die Grundstücke in Heidelberg zu verwalten. Von dort musste der Pfleger, Herr Bronn, immer wieder an das Kirchenministerium nach Karlsruhe berichten, wie weit seine Bemühungen gediehen waren. Karlsruhe genehmigte seine Anträge oder gab neue Anweisungen. Bei nur zweimaliger Postbeförderung pro Woche zwischen Heidelberg und Karlsruhe gab es verständlicherweise gewisse Verzögerungen.[305]

Doerr war schon 1806 eingezogen.[306] Am 30.9.1813 berichtete die Pflege Schönau nach Karlsruhe: "*Administrationsrath Doerr bewohnt den oberen Stock des reform: Schulhauses in der Judengaß...*". Er habe seit Michaeli 1812 keine Miete mehr bezahlt. Inzwischen beliefen sich die Außenstände auf 100 Gulden.[307]

Doerr zahlt weiterhin nicht, sondern schreibt fünf Monate danach, am 15.2.1814, einen Brief, in dem er seine "*effecten und Büchersammlung*" als Sicherheit für den ausstehenden Mietzins anbietet. Doerr überschüttet den Kirchenrat in seinem Schreiben mit Vorwürfen. Indirekt wirft er dem Kirchenrat vor, dass er sein Geld durch dauernde neue Bauten verschleudere:

"*... ich bekomme überall ein besseres logis ohne Bürgschaft. Schon seit der Verwandlung des ehemalig so kostspihlig erbauten Kirchenrathsgebäudes in ein Pfarrhaus und*

---

304 Die Mietsache ist in einem gesonderten Konvolut: LKA SpA 3845 zusammengefaßt.
305 Es gab 1816 einen geregelten Postdienst, der vermutlich auch schon zwei Jahre zuvor bestand. Er fuhr vom Gasthaus Prinz Max in der Marstallstraße *Nro. 129* ab. "*In eben diesem Gasthaus jeden Montag und Freitag Abends Kutscher Stephan von Carlsruhe aus und fährt des andern Tags Abends dorthin zurück.*" ADDRESS-CALENDER, 1816, S.166
306 In einem Brief von Doerr erwähnt. LKA SpA 3845 4235/4343
307 LKA SpA 3845 1604/577 am 30.9.1813

des alten Pfarrhauses in ein Schulhauß sagte mir jedermann, dass ich ausziehen müsse ..."[308]

Karlsruhe nimmt dazu Stellung: "*In betref des Haußzinßes Rückstand von Michaeli 1812 des Herrn Rath. Dörr dahier und der Mithe Aufkündigung.*"[309]

Ein halbes Jahr später, am 7.6.1814, kündigt Karlsruhe das Mietverhältnis. Zwei Wochen danach reagiert Doerr mit einem weiteren Brief, in dem er mitteilt, dass er zwar ausziehen wolle, aber einen "*geschwollenen linken Fuß*" habe und die "*attritischen Beschwerden*" ihn daran hindern.[310]

Doerr schiebt weitere Argumente nach. Er wendet sich am 20.9.1814 direkt an den *Regierungsrath Wund* und lehnt die ihm inzwischen angebotene Ersatzwohnung mit der Begründung ab, die Räume seien dort zu niedrig und seine Bücher daher nicht unterzubringen.[311] Der Administrationsrat zieht weder aus noch zahlt er. Am 25. Mai des nächsten Jahres 1815 berichtet Bronn nach Karlsruhe, dass Doerr nicht zahlen könne, weil er in seiner Pension gekürzt worden sei und außerdem alte Belastungen geltend mache.[312]

Über diese alten Belastungen werden zwischen Schönau und Karlsruhe Informationen ausgetauscht. Schönau berichtet am 19.1.1816 dem Ministerium nach Karlsruhe, dass Pfarrer Gattier und seine Schwester ein *Arrest* auf die Pension von Doerr haben. Dies sei ein Grund dafür gewesen, dass Doerr nicht gezahlt habe. Diese alte Schuld sei aber jetzt getilgt.[313]

Nun schlägt der Verwaltungsapparat ganz rasch zu, und bereits am 30.1.1816 wird die Miete für die Pflege Schönau direkt aus der Pension von Doerr abgezweigt.[314]

Wann der wackere Administrationsrat auszog, war nicht festzustellen. Da er nun doch nicht mehr mietfrei wohnte, brauchte er seine Wohnung ja nicht mehr verteidigen.

308	LKA SpA 3845 650/675. Hier ist das Haus in der Fischergasse (heute Nr. 9) gemeint. - Über die Geschichte der verschiedenen Pfarrhäuser siehe SPITZER; K. 1931, S.108.
309	ebenfalls LKA SpA 3845 650/675
310	LKA SpA 3845 2387/2368 am 7.6.1814
311	LKA SpA 3845 4235/4343 am 20.9.1814
312	ebenfalls LKA SpA 3845 4235/4343
313	LKA SpA 3845 428/411 am 19.8.1816
314	ebenfalls LKA SpA 3845 428/411

Jedenfalls findet sich bereits im *Address-Calender* von 1816 der Eintrag: "*Dörr, Rath. Schulgasse 588. Privatisierend*"[315] Er war also bereits umgezogen.

Damit war das Anwesen aber nicht geräumt, denn in demselben *Address-Calender* ist noch ein weiterer Bewohner verzeichnet, der im Anwesen des Reformierten Kirchenrats wohnt: "*Bachmann, Ulrich, Schuster Judengasse 235*".[316] Über diesen Mieter waren beim Landeskirchlichen Archiv in Karlsruhe keine weiteren Unterlagen zu finden. Er muss mit zur Familie des Kanzleidieners Bachmann gehört haben, der nach der Verlegung der Schule hier eingewiesen worden war: "*... das dadurch leer gewordene Haus quaestiones aber dem Kanzleidiener Bachmann umsonst zur Wohnung anwiese, der mit behülfe seiner Familie eben auch nichts zu seiner Verbesserung beigetragen hat...*"[317]

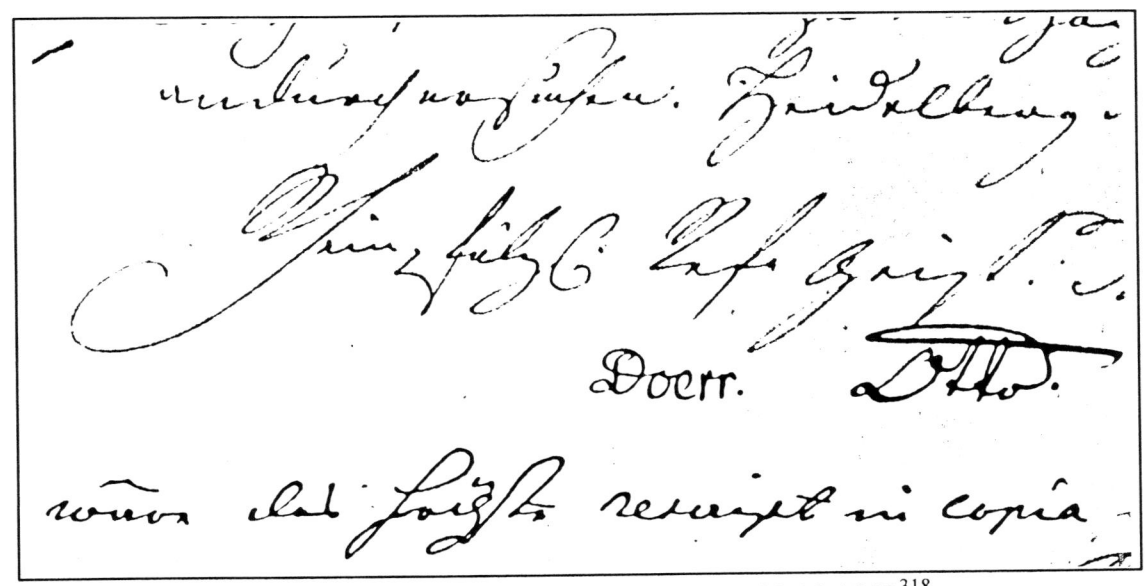

Originale Unterschrift des Administrationsrates Doerr am 23.11.1802[318]
unter einem Brief an die *Special Commission In Christlichen Angelegenheiten*

315	ADDRESS-CALENDER 1816, S.109	
316	ADDRESS-CALENDER 1816, S.103	
317	LKA SpA 3849 547. am 4.2.1817. Text im ANHANG.	
318	GLA 77/7855, S.2 . Wortlaut im ANHANG. Unter dem Datum 6.12.1803	

Die "dermaligen Zeitumstände" erschweren die Vermietung

"*Heidelberg, Der Verkauf des Schulhaußes in der Judengaße, auch Einquartierung in dieselbe betr., auch Vermiethung dieses Hauses betr.*" So ist ein 4 cm hoher Stapel von Dokumenten im Landeskirchlichen Archiv Karlsruhe überschrieben.[319] Die große Zahl der hier zusammengetragenen Schriftstücke aus den Jahren 1815 bis 1824 lässt die Probleme erahnen, die bei der Vermietung bzw. beim Verkauf des Grundstücks auftraten.

Noch während Administrationsrat Doerr darin wohnte, wurde der Verkauf betrieben. Die erste Anfrage kam von einem Michael Jäger, "*bürgerlicher Stadtofficier in Heidelberg*", der sich am 27. Januar 1815 als Vormund für Burgard Stepp nach dem Kaufpreis erkundigte.

Im Dekret 484 errechnete Karlsruhe daraufhin, dass mindestens 3700 Gulden plus 500 Gulden, damit insgesamt 4200 Gulden durch den Verkauf erzielt werden müssen. Der Vertreter der Pflege Schönau war anderer Ansicht. Herr Bronn meinte, man solle es billiger verkaufen und schrieb zurück: "*... Da aber das Hauß für das Kirchenaerarium dermalen von keinem Gebrauch ist, so kann ein Verlust a 400 fl vorteilhafter getragen werden als solches Hauß noch ferner zu behalten ...*" Als *Steigungsliebhaber* werden aufgezählt:[320]

    Judas Carlebach
    Joseph Guhland
    Johann Bauer
    Burkhard Stepp

Bronn wollte sein Sorgenkind offenbar loswerden. Man wartete in Heidelberg die Antwort aus Karlsruhe auch nicht ab. Schon vier Tage nach dieser Meldung fand eine Versteigerung des Anwesens statt, in der ein bisher nicht erwähnter Schreiner-

---

319   LKA SpA 3849. Begonnen am 27.1.1815.
320   Unter Steigung wird Versteigerung verstanden.

meister Müller den Zuschlag für 3680 Gulden erhielt. Dies wird jedoch erst am 15. März 1815 mitsamt der Versteigerungsurkunde nach Karlsruhe berichtet.[321]

Man reagierte dort prompt auf diese Mitteilung und erklärte schon am 20. März, dass man besser mit dem Verkauf warten solle, weil die gewünschten 4000 Gulden nicht erzielt worden seien und bis sich die "*dermalige Zeitumstände wiederum geändert haben werden.*" - Napoleon war aus Elba zurückgekehrt und hatte wieder in Frankreich Fuß gefasst. - Am 1. April kommt ein Beschluss aus Karlsruhe, dass die Versteigerung nicht akzeptiert, sondern widerrufen und rückgängig gemacht wird.[322]

Herr Bronn aus Schönau war nicht untätig. Schon am 17. Mai 1815 kann er nach Karlsruhe melden, dass der *Canzleydiener Bachmann* das Schulhaus geräumt hat. Dafür "*bewohnt der verheyrathete Sohn des Canzley Diener Bachmann ein Zimmer des unteren Stocks.*"[323] Kurze Zeit darauf, am 25. Mai, beantragt Bronn, dass im Wochenblatt eine Anzeige eingerückt werde, um Mieter zu suchen.[324]

---

321   LKA SpA 3849 1335 am 15.3.1815
322   LKA SpA 3849 1539 am 1.4.1815
323   LKA SpA 3849 2436/2461 am 17.5.1815
324   ebenfalls LKA SpA 3849 2436/2461

Einquartierung der Felddruckerei Zar Alexanders im Juni 1815

In Karlsruhe ist man gegen eine Vermietung zum gegenwärtigen Zeitpunkt. Die *dermaligen Zeitumstände* waren durchaus nicht ruhiger, sondern eher bedrohlicher geworden. So wird Schönau angewiesen, man solle lieber nicht öffentlich bekannt machen, dass man Mieter suche - sonst drohe Einquartierung.[325] Dieser gut gemeinte Rat kommt zu spät, denn die Pflege Schönau meldet bereits, der Sohn Bachmann sei gekomen, weil inzwischen eine "*Russische Buchdruckerey mit 2 Mann*" einquartiert sei, er sie aber nicht verköstigen wolle.[326]

Karlsruhe will dennoch keine Anzeige in das Wochenblatt einrücken lassen und weist am 13. Juni 1815 den Pfleger Bronn an, bis zum Abzug des Hauptquartiers aus Heidelberg mit dem Abdruck der Anzeige zu warten.[327]

Fünf Tage später wird Napoleon in der Schlacht bei Waterloo entscheidend geschlagen. Die Nachricht trifft am 21. Juni 1815 in Heidelberg ein.[328] Der Sohn Bachmann präsentiert am 26. Juni 1815 eine Rechnung: Für "*Einquartierung und Beleuchtung*" vom 13. bis 25. Juni habe er 27 Gulden, 47 Kreuzer und 4 Heller aufbringen müssen. Er weist besonders darauf hin, dass die Höhe der Kosten wegen der "*vom Stadtrath anbefohlenen Illumination des Schulhauses*" zu beklagen sei. Bachmann fordert, "*Per Mann*" 40 Kreuzer täglich erstattet zu bekommen.[329]

Vom Administrationsrat Doerr, der ja auch noch immer in dem Hause wohnt, redet niemand im Zusammmenhang mit der Einquartierung. Offenbar hat er sich in keiner Weise um die einquartierten Soldaten gekümmert. Das erwartete aber auch niemand von ihm. So hätte sich der Sohn Bachmann ja auch darüber beschweren können, dass Doerr keinen Beitrag zur Ernährung der russischen Drucker leistet. An den Nörgler und Querulanten Doerr wagt sich niemand ran.

---

325 Auch eigene oder befreundete Heere mussten von der Bevölkerung aufgenommen und ernährt werden.
326 LKA SpA 3849 2686/2707
327 ebenfalls LKA SpA 3849 2686/2707 am 13.6.1815
328 KAYSER, K P. 1923, S.82
329 LKA SpA 3849 2981/1983 am 26.6.1815

ПРИКАЗЪ ПО АРМІИ.

Armee-Befehl.

Главная квартира
Г. Гомбургъ.   Сентября 20. 1815.

Hauptquartier
Homburg.   d. 2. Oct. 1815.

Предписывается всѣмъ Г. Г. корпуснымъ и дивизіоннымъ командирамъ строжайше наблюдать, дабы войска, состоящія въ ихъ командѣ, отнюдь не взымали подводъ, болѣе назначеннаго прежними приказами моими числа. Тѣмъ полкамъ, кои имѣютъ непостроенную аммуницію, равно для квартиргеровъ посылаемыхъ впередъ, Г. Г. корпусные командиры по разсмотрѣнію своему имѣютъ опредѣлить самое необходимое число, и приказать строго смотрѣть, дабы сверхъ онаго взымаемо не было; также чтобы полки сіи по мѣрѣ уменьшенія непостроенной аммуниции, уменьшали бы и число подводъ; словомъ, дабы ни одна подвода безъ крайней надобности никѣмъ взымаема не была.

Den H. H. Corps- und Divisionskommandeurs wird hiemit zur strengsten Beobachtung vorgeschrieben: daſs die unter ihrem Befehl stehenden Truppen unter keinem Vorwande den Vorspann in gröſserer Anzahl, als durch meine früheren Tagsbefehle bestimmt worden ist, requiriren. Sie werden nach ihrem Gutachten auſserdem noch für die Regimenter, welche Ammunitions-Stücke mit sich führen sowohl, als auch für die vorausabzufertigenden Quartiermacher, eine möglichst geringe Anzahl Vorspann-Wägen bestimmen, und die gehörigen Befehle zur strengsten Beobachtung dieser Festsetzung ertheilen, und ganz besonders darauf sehen, daſs die Regimenter, nach erfolgter Vertheilung dieser Ammunitions-Stücke, auch die Zahl der Vorspänne vermindern; und daſs von Niemanden, auſser in der unumgänglichsten Nothwendigkeit, Vorspann requirirt werde.

Сколько каждому пѣхотному и кавалерійскому полку и артиллерійской ротѣ, особо подъ квартиргеровъ и особо подъ свою непостроенную аммуницію назначено будетъ брать подводъ, доставить тотчасъ свѣдѣніе Дежурному Генералу Арміи; назначеніе подводъ подъ квартиргеровъ здѣлать точное и единообразное, дабы одинъ полкъ противъ другаго болѣе не требовалъ, и чтобы сверхъ опредѣленнаго отъ корпуснаго начальника числа брать не осмѣливался; и какъ по заведенному порядку, подводы всегда собираются въ потребномъ количествѣ на этапныхъ мѣстахъ, то полки, посылая квартиргеровъ впередъ, опредѣленнаго каждому числа имѣютъ требовать отъ этапныхъ коммиссаровъ или изъ тѣхъ, кои собраны на этапномъ мѣстѣ, или получать ассигновки отъ сихъ же коммиссаровъ на вытребованіе изъ деревень, въ коихъ будутъ расположены квартирами, но самимъ собою отнюдь не брать.

Ueber die Anzahl der für jedes Infanterie- und Cavallerie-Regiment, und für jede Artillerie-Compagnie zum Transport der Ammunitions-Stücke und für die Quartiermacher erforderlichen Vorspänne, ist unverzüglich dem General de Jour der Armee zu rapportiren. Die Anzahl des Vorspanns zum Gebrauch der Quartiermacher muſs in allen Regimentern gleich seyn, damit kein Regiment mehr fordert als das andere, und damit keines derselben sich unterfängt, gröſsere Forderungen zu machen als von den respectiven Corps-Commandeurs bestimmt worden. Da den getroffenen Maaſsregeln zufolge, auf allen Etapen der Vorspann in gehöriger Anzahl in Bereitschaft steht, so müssen die Regimenter durch die vorausgesandten Quartiermacher, den ihnen zukommenden Vorspann von den Etapen-Commissairs fordern und die Wägen entweder aus dem Vorspann-Park, oder laut Anweisungen der Etapen-Commissairs aus den ihnen zugetheilten Ortschaften erhalten; wobey alle eigenmächtige Aushebung des Vorspanns aufs strengste verboten wird.

Съ симъ вмѣстѣ предписываю отнюдь и ни подъ какимъ предлогомъ не занимать обывательскихъ сараевъ, въ коихъ хранится немолоченный хлѣбъ и въ оныхъ ни лошадей ни повозокъ не ставить.

Zugleich sind die Scheunen, in welchen die Landleute ihr Getreide aufbewahren, unter keinem Vorwande, weder mit Pferden noch mit Fuhrwerk zu besetzen.

Подлинный подписалъ:

Главнокомандующій Генералъ-Фельдмаршалъ Князь Барклай де Толли.

Das Original ist unterzeichnet:

Der kommandirende Generalfeldmarschall Fürst Barklay de Tolly.

Armee-Befehl vom 2.10.1815 aus dem Hauptquartier in Homburg.
Wortlaut im ANHANG

Zar Alexander hatte also eine mobile Felddruckerei mitgebracht, um seine Befehle an die Soldaten verbreiten zu lassen. Ein solcher Befehl, allerdings bereits nicht mehr in Heidelberg, sondern am 2. Oktober 1815 in Homburg gedruckt, fand sich im Stadtarchiv Heidelberg. Es handelt sich um einseitig bedrucktes, ca. DIN A 4 großes Papier, mit einer Anweisung für die Quartiermacher. Sie ist zweisprachig, auf Russisch und Deutsch gehalten. Dieser *"Armee-Befehl"* befasst sich mit der Beziehung der Armeeangehörigen zu den einheimischen Quartiergebern. Es wird besonders darauf hingewiesen, dass die benötigten Zugtiere, die *Vorspänne*, nicht bei den Bewohnern beschlagnahmt werden dürfen. Es wird *"... alle eigenmächtige Aushebung des Vorspanns aufs strengste verboten ..."."... Zugleich sind alle Scheunen, in welchen die Landleute ihr Getreide aufbewahren, unter keinem Vorwande, weder mit Pferden noch mit Fuhrwerk zu besetzen."*[330] Man ist also um möglichst konfliktfreie Kontakte mit den Kurpfälzer Verbündeten bemüht.

Nach dem Abzug der kaiserlichen Armeen aus Heidelberg entstand eine Lücke, die durch ein neues Zeitungsprojekt, die *Feldzeitung*, geschlossen werden sollte. Ihr Ziel war die *"... schnellere Verbreitung der neuesten officiellen Armee-Nachrichten ..."* Die *Feldzeitung* wurde angekündigt mit 4-6 Ausgaben pro Woche. Sie sollte *im Hoflager der hohen Verbündeten* erscheinen. Im Heidelberger Wochenblatt wurde dazu aufgerufen, diese Feldzeitung beim Oberpostamt in Mannheim zu abonnieren.[331] Der *"Pränumerationspreis für ein halb Jahr"* betrug fünf rheinische Gulden.

Die erste Nummer war bereits am Samstag, dem 24. Juni 1815, erschienen. Als Herausgeber ist das *"Hauptquartier Heidelberg"* genannt. Diese Feldzeitung wurde nicht in der Druckerei des Zaren, sondern von Bartholomäus Herder gedruckt.[332]

erschienen im
Heidelberger Wochenblatt
20. Juni 1815
S.117

---

330   2.10.1815. StAHD 160/ fasc. 3. Wortlaut im ANHANG
331   Heidelberger Wochenblatt Nr.26, S.117 vom 29. Juni 1815. StAHD
332   LEXIKON DES GESAMTEN BUCHWESENS. 2. Aufl.1989, Bd. II, S.565

Vermietung an den "Lusttragenden" Georg Müller

Inzwischen ist auch am 29. Juni 1815 eine Anzeige im Heidelberger Wochenblatt erschienen, in der ein *"Lusttragender"*, das heißt ein Interessent für das *"ehemalige reformirte Schulhaus Nr. 235 in der Judengasse"* gesucht wird.[333]

> (Haus zu vermiethen.) Das ehemalige reformirte Schulhaus Nr. 235 in der Judengasse dahier, ist unter annehmlichen Bedingnissen ganz oder auch theilweise zu vermiethen und kann sogleich nach erfolgter Ministerial-Genehmigung bezogen werden. Die hierzu Lusttragende haben sich bey der Pfleg Schönau dahier anzumelden.
> Heidelberg am 25. Juny 1815.

Schönau berichtet über die schlechte Resonanz dieser Maßnahme am 4. Juli nach Karlsruhe. Auf die Anzeige hin habe sich nur *"Rothgerber Walz"* gemeldet, der für Vorder- und Hinterhaus 130 Gulden geben und einen Mietvertrag für 3 Jahre haben wolle.[334]

Diese Vermietung kommt jedoch nicht zustande, nicht zuletzt, weil Bronn am 31. August 1815 meldet, es sei nicht ratsam, an Walz zu vermieten, weil er durch sein Handwerk das Haus *"verruinirt"* und es dann nicht mehr verkaufbar sei. Ende August habe sich noch *"Amtsphysikus Wolf"* gemeldet, der es für 120 Gulden mieten oder für 2000 Gulden kaufen wolle. Den Brief mit diesem Angebot legt Bronn im Original bei. Das Amt rechnete ja mit einer weit höheren Verkaufsumme, nämlich 4200 Gulden und lehnt auch diesen Antrag ab.[335]

Der Schreinermeister Georg Müller, der das Grundstück schon mal ersteigert hatte und bereit gewesen war, dafür 3600 Gulden zu zahlen, sei inzwischen nach Mainz

---

333   Heidelberger Wochenblatt Nr.26, S.117 vom 29.6.1815. StAHD
334   LKA SpA 3849 3097/3130
335   LKA SpA 3849 4000/3987

weggezogen wegen "... *der veränderten Familienumstände, und des neu ausgebrochenen Krieges wegen* ...", meldet Bronn. Auch die weiteren Ersteigerungswilligen seien abgesprungen.[336]

Ende Oktober 1815 wurde Napoleon nach Sankt Helena verbannt. Erst im Dezember schreibt dann Georg Müller, der das Anwesen schon einmal ersteigert hatte, dann abgewiesen worden und schließlich nach Mainz geflohen war, und bietet jetzt 165 Gulden Miete oder 3400 Gulden als Kaufpreis. Karlsruhe stimmt endlich einer Vermietung zu, weil ein Schreiner auch "... *dem Haus weniger nachtheilig sei als ein Gerber* ..."[337] Der "*Haus Mieth Contract*" vom 16.1.1816 mit Schreinermeister Georg Müller wird in Karlsruhe vorgelegt und sehr schnell, nämlich am 19.1.1816 bestätigt. Die Miete ist jetzt mit 172 Gulden vereinbart.[338] Müller hat das Haus damit für ein Jahr von Ostern 1816 bis Ostern 1817 gemietet.

Bevor Müller aber in das Anwesen einzog, stellte er eine detaillierte elfseitige Mängelliste auf. Diese beschreibt bis ins kleinste Detail den Zustand der Gebäude und die jeweiligen Defekte.[339]

---

336   ebenfalls LKA SpA 3849 4000/3987
337   LKA SpA 3849 5749/5801 - Ein Gulden rechnete sich zu 60 Kreuzern.
338   LKA SpA 3849 280/248
339   LKA SpA 3849 1775/1843. 22.3.1816. Wortlaut im ANHANG

Die Mängelliste von 1816 —
eine detaillierte Hausbeschreibung [340]

Das eigentliche Anliegen der vom Mieter Georg Müller erstellten Mängelliste ist es, bereits vorhandene Schäden zu dokumentieren. Jede defekte Fensterscheibe wird aufgeführt, jeder Schlüssel erwähnt, ob vorhanden, fehlend oder defekt. Der Zustand von Bodenbelägen, Anstrichen, Türen, Fenstern, Balken wird bewertet. Müller wollte dadurch sicherstellen, dass er bei Auszug nicht für die früher bereits vorhandenen Mängel haften muss.

Bei der Auflistung und Beschreibung der Beanstandungen wird nebenbei eine genaue Schilderung der Häuser gegeben.

Im Vorderhaus befanden sich insgesamt 8 Zimmer, zwei im Erdgeschoss, je drei im Ober- und Dachgeschoss, außerdem drei kleine Nebenräume, Alkoven bzw. *Behälter*, z.T. ohne Fenster. Das Hinterhaus hatte im Erdgeschoss ein Zimmer und eine Küche, im Obergeschoss zwei Zimmer und eine Küche. Insgesamt hatten beide Häuser also 12 Zimmer und zwei Küchen.

Im Hof befand sich ein *Abtritt*, eine Toilette, der sogar eine wohlerhaltene Brille attestiert wurde, sowie ein steinerner Regenauffang-Trog.

Ins Obergeschoss des Vorderhauses führte eine Treppe vom Hof aus. Man erreichte zunächst einen Gang, an dem eine weitere Toilette lag. Vom Gang aus gingen die drei Zimmer ab.

Nur vom Vorderhaus aus gelangte man durch einen Zwischenbau ins Obergeschoss des Hinterhauses, wo wiederum ein Gang zu drei Räumen führte. Das Dachgeschoss des Hinterhauses hatte zwar Gauben, war aber nicht bewohnt.

Im Garten zwischen Hinterhaus und Bussemergasse befanden sich ein Pfirsichbaum sowie drei Tierställe in schlechtem Zustand: eine *Taubenlaube*, ein Hühner- und ein Schweinestall. Außerdem lag im Garten ein *Wasserstein*, ein Küchenablaufbecken, zu dem der Protokollant meinte, es könne verkauft werden.[341] Zur Bussemergasse hin

---

340 LKA SpA 3849 1775/1843 am 22.3.1816. Wortlaut im ANHANG
341 Ein Trog aus Sandstein (20x38x64 cm) und ein Teil eines zerbrochenen Wassersteins (9x50x60 cm) fanden sich verscharrt im Hof.

Seite 4 und 5 aus der 11-seitigen Mängelliste des Schreinermeisters Georg Müller[342]

---

342   22.3.1816. Wortlaut im ANHANG

war der Garten verschlossen. Hier befand sich eine Tür mit Schloss, Riegel und Schlüssel - ausnahmsweise alle intakt.

Der Keller des Vorderhauses hatte zwei Zugänge. Von der Straße aus war eine eichene Pritsche über die Treppe gelegt, auf der man Fässer transportieren konnte. Der Keller war von hier mit zwei Türen verschlossen. Vom Hof aus war eine Klappe bzw. Falltür vorhanden. Der Keller des Hinterhauses hatte nur einen Zugang vom Hof aus. Er war mit einer doppelflügeligen Tür verschlossen. In diesem Keller befand sich ein *Gemäuer von einem ehemaligen Judenbad*. Ferner sei an der Kellerwand über *einem Schrankloch etwas Mauer eingefallen*. Hier sei eine Reparatur nötig, mahnt der Bericht. Das war wohl nicht richtig beurteilt, denn heute, 185 Jahre später, macht diese Stelle noch genau denselben Eindruck, dass sie nämlich dringend repariert werden muss.

Geheizt wurde mit einzelnen Öfen, die zum Teil vom Flur aus zu beschicken waren. Allerdings wurde diese Möglichkeit nicht mehr genutzt. Vielmehr ist z.B. beim Schulraum im Vorderhaus erwähnt, dass ein Ofenrohr durch das Fenster geleitet wird, wo die Glasscheibe durch ein Blech ersetzt ist. Alle Öfen sind einzeln nach Größe und Form detailliert beschrieben. Sie sind aber nicht alle funktionsfähig, weil z.B. das Ofentürchen fehlt.

Nur an zwei Stellen der gesamten Auflistung wird eine Farbe erwähnt, beide Male: Gelb. So sind die Läden des Mittelhauses zum Garten hin und die Vertäfelung im südlichen Zimmer des Vorderhauses gelb gestrichen. Man darf aber wohl davon ausgehen, dass auch die übrigen Läden und die Lambrien in anderen Räumen mit derselben Farbe angemalt waren.[343]

Der Erhaltungszustand der Häuser ist insgesamt alarmierend. Überall wird von angefaulten Vertäfelungen, Fensterrahmen und Türen gesprochen. Es fehlen Türbeschläge, Riegel, Türgriffe, Kamintüren, Ofentürchen etc. Die Herdplatte in der Küche des Hinterhauses ist gebrochen; Von der Einfassung der steinernen Bank vor der Haustüre in der Judengasse fehlt ein Stück. Bei einem Fenster des Hinterhauses ist das Gitter rausgebrochen. Im Speicher des Vorderhauses sind hinter dem Schornstein die Bodenbretter herausgenommen und entfernt worden. Insgesamt werden 45 Fensterscheiben als

---

343 Bei der Sanierung des Mittelhauses 1991 bis 1993 wurde eine ausführliche Farbuntersuchung aller Bauteile durchgeführt. ZOPF, Hans Dieter, Weinheim: Befunduntersuchung und Gutachten vom 20. Februar 1992. Im Besitz des Verfassers. Ein Exemplar befindet sich beim Landesdenkmalamt in Karlsruhe.

beschädigt oder fehlend vermerkt. Das sind mehr als 10 % aller Scheiben. Es entsteht der Eindruck eines völlig desolaten und verlotterten Anwesens.

Diese Mängelliste wurde am 9. April nach Karlsruhe geschickt und hatte Erfolg. Dort wird am 27.4.1816 beschlossen: "*Ist Bau Comissair Wundt in Heidelberg zu beauftragen, das befragliche Haus zu beaugenscheinigen, und die erforderlichen Reparationen zu fertigen, jedoch weil dieses Hauß verkauft werden soll, dabey sich lediglich nur auf das allernothwendigste zu beschränken...*"[344]

Der Schreinermeister Georg Müller mietete das Anwesen mit allen aufgelisteten Mängeln für ein Jahr.

---

344 LKA SpA 3849 1775/1843. Unterstreichung im Original.

Ein "ganz unschulisches Hauß" wird verkauft

Die Mietzeit des Schreinermeisters Georg Müller ist gerade halb verflossen, da gehen bereits neue Angebote ein. Zwei *Steigungsliebhaber* von 1815 melden sich wieder. Schreiner Bauer bietet 185 Gulden Miete und Carlebach bietet 3700 Gulden Kaufsumme im Auftrag eines Dritten.[345]

Der Kirchenrat möchte den Verkauf nun verhindern und stellt den Antrag, doch wieder eine Knaben- und Mädchenschule in den Häusern unterzubringen. - "*dem Wunsche und Auftrage des Presbyt. gemäß.*" Ganz konkret wird ein notwendiger Umbau zur besseren Nutzung des Gebäudes vorgeschlagen.[346] Im Hinterhaus sollen im Obergeschoss zwei Schulräume entstehen, wobei der Gang einem der Räume zugeschlagen werden könne. Ein Umbau des Erdgeschosses sei weniger ratsam. Doch wird auch hier ein konkreter Vorschlag gemacht, nämlich die Wände zu versetzten, so dass die Küche verkleinert und der Gang vom Hof in den Garten nach Süden verschoben wird.

Keine Woche später, am 4. Februar 1817, wird ausführlich dagegen argumentiert, "*das schon längst von dem Mädchenschullehrer Spangenberger verlaßene Schulhauß in der Judengaßen ...*" sei völlig ungeeignet und verursache stets neue Kosten, auch sei es durch die verschiedenen Nutzer sehr heruntergekommen und zudem so feucht, dass niemand dort einziehen wolle, sich auch kein "*Kaufliebhaber*" gefunden habe.[347]

Ein "*Aushülfsmittel*" sei aber gefunden, nämlich das Grundstück an den "*Heidelberger soliden Bürger nahmens Ehrmann, einen Schwager des Inspectors Bähr*" zu verkaufen.[348] Dieser sei bereit, 4200 Gulden zu zahlen. Mehr sei auch nicht erzielbar, da "*nach dem Anzeigenblatt von Heidelberg stets mehrere Häuser feil sind.*"

Der Verkauf wird am 18. Februar 1817 mit dieser Summe protokolliert, der Kaufbrief am 3. März 1817 vom Pfleger Bronn in Karlsruhe vorgelegt und von dort

---

345 LKA SpA 3849 5463, am 5.11.1816. Siehe auch S.122
346 LKA SpA 3849 534/546, am 29.1.1817. Wortlaut im ANHANG
347 LKA SpA 3849 547, am 4.2.1817. Wortlaut im ANHANG
348 LKA SpA 3849 547, Randnotiz am 3.4.1817. Wortlaut im ANHANG

gebilligt. Der Reichsapfelwirt[349] und Bierbrauer Adam Ehrmann kauft das Grundstück aber nicht für sich, sondern für den Schreiner Friedrich Koch.[350]

Am 6. März 1817 wird im Contractenbuch von Heidelberg der Vorgang eingetragen: *"Erschien Herr Pfleger Bronn den für im Namen und aus Auftrag hochgeistl. Ministeriums des Innern Evangelische Section worüber er sich durch Einreichung einer Ministerial Entschließung vom 11.t d: # 687 besonders legitimirt."*[351]

Der Reichsapfelwirt hatte alleine, ohne die Anwesenheit des Friedrich Koch, die Kaufbedingungen ausgehandelt. Er ist dabei sehr umsichtig vorgegangen. In den Vertrag wurde mit aufgenommen, dass eventuelle frühere Forderungen und Ansprüche ausgeschlossen werden. Es heißt dort:

"... die gewöhnlichen Lasten muß Käufer von der Zeit der Überkennung des Haußes übernehmen, wogegen derselbe für Kriegs Lasten und sonstige Abgaben, welche noch allenfalls für die verflossene Zeit von gedachter Behaußung nachzutragen verordnet werden könnte, nicht zu haften hat, indem diese von dem bisherigen Eigenthümer zu vertretten sind ..."

Schließlich wird Friedrich Koch *".. vorgeladen und .. bestättigte diese Angabe."* Da auch der Pfleger Bronn nichts zu *memoriren* hatte, wurde der Kauf abgeschlossen.

Hieraus erwächst dem Kirchenrat ein neues Problem: Koch kann nicht zahlen. Es folgen jahrelange Streitereien. Koch kann nicht und Ehrmann will nicht zahlen. Ehrmann erklärt, nicht für sich gekauft zu haben und daher nicht zuständig zu sein.[352] Koch hatte schon die erste Rate nicht gezahlt[353] und kommt im Februar 1818 auch mit den Bodenzinszahlungen in Verzug. Die *Domanialverwaltung* will gleich die Zinsen seit 1809 von ihm haben, also auch für einen Zeitraum, in dem Koch das Grundstück noch gar nicht besessen hatte.[354]

Koch hat offenbar noch mehr reiche Freunde und Verwandte, die sich für ihn einsetzen. Nach dem Reichsapfelwirt Adam Ehrmann tritt jetzt eine Tante, Förster

---

349   Die Gaststätte Reichsapfel befindet sich noch heute in der Unteren Straße 35.
350   LKA SpA 3849   496/497
351   CB Bd. XV, 630-633 "..vom 11t[en] d:[esselben Monats] #[Nummer] 687..."
352   LKA SpA 3849   6616/6161
353   Am 21.8.1817 gewährt Karlsruhe eine Fristverlängerung von 3 Monaten, weil Koch *"beim Militair sistieren"* müsse. LKA SpA 3849   447/4562
354   LKA SpA 3849   997/1095

Strauch Witwe auf, von der Koch 3 Obligationen bekommen hat. Sie belaufen sich auf 1000 Gulden. Koch tritt sie als Anzahlung jetzt ab.[355]

Schließlich wird es ernst: das Grundstück soll wieder versteigert werden. Ein vier Seiten langer Jammerbrief des Friedrich Koch "*an die Pfleg Schönau*", von dort weitergereicht an des "*Grosherzoges Hohes Ministerium des Innern Evangelische Kirchen Section*" am 9. Oktober 1818, hat Erfolg.[356] Als Gründe macht Koch geltend, dass er sein Vermögen habe einsetzen müssen, um sich in *Carlsruh* vom Militärdienst loszukaufen. Auch sei er um die erwartete Mitgift bei der Ehelichung "*betrogen*" worden, da die Mitgift von "*einer alten etlich und siebenzig Jahre alten Grosmutter abhängt, die bey ihren Lebzeiten nichts abtretten will, selbst wenn das Glück ihres Endes untergraben würde.*" Wer untergräbt das Glück? Hat Koch der Großmutter gedroht?

Die Versteigerung wird jedenfalls auf diesen Brief hin angehalten.

Interessant ist, dass Koch nicht auf das Hochwasser eingeht, das am 20. Oktober 1817 immerhin eine verheerende Höhe erreichte und nicht nur im Vorderhaus ca. zwei Meter, sondern auch im Mittelhaus noch ca. einen Meter hoch in den Räumen gestanden haben muss. Die "*Feuerassecuranz*" schätzte den Wert des Hauses auch nur noch auf 2500 Gulden ein.

Der Hickhack um die Zahlungsrückstände des Friedrich Koch zieht sich über Jahre hin. Sie betragen Ende 1819 3391 Gulden und 32 Kreuzer.[357]

Mit Datum vom 8. April 1824 verkaufen Friedrich Koch und seine Ehefrau Elisabetha, geborene Liebig, das Anwesen an einen weiteren Schreiner: Martin Eichhorn aus Schriesheim. Da der Kaufpreis an die Reformierte Kirche aber noch nicht abbezahlt ist, wird der Kauf in Gegenwart von Bürgermeister Lombardino und sechs *Rathsherren* geschlossen. Die Schuld von 3400 Gulden an die Pflege Schönau übernimmt der Käufer. Er muss noch 1824 mit der Abzahlung beginnen.[358]

Bronn ist dagegen, weil er meint, dass der "*elterlose ledige Bürgersohn Martin Eichhorn seiner profeßion ein Schreiner*" ebenfalls nicht über genügend Kapital verfüge.

---

355 LKA SpA 3849 2613/2682
356 LKA SpA 3849 5241/5367. Wortlaut im ANHANG
357 LKA SpA 3849 5583/5674 vom 31.10.1818, - 478/501 vom 21.1.1819, und 5790/5697 vom 13.11.1819.
358 CB Bd.XVIII, S.250-252

Er legt gleich ein Gutachten über die Vermögensumstände des Eichhorn bei. Koch und Eichhorn verbürgen sich mit ihrer Unterschrift.[359] Obwohl der Pfleger Bronn abrät, genehmigt Karlsruhe den Verkauf am 30.6.1824.[360] Nicht ohne mehrmalige Briefwechsel.[361]

Nun sind die beiden Schreiner aber in einen Rechtsstreit verwickelt, was alles wieder aufhält. Ein städtischer Beamter, der "*Stadtverwandte Ottinell*", wird mit der Übergabe der Urkunden beauftragt. Am 30.10.1824 ist es endlich so weit.[362] Karlsruhe erhält eine neue Obligation über die noch ausstehenden Schulden.

Für den Kirchenrat war der Verkauf damit glücklich abgeschlossen. Am gleichen Tag wurde Heidelberg von einem Hochwasser heimgesucht, das noch höher stieg als dasjenige von 1817. Die dabei aufgetretenen Schäden betrafen jetzt allein den neuen Eigentümer Eichhorn.

---

359   LKA SpA 3849 1438/1462
360   LKA SpA 3849 4398/4416 und 3400/3486
361   LKA SpA 3849 1438/1462 und 1643/1654 und 3400/3484
362   LKA SpA 3849 5480/5431

Immer wieder Hochwasser — 1824 und 1882 — Sammlung für die "Überschwemmten"

Hochwasser hatten immer etwas Schreckliches für die Betroffenen in der Heidelberger Altstadt und sind daher auch über Jahrhunderte hinweg überliefert worden.[363] Im überschwemmungsgefährdeten Bereich wohnten meist ärmere Familien. Sie brauchten keine oder nur kleine Keller, weil sie ohnehin nichts aufzubewahren hatten. Sie richteten sich - soweit möglich - auf die immer wiederkehrende Zerstörungskraft der Überschwemmungen ein. Das Erdgeschoss legte man etwas höher, wenn man keine Wageneinfahrt benötigte. In diesem Gebiet wurden Grundstücke nach großen Zerstörungen der Stadt oft erst spät wieder bebaut.

Es liegt eigentlich nahe anzunehmen, dass niemand hier blieb, der von Hochwasser betroffen war, bzw. dass nach einem großen Hochwasser vermehrt Besitzerwechsel stattfanden. Auf den ersten Blick scheint diese These am hier untersuchten Grundstück nachweisbar zu sein. Eine Reihe von Besitzerwechseln fallen in Jahre mit großen Hochwassern. So naheliegend diese Hypothese war, genaue Recherchen ergaben, dass zwischen 1784 und 2000 insgesamt 11 Eigentumsübergänge stattfanden, aber nur zwei davon in direktem Zusammenhang mit einem Hochwasser standen.

Der Verkauf von 1785, der ein Jahr nach der höchsten bekannten Flut von 1784 erfolgte, ist nicht eindeutig als Folge einer Überschwemmungskatastrophe anzusehen. Friderich Heinlein hatte nämlich bereits 1783 ein Haus in der Hauptstraße erworben, also ein Jahr bevor das Hochwasser sein Haus in der Judengasse beschädigt hatte. Die Folgerung kann daher nur lauten: Er hat sich nach dem Hochwasser dafür entschieden, das vor solchen Überschwemmungen sichere Haus zu behalten und das gefährdete in der Judengasse abzustoßen.

Die beiden Verkäufe des Reformierten Kirchenrats von 1817 und 1824, obwohl sie in die Hochwasserjahre fallen, sind bei genauem Hinsehen ebenfalls unabhängig davon geschehen. Die Überschwemmungen lagen jedes Mal zeitlich später als die Verkäufe! Die Kirche wollte ja ohnehin verkaufen und hatte 1816 dann zunächst einen Mieter hineingenommen, der die bereits oben zitierte Mängelliste erstellte. Zwar argu-

---

363   Zusammengestellt bei MERZ, L. 1984

mentierte der Pfleger Bronn aus Schönau immer damit, dass das Haus zu feucht und ungesund sei, was er auch mit zwei mittleren Hochwassern von 1809 begründete. Der Verkauf des Anwesens in der Judengasse an den Schreiner Martin Eichhorn am 8. April 1824 fand ebenfalls vor dem Hochwasser statt. Der Neckar trat aber erst am 30. Oktober desselben Jahres über seine Ufer.

Gegen Hochwasser war damals niemand versichert. In der ganzen Stadt löste die Katastrophe aber eine Welle der Solidarität aus. Der Gemeinderat beschloss eine Hilfsaktion. Zunächst wurden die Schäden der *Überschwemmten* von einer Kommission registriert und nach ihrer Höhe taxiert.[364]

Ausschnitt aus dem Verzeichnis der *überschwemmten* Hauseigentümer vom 30.10.1824
Hauß Nro. 232 Eichhorn Schreiner ist ausgestrichen und dann zur Korrektur unterpunktet.

---

364 StAHD UA 309/2

Sodann gingen Sammler von Haus zu Haus und nahmen Spenden entgegen von denjenigen, die verschont geblieben waren. Sie hatten damit großen Erfolg. Unter den Spendern ist z.B. auch ein *Studiosus Schwarz* genannt, der 2,42 Gulden gab. Es kamen insgesamt 2.235,24 Gulden in der Stadt zusammen.

Bei Martin Eichhorn, damals mit der Hausnummer 232, wurde ein Schaden von 70 Gulden am gerade neu gekauften Haus festgestellt. Der Begutachter nahm noch auf, dass Eichhorn arm war. Bernhard Schick, der später die Witwe Eichhorn heiratete und zu dieser Zeit noch im Haus Nummer 167 wohnte, ist mit 5 Gulden vermerkt. Auch die Frau des schon erwähnten, früheren Lehrers in der Judenschule, die *Wittib Spangenberger*, findet sich in der Aufstellung der Geschädigten. Ihr Schaden wurde auf 4 Gulden taxiert. In der Judengasse 232 war also ein relativ großer Schaden entstanden.

Auch fast 60 Jahre später wurde für die beiden Überschwemmungen im Jahre 1882, von denen das zweite kurz nach Weihnachten am 28. Dezember Heidelberg unter Wasser setzte, eine Sammelaktion gestartet. Es erging ein allgemeiner Aufruf mit der *Bitte um Hilfe an die gesamte Einwohnerschaft*. Jetzt wurde die Solidaritätsaktion als *Beihilfe* deklariert. In der Dreikönigstr. 10 erhielt *Glaser Otto Wtw.* für Beschädigungen an Böden und Tapeten 100 Mark.[365] 100 Mark war zugleich auch die höchste Summe, die in der Dreikönigstraße als Beihilfe gewährt wurde.

> **Aufruf!**
>
> Vor wenigen Tagen, die hinter uns liegen, rüsteten sich die Bewohner unserer Stadt zur Feier des Weihnachtsfestes.
>
> Wenn sonst eine gehobene freudige Stimmung das Kennzeichen jenes Festes war, so überbot diesmal die Sorge die Tage des Friedens und der Ruhe, unsere ganze Stadt war in Aufregung versetzt durch das eingetretene Hochwasser des Neckars.
>
> Der Wasserstand, der fast plötzlich eine Höhe erreichte, wie seit Jahrzehnten nicht, hat gar manches Eigenthum zerstört, eine große Anzahl Wohnungen der niedrig gelegenen Stadttheile überschwemmt und für lange Zeit unbewohnbar gemacht. Eine Menge von Einwohnern, die nicht in der Lage sind, ihre Verluste aus eigenen Mitteln zu ersetzen und denen es unmöglich, gesündere Stadttheile aufzusuchen oder jene Vorkehrungen zu treffen, um ihre Wohnungen möglichst bald wieder in brauchbaren, der Gesundheit nicht mehr schädlichen Zustand zu versetzen, leidet schwer, sehr schwer unter diesen Verhältnissen. Da thut Hilfe dringend noth; hier soll, hier muß geholfen werden.
>
> Und mit dieser Bitte um Hilfe treten wir vor unsere gesammte Einwohnerschaft. Wir sind überzeugt, daß wie die Theilnahme für die Beschädigten eine allseitige, so auch

---

365   StAHD UA 309/7

Die Aufräumarbeiten zogen sich bis zum 7. Januar 1883 hin. Dazu liegt eine *"Zusammenstellung der Kosten für Auspumpung der überschwemmten Keller"* vor.[366] Für die Dreikönigstraße 10 lautet die Aufstellung der durchgeführten Arbeiten und der Kosten dafür folgendermaßen:

"Otto August Glaser Ww. Haus N° 10.
    Lokomobil[367]
3 Januar von 2 -9 Uhr Abends
4   "   " 6 -9 Uhr Morgens
     5 Mann à 10 = 50 Stund à 40 d   *20,00*
     Pumpe und Monteur 10 Stund à 90 d   *9,00*
     Strahlpumpe
7 Januar 1 Mann 5 Stund à 42 d   *2,10*
     Gastwirtpumpe
6 - " - von 8 - ½11 Uhr Morgens
     4 Mann à 2½ = 10 Stund à 30 d   *3,00*
                               34,10 "

3. Lokomobile mit stehendem Kessel von H. Lanz.

---

366   StAHD UA 309/6
367   Ein Lokomobil ist eine bewegliche Dampfmaschine, an die eine Pumpe angeschlossen werden kann. Die Abbildung rechts zeigt ein solches Lokomobil der Firma Heinrich Lanz, Mannheim. aus: MEYERS KONVERSATIONSLEXIKON Bd.12 1909, S.670c

EXKURS: Hochwasser 1993 —
Kündigung der Geschädigten

Um es vorwegzunehmen: Auch im folgenden Jahrhundert blieb Heidelberg nicht vom Hochwasser verschont. In den Jahre 1947 und 1993 waren die höchsten Wasserstände im Zwanzigsten Jahrhundert zu beklagen.

An dieser Stelle muss ein Loblied auf die heute nicht mehr existierende Badische Gebäudeversicherung angestimmt werden. Die Badische Gebäudeversicherung war eine Zwangsversicherung auf der Basis gegenseitiger Solidarität. Alle Schäden, nicht nur solche durch Feuer, sondern durch sämtliche Naturereignisse wie Erdbeben, Sturm, Hagel und eben auch Hochwasser, wurden den betroffenen Hauseigentümern ersetzt. Wegen der vereinfachten Verwaltung über die Gemeinden war diese Versicherung sogar billiger als in einem anderen Bundesland allein die Feuerversicherung kostete. Die Versicherungsbeiträge wurden quasi aus einer Schadenskosten-Umlage errechnet.

1994 wurde auf eine Verordnung von Brüssel hin diese Versicherung privatisiert und verkauft. Bald darauf kündigte der neue Versicherer, die jetzt private Gebäudeversicherung Baden-Württemberg, alle Verträge mit Eigentümern, die 1993 und 1994 einen Schaden zu beklagen hatten.

Sie schickte am 2. August 1995 ein Kündigungsschreiben an die Geschädigten, in dem es unter anderem heißt:

"Hochwasser- und Überschwemmungsschäden haben in den letzten Jahren stark zugenommen. Auch Sie haben darunter gelitten .... Aber auch uns stellen diese immer häufiger auftretenden, immer höheren Schäden vor ein Problem: Als Versicherungsunternehmen müssen wir uns fragen, ob die Schäden langfristig bezahlbar sind. Im Grunde müßten wir nun bei unverändertem Versicherungsumfang die Prämien weiter erhöhen. ..... Wir sehen uns daher gezwungen, das versicherte Risiko einzugrenzen. Gebäudeeigentümern, die wie Sie in den vergangenen viereinhalb Jahren einen oder zwei Schäden durch Hochwasser bzw. Überschwemmung hatten, können wir ab 1. Januar 1996 nur noch zu geänderten Bedingungen Versicherungsschutz bieten ...."

Die Selbstbeteiligung wurde von 400,- DM auf 1% des Hauswertes, mindestens aber 5.000,- Mark pro Schadensfall sehr stark angehoben. Die Prämien stiegen trotzdem.

Das neue Unternehmen warb im gleichen Monat August 1995, in dem auch die Kündigung ausgesprochen wurde, ganz ungeniert mit dem Angebot: "Schutz bei Schäden durch Hochwasser und Überschwemmung"

BEVOR IHR HAUS INS SCHWIMMEN KOMMT

So sind Hausbesitzer auf der sicheren Seite: mit Schutz bei Schäden durch Hochwasser und Überschwemmung. Informationen erhalten Sie ganz in Ihrer Nähe: bei Sparkassen. Sparkassen-Versicherung, ÖVA-Versicherungen oder LBS.
Die Sicherheit im Hintergrund

Gebäudeversicherung Baden-Württemberg
Unternehmen der S Finanzgruppe

Süddeutsche Haus- und Wohnwirtschaft, Ausgabe 8/1995, S.321

Vermietung an Studenten — eine neue Erwerbsquelle

Nach der Wiedergründung der Universität durch Großherzog Friedrich von Baden nahm der gute Ruf der Alma Mater ebenso zu wie die Zahl ihrer Studenten. Sie wuchs zwischen 1803 bis 1830 von ca. 300 auf über 800 an.[368] Hier erschloss sich den Hausbesitzern eine neue Erwerbsquelle. "*Die Stadt lebte ... trotz des allmählich aufblühenden Fremdenverkehrs vor allem von der Universität und den Studenten.*"[369] So stellt sich die Situation für den heutigen Geschichtsforscher dar. Ähnlich schreibt auch Robert Schumann 1829 an seine Mutter: "*Der Student ist die erste und angesehendste Person in und um Heidelberg, welches einzig von ihm allein lebt.*"[370]

Arm waren die jungen Leute nicht, die hier studieren konnten. Typisch für Heidelberg war der "*traditionell verhältnismäßig große Anteil adliger Studenten.*" 500 Gulden benötigte ein Student, um ein Jahr lang hier zu leben.[371]

Die Studenten waren sich ihrer ökonomischen Bedeutung für die Universitätsstadt durchaus bewusst. Um eigene Ziele durchzusetzen, verließen sie Heidelberg mehrmals, wenn auch nur vorübergehend, und entzogen der Stadt beträchtliche Geldmittel. Sie setzten damit die Bürgerschaft und die Obrigkeit unter Druck. Mal ging es mehr um private Interessen wie die Zurücknahme eines Rauchverbotes, mal ging es um politische Ziele, etwa um die Zulassung des "Demokratischen Studentenvereins".[372]

Die Stadtverwaltung bemühte sich daher darum, Universität und Studenten in der Stadt zu halten. Sie steuerte Geld bei, um Grundstücke für die Universität zu kaufen, lieferte "*... bis 1832 kostenlos jedes Jahr 100 Karren Brennholz zum Beheizen der Universitätsgebäude ...*"[373] Schließlich wurde 1832 die Judengasse "*... auf Wunsch der Anwohner, die des Namens wegen nur schwer Zimmer an Studenten vermieten konnten, in

---

368 WOLGAST, E. 1985, S.7
369 WOLGAST; E. 1985, S.8
370 SCHUMANN, R. 1985, S.144ff
371 WOLGAST; E. 1985, S.8
372 NIESS, F. 1986, S.15ff
373 WOLGAST; E. 1985, S.9

Dreikönigstr. umgetauft, nach dem ihr in der Hauptstr. gegenüber gelegenen Wirtshaus zu den Drei Königen."[374]

Auch in dem hier behandelten Haus wohnten - bei den verschiedenen Schreiner- und Glasermeistern - immer wieder Studenten. Dies lässt sich aus den Adressenlisten der Studierenden entnehmen.[375] Zwei bis drei studentische Mieter werden hier meist erwähnt. Dazwischen sind auch mal Semester, in denen kein Mieter genannt ist. Fast alle Studenten ziehen rasch wieder aus, bleiben nur ein oder zwei Semester. Sie ziehen zum Teil in andere Quartiere in der Stadt. Warum, wissen wir nicht. War das Zimmer nicht gut genug, war der Vermieter unerträglich?

Es gibt aber noch eine direktere Quelle als die Verzeichnisse der Studierenden, nämlich persönliche Signaturen:

Auf den Fensterscheiben der von ihnen gemieteten Zimmer haben die Bewohner ihre Namen eingeritzt. Unschwer lässt sich dies mit einem Diamantring bewerkstelligen. Zwei solche Fensterscheiben sind erhalten, eine davon hat 140 Jahre überlebt. Beide Scheiben befanden sich im Vorderhaus im südlichen Raum des ersten Obergeschosses. Erstaunlich ist wohl weniger, dass solche Grafitti angebracht wurden als die Tatsache, dass man diese Scheiben mehr als hundert Jahre nicht ersetzte. Offenbar erneuerte man nur solche Scheiben, die zu Bruch gegangen waren.

Auf der einen Fensterscheibe steht als erster Name *"Thanisch stud. jur. 1829 Boruhsia"*. Anton Thanisch war laut Immatrikulationsverzeichnis 19 Jahre alt, als er sich 1829 in Heidelberg immatrikulierte. Er studierte Jura und stammte aus *Berncastel / Preuszen* oder wie es auch ausgedrückt wurde: *aus Bernkastel im Preußischen.* Sein Vater war dort Kaufmann. Bevor er nach Heidelberg kam, hatte Thanisch bereits in Bonn studiert.[376] Er hat das Sommersemester 1929 und das Wintersemester 1829/30 bei Schreiner Schück gewohnt. Das Haus hatte zu dieser Zeit die Hausnummer S 235 bekommen.[377] In Bernkastel-Kues bestehen noch heute zwei Weingüter mit dem Namen Witwe Dr. Thanisch-Erben, die sich auf eine lange Tradition bis ins 17. Jahrhundert berufen.

---

374 DERWEIN, H. 1940, S.412
375 Bis WS 1831/32: Verzeichnis der sämtlichen Studirenden auf der Universität zu Heidelberg. Ab SS 1832: Adressbuch der Ruprecht-Karls-Universität
376 TOEPKE G. Bd.V, S.390
377 Mit S war Stadt gemeint im Gegensatz zu V = Vorstadt. Siehe S.16

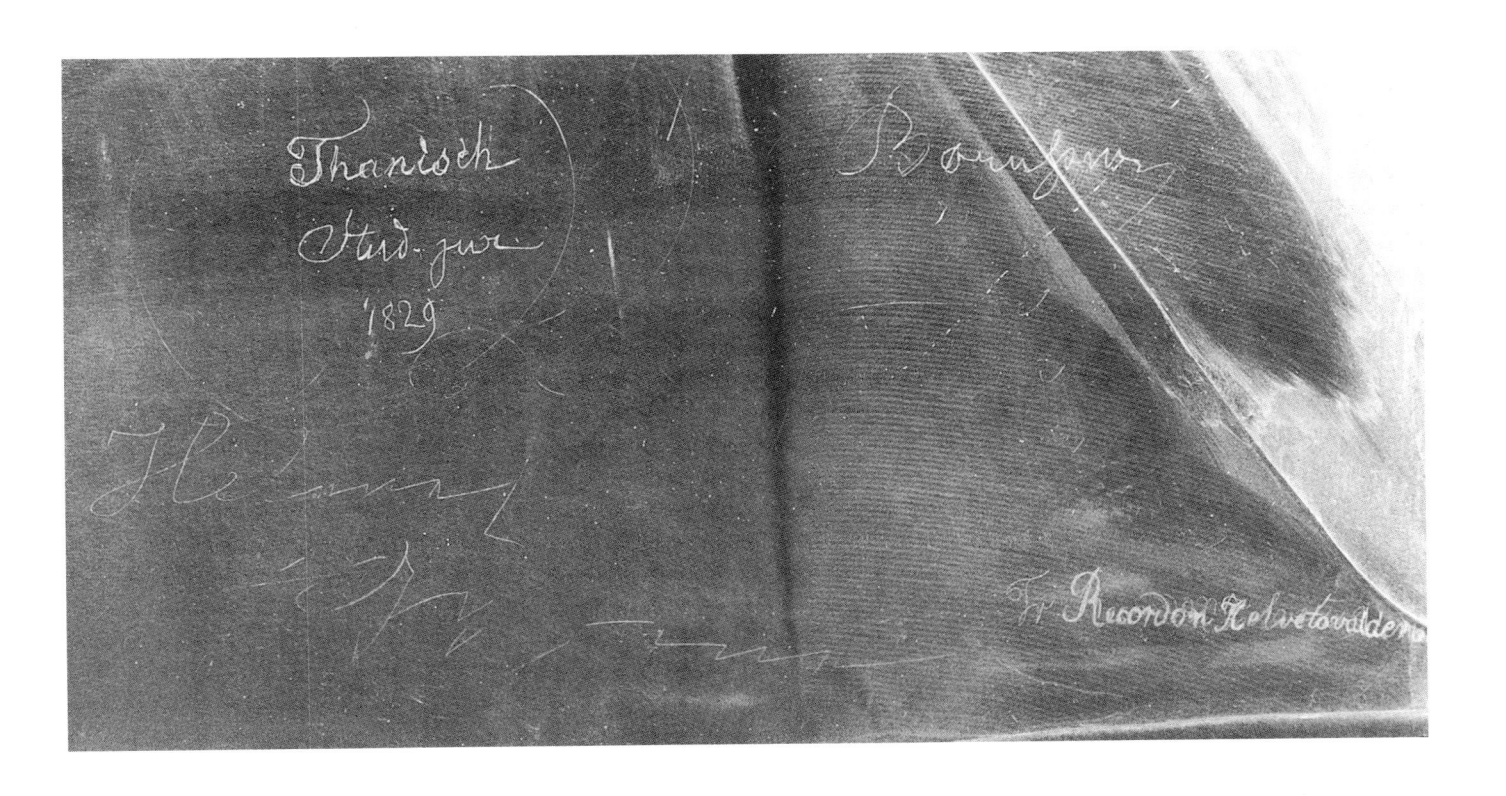

Grafitti - in eine Fensterscheibe geritzt.
Die Jurastudenten *Thanisch* aus Bernkastel / *Boruhsia* und *Fr Recordon Helvetovaldensis* aus Rances in der Schweiz haben sich 1829 hier verewigt.

Auf derselben Fensterscheibe steht noch ein anderer Name: "*Fr. Recordon Helvetovaldensis*". Auch er ist in den Matrikeln registriert.[378] Fritz Recordon war ebenfalls 19 Jahre alt und studierte Medizin, als er hier wohnte. Er stammte aus Rances (oder Ranus) in der Schweiz. Der Beruf seines Vaters ist mit *Notär* angegeben. Als früherer Studienort ist *Lausannes* genannt, aber in den Einschreibungslisten durchgestrichen. Aus den Adressbüchern der Ruprecht-Karls-Universität geht hervor, dass Fritz Recordon zwei Semester hier verbrachte: 1833 und 1833/34.

Auf der zweiten Fensterscheibe steht "*Max Jeschke stud jur. et cam. Sommer 1880*". Laut Adressbuch wohnte er nur in diesem einen Sommersemester bei der Witwe des Glasermeisters Otto. Als Geburtsort ist Jauer in Preußen genannt. Im gleichen Semester wohnte noch ein weiterer Jura-Student, ebenfalls aus Jauer, bei der Witwe Otto: Rudolf Freiherr von Kaltenborn-Stachau. Er hat sich nicht auf der Fensterscheibe verewigt.

Auf der Scheibe steht aber in der rechten unteren Ecke überraschenderweise noch ein weiblicher Vorname: "*Lina*". Wer war sie? Die Freundin? Die Schwester? Hier darf intensiv spekuliert werden, wer es bei den damaligen Moralvorstellungen wagte, seinen weiblichen Vornamen so plakativ zu hinterlassen.

Einen kleinen Hinweis auf die Anwesenheit von Studenten brachte auch der Porzellankopf einer langstieligen Tabakspfeife, der sich im Schutt des Gartens fand. Er ist nur leicht beschädigt. Im 18. und 19. Jahrhundert pflegten Studenten diese Art von Pfeifen zu bevorzugen. Eine solche Pfeife wurde auch bei dem Überfall auf den Hoffaktor Sultzbacher 1736 erwähnt, worüber oben (S.87ff) schon berichtet wurde.

---

378   TOEPKE. Bd.V, S.451

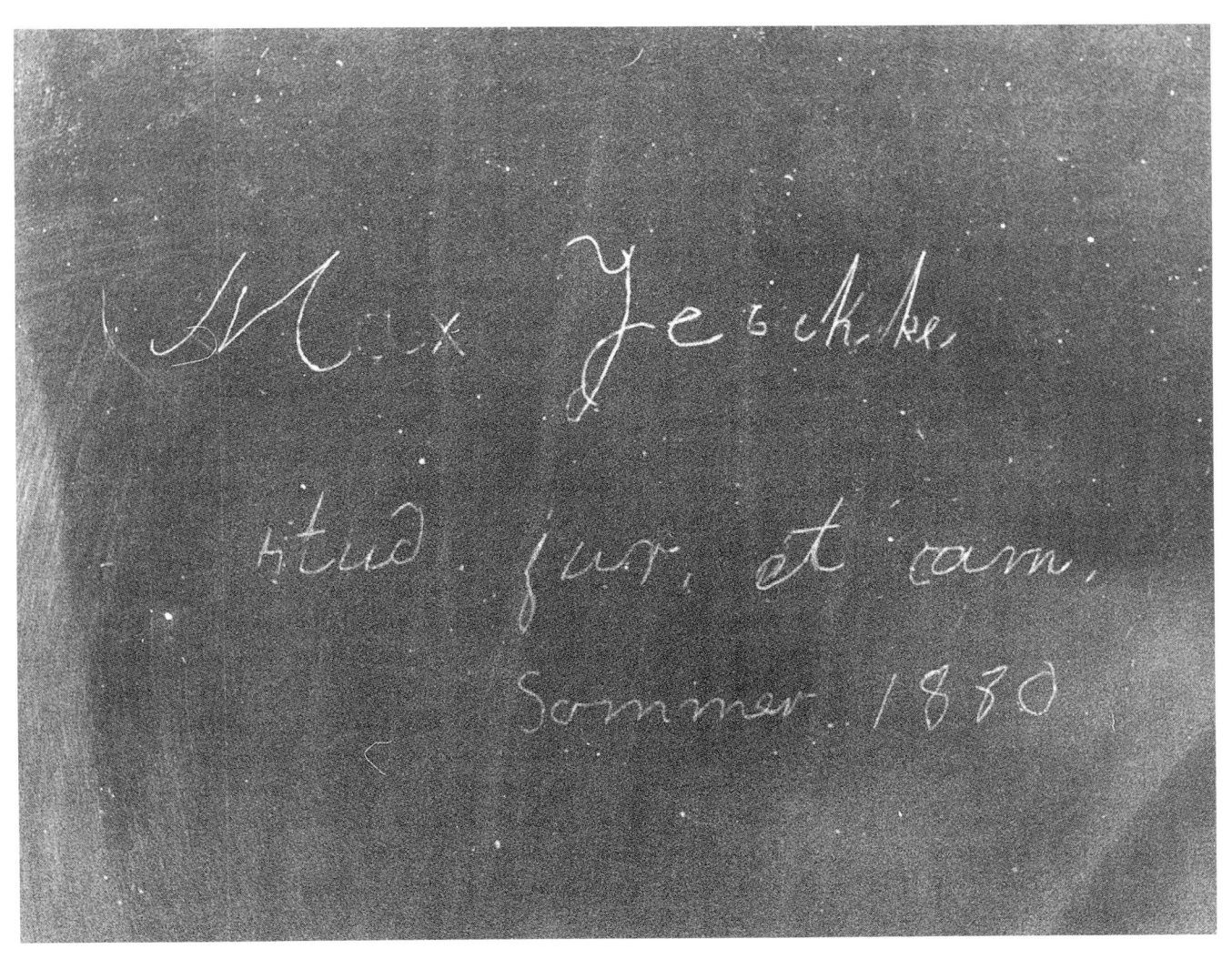

Grafitti - in eine Fensterscheibe geritzt.

Der Student *Max Jeschke* aus Jauer in Preußen studierte Jura und Kammeralwissenschaften, eine damals übliche Kombination, um sich auf eine Übernahme in den Staatsdienst vorzubereiten. Der Name *Lina* steht außerhalb der hier reproduzierten Fläche in der rechten unteren Ecke der Scheibe - hier nicht zu sehen.

Mehr als 150 Jahre lang Schreinerei

Wie bereits berichtet, war 1816 mit Georg Müller der erste Schreiner für ein Jahr als Mieter in das Anwesen eingezogen. 1817 folgte Friedrich Koch, der es zwar kaufte, aber zahlungsunfähig und -unwillig war und schließlich 1824 auszog, ohne den Kaufpreis bezahlt zu haben. Danach übernahm Martin Eichhorn 1824 das Grundstück. Er muss bald darauf gestorben sein, denn schon in der Liste der Hochwassergeschädigten von 1824 ist sein Name zwar notiert, dann aber wieder durchgestrichen.[379]

Nach dem Tode des jungen Martin Eichhorn heiratete seine Witwe einen anderen Schreiner, Bernhard Schick oder Schück geschrieben. Diesmal blieb das Anwesen bis zum Jahre 1869 sehr lang, nämlich 45 Jahre, im Besitz der Familie.

Schick hat offenbar die heute noch wahrnehmbaren Veränderungen an den Gebäuden vornehmen lassen. Mit erheblichen Umbauten wurde das Hinterhaus den Anforderungen einer Schreinerei angepasst. Es wurden eine Esse und ein Kamin eingebaut, Zwischenwände versetzt bzw. herausgerissen, um den Werkstattraum im Parterre des Hinterhauses zu vergrößern. Eine dendrochronologische Untersuchung ergab, dass der hölzerne Pfeiler zur Abstützung der Decke im Hinterhaus nach 1834 eingesetzt wurde.[380] Damals war Schick Eigentümer des Anwesens.

Den bei den vielen Umbauten anfallenden Schutt lagerte man einfach im Garten ab. Inzwischen liegt das Niveau des Gartens gegenüber dem der Dreikönigstraße circa zwei Meter höher. Die Höfe der Nachbargrundstücke liegen noch heute erheblich tiefer als der hier beschriebene Garten. Dabei muss beachtet werden, dass die Dreikönigstraße selbst seit Bau des Hauses, also seit Anfang des 18. Jahrhunderts, etwa 60 bis 80 cm aufgefüllt wurde.

Die Niveauanhebung des Gartens machte es auch erforderlich, dass der Ausgang vom Mittelhaus nach Westen in den Garten höher gelegt werden musste.

Diese einfache Schuttentsorgungsmethode hatte aber auch ihre gute Seite: Auf diese Weise blieben die bereits erwähnten Fundstücke, der Schweinetrog, der Wasserstein, der Pfeifenkopf und diverse Scherben erhalten.

---

379   StAHD UA 309/2
380   LABOR FÜR DENDROARCHÄOLOGIE Trier, 1999, LSB-NR. 7799. Im Besitz des Verfassers.

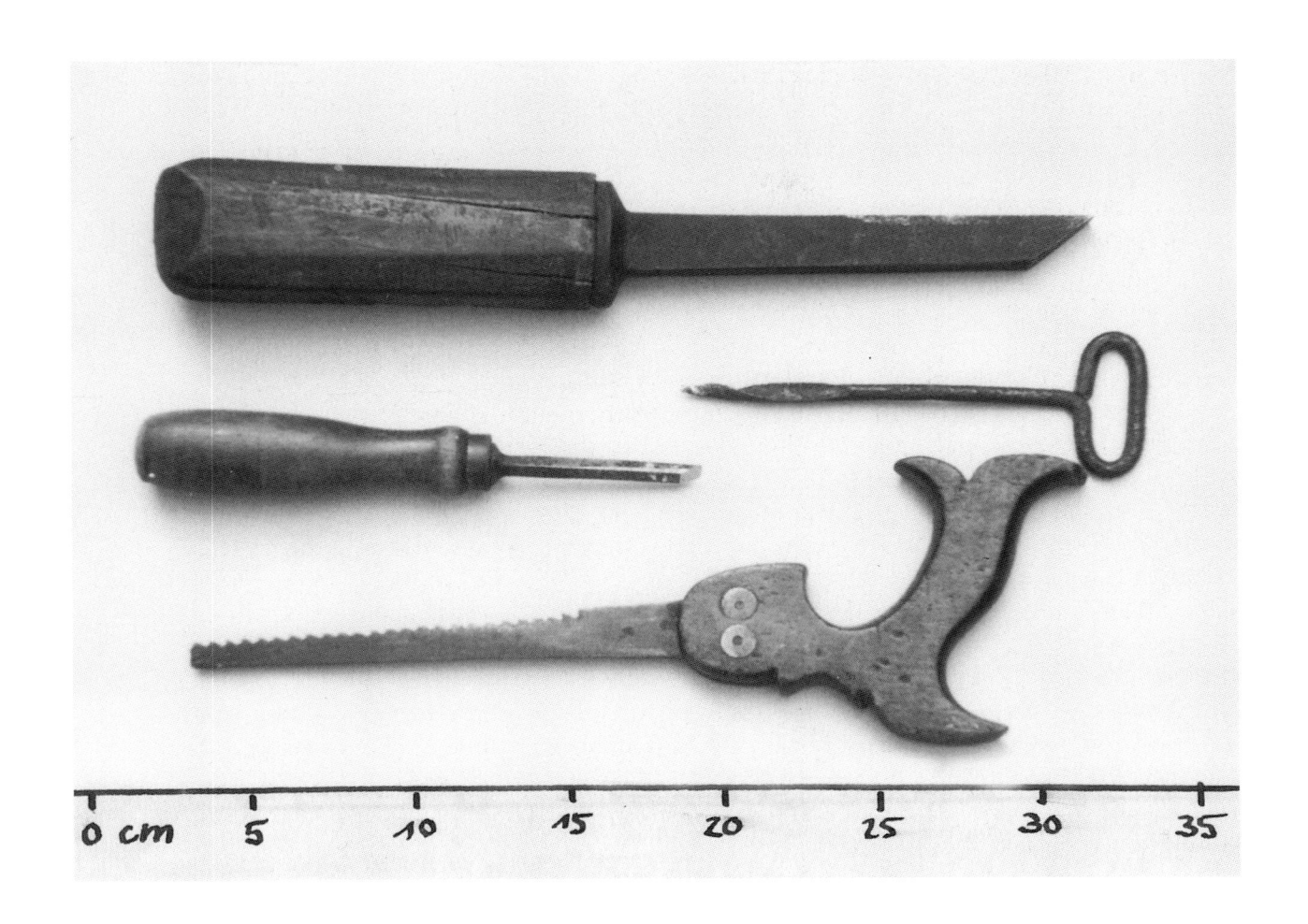

Auf dem Speicher des Hinterhauses lag ausrangiertes Schreinerwerkzeug: Verschiedene Sägen, darunter eine 130 cm lange, von zwei Personen zu bedienende Brettersäge, Holzbeitel, Schnitzwerkzeuge, Anlegewinkel etc.
Im obigen Foto sind vier kleinere Stücke abgebildet: Zwei Holzbeitel, ein Bohrer und eine Handsäge.

In Schicks Zeit fiel auch der Bau des Schobers im Hof, der zur Trocknung der benötigten Hölzer diente. Und Schick vergrößerte 1832 das Areal nach Westen durch Zukauf eines Grundstücksteiles vom Nachbarn Bussemergasse 3.[381] Es war dafür nötig, zunächst das Nachbargrundstück ganz zu kaufen. Dann wurde es geteilt und der größere Teil zur Bussemergasse hin wieder verkauft. Zur Teilung war eine *Geometrische Messungs Urkunde* erforderlich.[382]

Am 15. Juni 1869 erwarb der Glasermeister August Heinrich Otto das gesamte Grundstück von den Erben des bereits am 19. November 1862 im *Wittwenstande dahier verlebten* Schreinermeisters *Johann Schück*.[383]

Schon bald darauf, am 20. Oktober 1870, starb August Heinrich Otto. Es wird ein Erbübertrag ins Grundbuch eingetragen zugunsten der Witwe Maria Margaretha Otto geb. Eberhardt und ihrer drei unmündigen Kinder. Das Anwesen wird nun noch mehr als einhundert Jahre lang, bis 1973, als Schreinerei und Glaserei genutzt.

Die *Schreinerwerkstätte* wurde zunächst an die Firma Schenkel & Schmahl vermietet. So steht es in den Adressbüchern. Es wohnte jedoch nur der Schreinermeister Heinrich Schmahl selbst im Hause.

1882 muss jemand von der Schreinerei in Nürnberg gewesen sein. In einem zugenagelten Wandschrank im Obergeschoss des Hinterhauses lagen 15 kleine Messingblechstücke von 1,5cm Durchmesser. Davon waren 14 als Spielgeld zu identifizieren: 11 *Nürnberger Rechenpfennige* und 4 Stücke mit der Inschrift *Fortuna - wer wagt gewinnt*. Eine der Blechmünzen verrät den Aufenthalt in Nürnberg. Sie trägt die Prägung: *ZUR ERINNERUNG - BAYER. LANDES GEW. INDUSTRIE u. KUNSTAUSSTELLUNG - NÜRBERG 1882*. Hat der Schreinermeister sich hier nur umgesehen oder auch ausgestellt?

Die Firma Schenkel & Schmahl kaufte dann 1906 das Anwesen von den Erben Otto. Die Witwe Schenkel soll 98 Jahre alt geworden sein und in ihren späteren Jahren immer am Fenster rechts vom Eingang im Parterre der Dreikönigstraße gesessen und die Straße beobachtet haben. In der Gasse erzählt man sich, jedes Jahr sei man nach Dürkheim zum Wurstmarkt gefahren, um drei Tage dort zu bleiben - natürlich mit der *Chaise* der Droschkenanstalt Seppich von gegenüber in der Straße. Nach der Rückkehr

---

381   CB Bd. XXIII, S.356 und 690
382   Diese wird im Lagerbuch I am 7.3.1833 eingetragen. Wortlaut im ANHANG
383   Grundbuch 55, S.822-826

Heidelberger Mietvertrag

festgestellt

durch Vereinbarung zwischen dem Grund- und Hausbesitzer-Verein und dem Mieter-Verein unter Mitwirkung des Stadtrats.

Zwischen _Fa Schenkel & Schmahl i.L._ als Vermieter einerseits und _Herrn Hermann Joos Schreinermstr_ sowie dessen Ehefrau als gesamtverbindlichen Mietern andererseits ist heute folgender Vertrag geschlossen worden.

§ 1.

Fa Schenkel & Schmahl vermietet an _Herrn Hermann Joos Schreinermstr_

§ 2.

Eheleute eine in seinem Hause _Kleinkönigstr._ Nr. _10_ zu ebener Erde ~~Treppen hoch~~ ~~befindliche~~ Wohnung, bestehend aus _Mittelbau gelegene Werkstatt_

mit dem Rechte der Mitbenützung der Waschküche, des Trockenspeichers, des Hofes und des Grasplatzes zum Bleichen.

§ 2.

Der jährliche Mietzins beträgt RM. _460.80_ sage: _Vierhundertsechzig Mk 80_

und ist in monatlichen ~~vierteljährlichen~~ Raten*) von je RM. _38.40_ jeweils am ersten Werktage eines Monats — im Voraus — ~~nach Ablauf des Kalendervierteljahres~~ ohne Aufforderung und ohne jeden Abzug an den Vermieter in dessen Wohnung zu entrichten oder postfrei an diesen einzusenden.

habe man dann am Universitätsplatz angehalten, um im "Weißen Schwanen" noch eine Wurst zu essen. Die Urgroßmutter, so der berichtende Urenkel, soll dann auf ihren Leib gezeigt und gesagt haben "do unne hot noch e Worschd Platz".

Die Erben vermieteten die Werkstatt immer wieder an Schreinermeister weiter. Dazu wurde 1932 auch der *Heidelberger Mietvertrag* verwendet, ein Formular, das nach jahrelangen Verhandlungen zwischen dem 1911 neu gründeten Mieterverein, dem Grund- und Hausbesitzerverein und dem Gemeinderat erarbeitet worden war.[384]

Eine Schreinerei galt als besonders feuergefährdet, und tatsächlich gab es im 19. Jahrhundert einen Brand im Hof, wo die Hobelspäne der Schreinerei zwischengelagert wurden. Die Schreinerwerkstatt wurde gegen Brandschäden in Hamburg versichert. Die Versicherungen brachten dazu ihre Schilder am Hinterhaus an: Die Altonaer Versicherung und die Transatlantische Versicherung.

Das Anwesen Dreikönigstraße 10 wurde im Jahre 1972 verkauft, der letzte Schreinermeister zog 1973 aus.

Werbeschild der Transatlantischen Versicherung, Hamburg

angebracht an der Ostfassade des Hinterhauses.

---

384   RÄTHER, H. 2000, S.4

DAS 20. JAHRHUNDERT

Anschluss an die Gegenwart — Telefon und Kanalisation

1878 wurden die Abwasserleitungen der Privathäuser an den städtischen Hauptkanal in der Straße angeschlossen. Dies hatte der Mediziner Karl Mittermaier bereits 1870 für ganz Heidelberg gefordert.[385] Nun bestand eine Anschlusspflicht. Etlichen Grundstückseigentümern wurde aber immer noch ausnahmsweise erlaubt, vorläufig nur das *Kandelwasser*, das heißt, nur das Regenwasser einzuleiten. Für das Haus in der Bussemergasse erteilte die Stadtverwaltung eine solche Sondergenehmigung.[386] Dies lässt sich aus heutiger Sicht kaum mehr verstehen, da der Kanal ja gerade gebaut wurde, um die Fäkalien hygienisch einwandfrei zu entsorgen. Um die Rohre zu durchspülen, war es aber auch notwendig, möglichst viel Regenwasser durch sie abzuleiten.

Die Familie Otto durfte ihre Fäkalien also vorläufig noch in der eigenen Sickergrube entsorgen und hatte lediglich die halbe Anschlussgebühr zu zahlen, weil sie nur das Kandelwasser in das städtische Netz hineinleitete.[387] Das Haus in der Bussemergasse 1a hatte allerdings keinen alten Fäkalienkeller, sondern eine hinter dem Haus im Garten angelegte, gemauerte Grube.

Erst 1906 wurde ein umfassender Anschluss an das städtische Netz verlegt. Winkel und Fäkaliengruben waren damit endgültig überflüssig geworden. Sie wurden stillgelegt. Als Ende der zwanziger Jahre des 20. Jahrhunderts der Neckar kanalisiert und aufgestaut wurde, stieg das Grundwasser um ca. 1,50 bis 1,80 Meter, so dass die Gruben heute ständig unter Wasser stehen. Im Vorderhaus der Dreikönigstraße 10 und im Mittelhaus befinden sich noch heute solche mit Abfällen angefüllte untere Keller. Beide sind noch nicht geleert worden und harren ihrer Untersuchung.

Bereits 1926 mussten die Abwasserrohre auf dem Grundstück allerdings wieder erneuert werden, wie ein Bauantrag belegt.

---

385   SCHIPPERGES H. Vortrag Mai 1996
386   Regenwassereinlauf war zur besseren Durchspülung des Kanals sogar erwünscht.
387   Eintrag am 28.5.1878 im Grundbuch 65, S.756-758

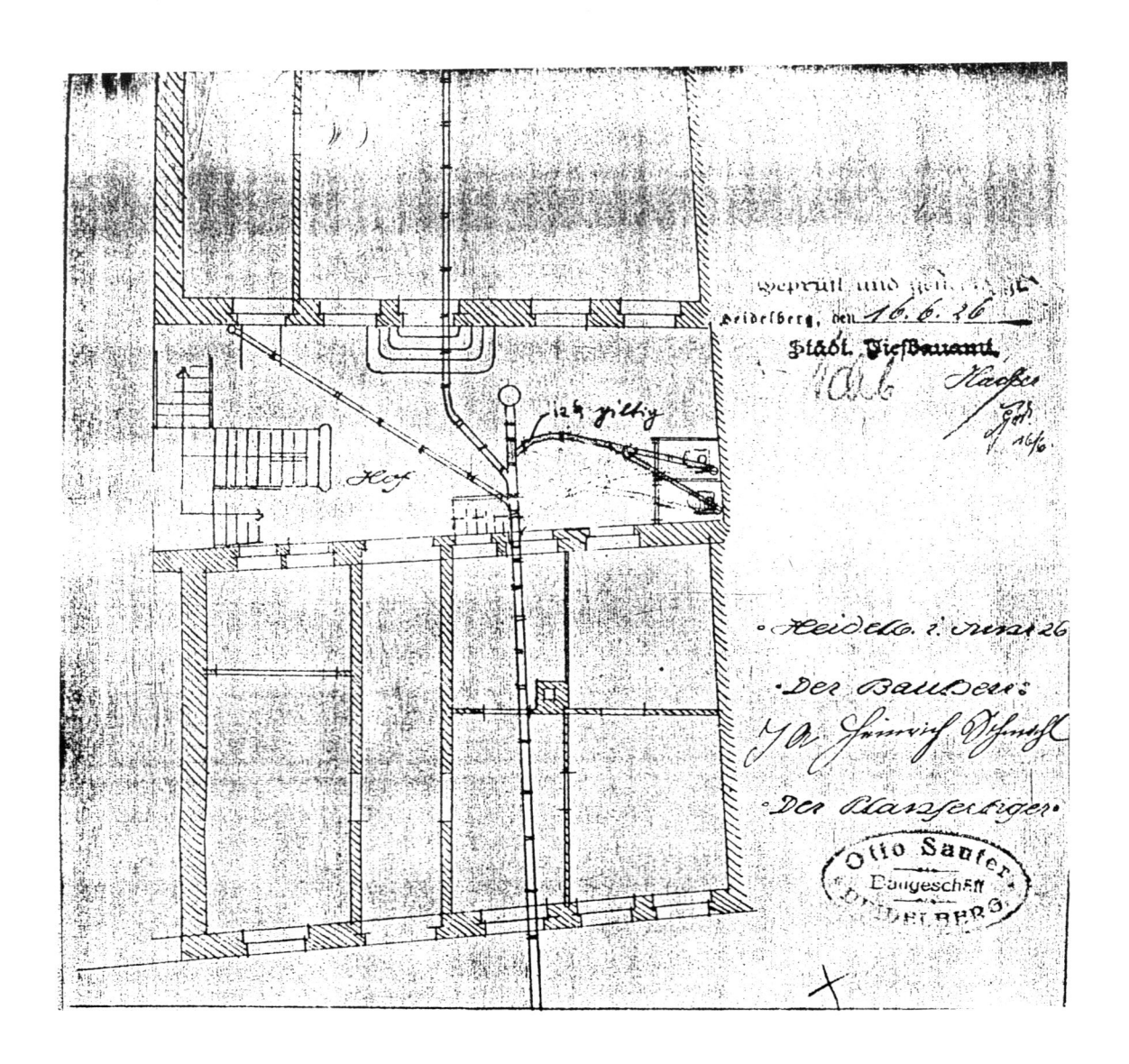

Bauantrag 1926 zur Reparatur bzw. Erneuerung der Abwasserleitungen.
Dreikönigstraße unten im Bild. Das Rohr im Hof ist *giltig,* vermerkt das Tiefbauamt.

Die bei der Sanierung 1991-1993 im Garten freigelegten Abwasserrohre trugen die Aufschrift "Steinzeugwerk Hermühlheim DIN 1230 1961". Also war hier schon wieder eine Erneuerung notwendig geworden.

Mit der Telefonleitung hatte man auch keine große Eile, zumindest im Haus in der Bussemergasse nicht. Dort wurde dann im Hausflur unter die Treppe ein Hinweisschild angenagelt mit der Rufnummer der nächsten Feuermeldestelle. Zunächst war Bäckermeister Adam, Untere Straße 21, später Bäckermeister Burkardt, Untere Straße 27, zuständig. Der Feuerschutzbeauftragte hatte die Schilder einfach übereinander genagelt. So ließ sich diese Abfolge leicht belegen.

Im Jahre 1919 wurde Heidelberg wieder vom Hochwasser heimgesucht.

Blick von Süden in die Dreikönigstraße. Das Haus Nr. 10 ist das erste vorne links im Bild.

Die Zeit des Nationalsozialismus

Ob Bewohner oder Eigentümer des Hauses in dieser Zeit eine besondere Rolle spielten, dazu fanden sich keine Hinweise. Einziger Fund war ein Einladungsblatt der Universität Heidelberg zu einem *Betriebs-Kameradschafts-Abend* am 21. Januar 1939. Keiner der genannten Personen wohnte in der Dreikönigstraße 10.

Im Staub des Speichers im Vorderhaus lag dieses zweiseitig bedruckte DIN A 4 Blatt in Schreibmaschinenschrift und offenbar von einer Matrize vervielfältigt. Das Programm dieses Abends war eine Mischung aus Marschliedern (Armeemarsch 126) und anrührenden Chorgesängen ("Jetzt gang i ans Brünnele"). Dazwischen sprach der Rektor der Universität, *Staatsminister Professor Dr. Schmitthenner,* und andere Pgs. (Parteigenossen).

Ein Lied war zum Mitsingen aller Anwesenden vorbereitet und auf der Rückseite der Einladung abgedruckt: "Volk ans Gewehr". Es wird darin ohne jede Umschweife direkt zum Krieg aufgerufen. Von *heiligen Rechten* ist die Rede und davon, dass *Jugend und Alter* das *Schwert schwingen* sollen. Der Volkssturm, das letzte Aufgebot der Nazis, war in seiner grauenhaften Konsequenz damit schon vorweggenommen.

Wie kommt diese Einladung auf den Speicher? Wer hat sie dort aufbewahrt? Papier verwendete man damals zum Ofen anzünden und trug es nicht weg. Wohnte hier ein Universitätsangehöriger, ein Student, der es für wert hielt, diese Einladung zu erhalten?

```
U N I V E R S I T Ä T   H E I D E L B E R G
===============================================

        Betriebs - Kameradschafts - Abend
        ----------------------------------
              am  21. Januar 1939

                -.-.-.-.-.-

  1. Militärmarsch ..................... Steingräber
  2. Männerchor :" Deutschland, heilger Name "
                                         v. Baußnern
        Leitung : Dr.M. Komma

  3. Ansprache Sr. Magnifizenz des Herrn Rektors
       Staatsminister Professor Dr. Schmittthenner
  4. Ansprache, Kamerad Pg. Weiß
  5. Ehrungen durch Kreisamtsleiter des R.D.B.
                                   Pg. A. Stumpf
  6. Männerchor :
       a) "Hab' oft im Kreise der Lieben " Silcher
       b)" Jetzt gang i ans Brünnele "     Silcher
  7. Armeemarsch 126 ( 110er Marsch).
  8. Allgemeines Lied : " Volk ans Gewehr "
                        (Text umseitig)

                -.-.-.-.-

              II. Teil :

        Ansage : Kamerad Pg. Heinstein
        ........

           III. Teil :     T a n z

              =.=.=.=.=.=.=.=.=.=.=
```

Volk, ans Gewehr !

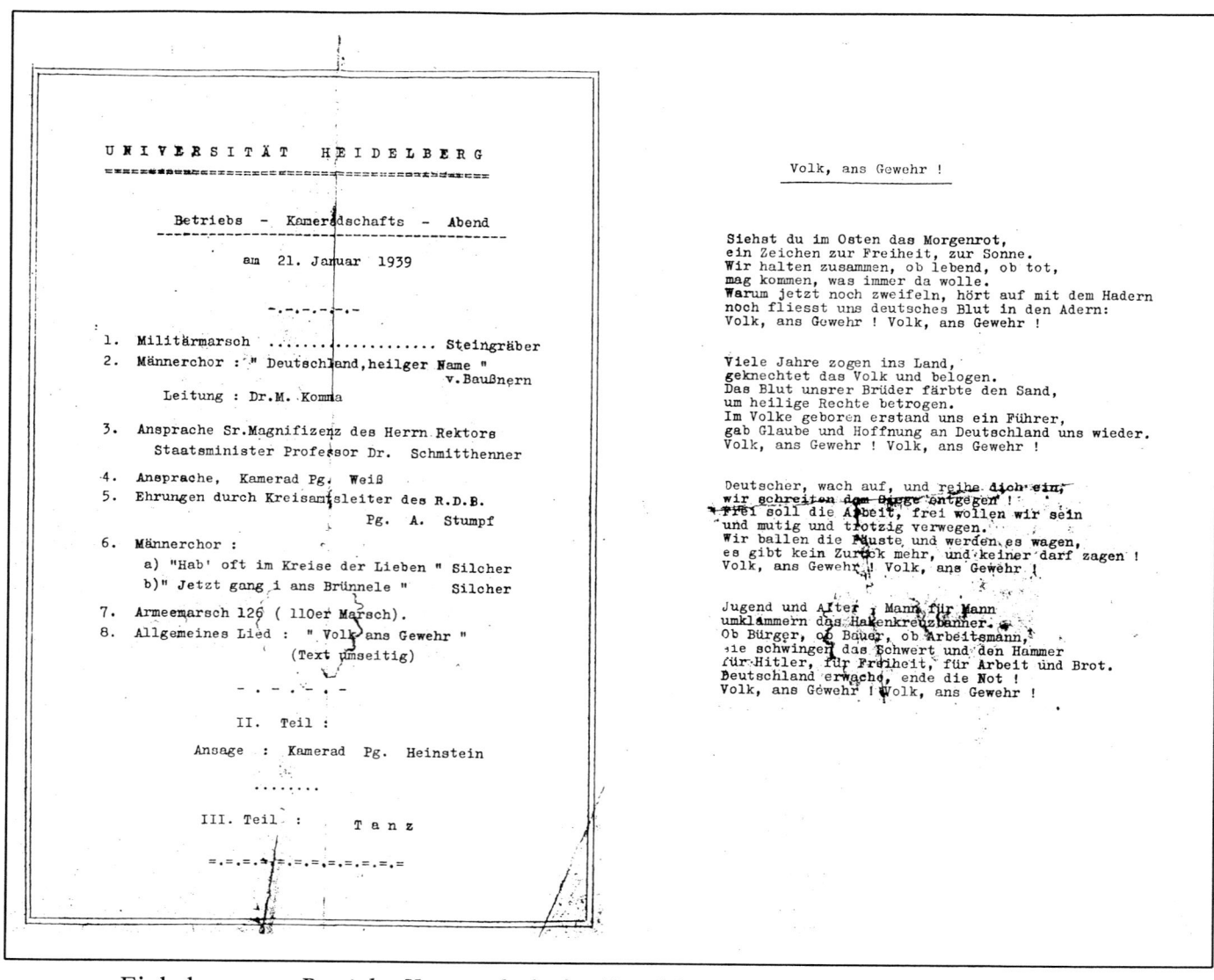

Siehst du im Osten das Morgenrot,
ein Zeichen zur Freiheit, zur Sonne.
Wir halten zusammen, ob lebend, ob tot,
mag kommen, was immer da wolle.
Warum jetzt noch zweifeln, hört auf mit dem Hadern
noch fliesst uns deutsches Blut in den Adern:
Volk, ans Gewehr ! Volk, ans Gewehr !

Viele Jahre zogen ins Land,
geknechtet das Volk und belogen.
Das Blut unsrer Brüder färbte den Sand,
um heilige Rechte betrogen.
Im Volke geboren erstand uns ein Führer,
gab Glaube und Hoffnung an Deutschland uns wieder.
Volk, ans Gewehr ! Volk, ans Gewehr !

Deutscher, wach auf, und reihe dich ein,
wir schreiten dem Siege entgegen !
Frei soll die Arbeit, frei wollen wir sein
und mutig und trotzig verwegen.
Wir ballen die Fäuste und werden es wagen,
es gibt kein Zurück mehr, und keiner darf zagen !
Volk, ans Gewehr ! Volk, ans Gewehr !

Jugend und Alter , Mann für Mann
umklammern das Hakenkreuzbanner.
Ob Bürger, ob Bauer, ob Arbeitsmann,
sie schwingen das Schwert und den Hammer
für Hitler, für Freiheit, für Arbeit und Brot.
Deutschland erwache, ende die Not !
Volk, ans Gewehr ! Volk, ans Gewehr !

Einladung zum *Betriebs-Kameradschafts-Abend* der Universität, 21.1.1939
Der schwarze Fleck rechts sind Schimmelspuren.

Die Kriegsvorbereitungen im Zweiten Weltkrieg

Während des Zweiten Weltkrieges wurde Heidelberg nicht gezielt von Alliierten Bomberverbänden angegriffen. Es fielen nur vereinzelt Bomben auf die Stadt. Man glaubte in Heidelberg allerdings nicht daran, dass die Stadt wirklich verschont bleiben würde. Immerhin heulten ja auch hier die Sirenen und meldeten Luftalarm, der die Bevölkerung aufforderte, die Luftschutzkeller aufzusuchen. Um Schutzräume zu schaffen, wurden neben alten Kavernen im Schloßbergmassiv auch die Privathäuser dazu hergerichtet.

In der Dreikönigstraße 10 wurde der Keller des Vorderhauses, der weniger als die Hälfte der Hausbreite ausmacht, zum "Luftschutzkeller" ausgebaut. Die Kellerfenster zur Straße wurden vermauert bzw. so verengt, dass ein Mensch noch gerade durchschlüpfen konnte.

Zugemauerter Kellerausgang zur Dreikönigstraße. Foto 1971

Um eine mögliche Druckwelle abzuhalten, war im Keller selbst noch eine Quermauer errichtet worden. Zum Hof hin wurde ebenfalls eine neue Hinterwand in den Keller eingebaut und mit einer Türe verschlossen. Auch im Haus Bussemergasse 1a ist eine Backsteinwand im Keller eingezogen worden, um ihn als Luftschutzraum zu nutzen.

Zusätzlich verbanden Fluchtgänge von Keller zu Keller sämtliche Häuser längs der Straße miteinander, sowohl in der Dreikönigstraße als auch in der Bussemergasse. Dazu wurden nicht nur die Kellerwände und Fundamente durchbrochen; mehr Arbeit verursachten sicher die nicht unterkellerten Bereiche, durch die ein völlig neuer Stollen gegraben werden musste. Im Vorderhaus war dieses Stück etwa 8 Meter lang, länger als die eigentliche Kellerbreite. Die Fluchtgänge sind so niedrig angelegt, dass man nur gebückt hindurch gelangen kann.[388] Sie wurden mit Backsteinen seitlich und nach oben gewölbeartig ausgemauert. Sie sind heute ein Grund dafür, dass sich Hochwasser schneller von Keller zu Keller verbreitet als früher.

Eine andere Maßnahme, die während des Krieges durchgeführt wurde, diente nicht dem Schutz der Bevölkerung, sondern zielte auf die Nachkriegszeit. Eine genaue Bauaufnahme sollte dazu dienen, Heidelberg nach dem Ende des Krieges wieder erbauen zu können, falls es zerstört worden sein sollte. Architekt Jakob H. Frauenfeld war im April und Mai 1943 in der Dreikönigstraße eingesetzt, die Häuser zu vermessen und zu zeichnen. Sehr genau, im Maßstab 1:100, sind seine Pläne erstellt.[389]

Es wurden nicht nur die Fassadenansichten aufgenommen, sondern auch Grundrisse der verschiedenen Geschosse und Querschnitte angelegt. Die Pläne gehen auf kleine Details ein, registrieren Wandnischen, Aufteilung der Sprossenfenster, der Läden etc. und verschweigen auch keine ungeraden Winkel der Gebäude.

---

388   ca. 1 Meter hoch, 80 cm breit.
389   Die Pläne befanden sich im Kunsthistorischen Institut der Universität.

161

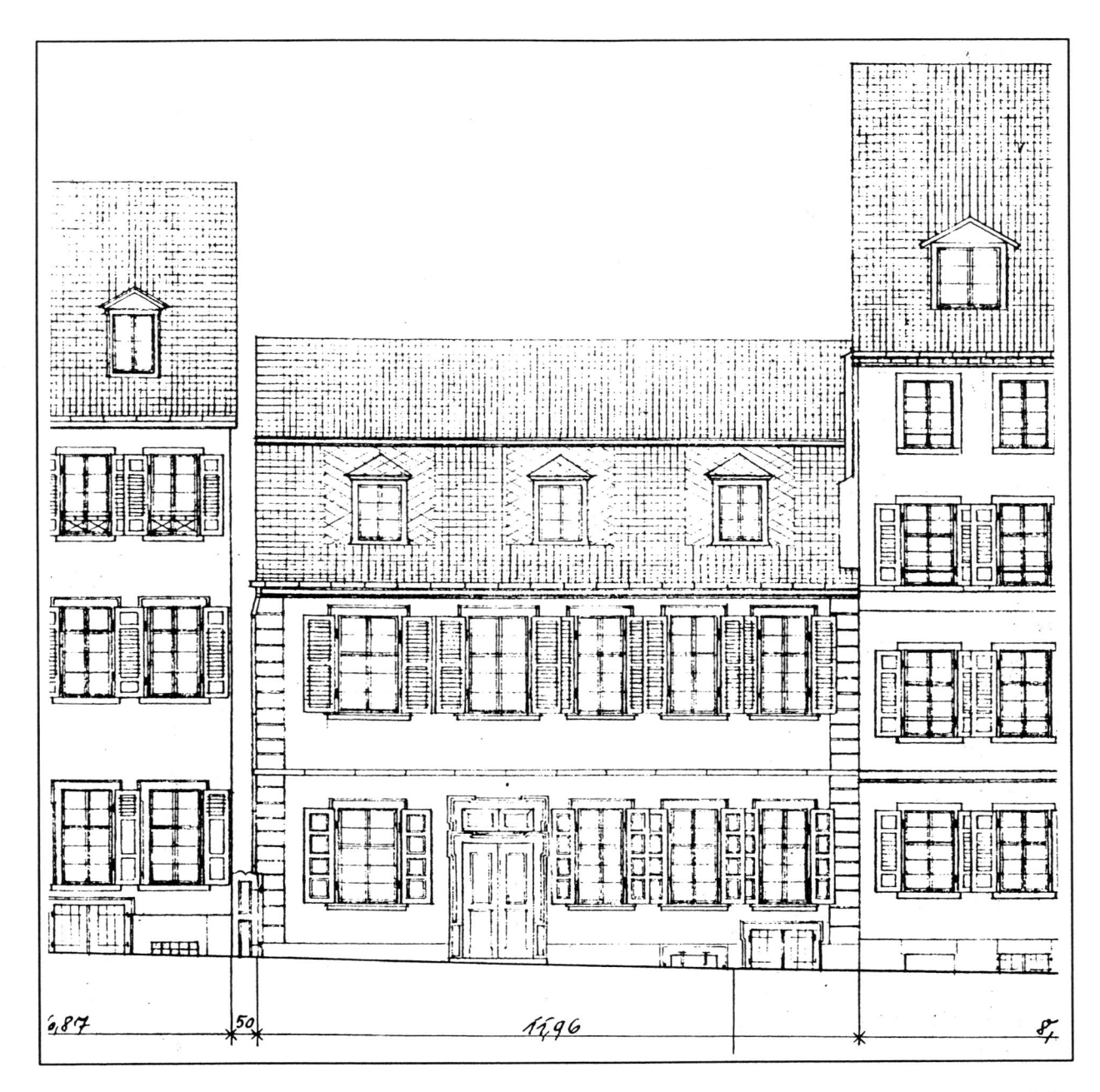

Den Zeichnungen konnte z.B. entnommen werden, dass das Hinterhaus damals noch Gauben trug, die 1970 nicht mehr vorhanden waren. Auch bei der Aufarbeitung der Haustür in der Dreikönigstraße waren diese Aufrisse eine große Hilfe. Die alte Barocktür war nicht entfernt, aber von einem Mieter "in Eigenleistung" mit Nut- und Federbrettern übernagelt worden, um sie dem Zeitgeschmack anzupassen. Dabei störende Teile hatte man einfach abgeschlagen. Die Zeichnung von Frauenfeld half, verlorene Teile im unteren Bereich der Tür wieder originalgetreu nachzubauen.

Haustür zur Dreikönigstraße
Zustand 1972

Frauenzentrum von 1974 bis 1981 — dann Atelier — heute ein Wohnzimmer

Der letzte Schreiner zog 1973 aus. Das Erdgeschoss des Hinterhauses war danach eine kurze Zeit lang als Lagerraum zwischenvermietet, bevor im Frühjahr 1974 das Frauenzentrum einzog.

Das Frauenzentrum hatte sich - zusammen mit dem Studenten-Kindergarten, dem so genannten Mao-Kindergarten - in den Gebäuden Plöck 48 und 50 befunden. Hier hatten einmal die Philosophen Hegel und Kuno Fischer und der Mediziner Adolf Kussmaul gewohnt. Während der Kindergarten in der Plöck 50 zwar nicht gerade gern gesehen war, dieses Haus aber immerhin mit Duldung des Studentenwerks nutzte, hielt das Frauenzentrum das Haus 48 ohne Zustimmung der Universität besetzt.

Der Universität gehörten beide Grundstücke; sie hatte diese zur Verwendung als Studentinnen-Wohnheim geerbt. Nun plante sie, dort ein Parkhaus bauen zu lassen. Dies war für die Stadtverwaltung eine willkommene Gelegenheit, das Frauenzentrum loszuwerden. Selbstverwaltete Organisationen waren ihr ein Dorn im Auge. Allein schon die Existenz des Frauenzentrums wurde daher bekämpft.

Die Universität hatte einen Antrag zum Abriss der beiden Häuser gestellt. In Karlsruhe lag jedoch ein juristischer Widerspruch dagegen vor. Die Entscheidung darüber musste abgewartet werden. Wie von vielen Gegnern des Abrisses befürchtet, rückten eines Nachts Hundertschaften von Polizisten in Uniform und Zivil, begleitet von schwerem Räumgerät, an. Sie hatten die Abrissgenehmigung in der Nacht erhalten. Durch Telefonanrufe rasch herbeigerufen, befanden sich aber viele Abrissgegner in beiden Gebäuden - bevor die Polizei noch richtig abriegeln konnte. Die staatlichen Ordnungskräfte räumten daraufhin die Häuser mit Gewalt. Bis zum Morgen hatten Äxte, Vorschlaghammer und Abrissbirnen die Gebäude unbewohnbar gemacht und zerstört.

Der mit der Verteidigung beauftragte Rechtsanwalt erhielt erst am folgenden Morgen per Post die Nachricht für die Abrissgenehmigung. - "Am Nachmittag wird zwar ein gerichtlicher Abrißstop entschieden, die Abbrucharbeiten sind aber inzwischen

„Frauenzentrum" fand eine Bleibe

Montag Eröffnung in der Dreikönigstraße / Beratung und Gespräche

H e i d e l b e r g. Die Heidelberger Frauengruppe, bekanntgeworden vor allem durch die Besetzung des leerstehenden Hauses Plöck 48 im Herbst 1973, hat eine endgültige Bleibe gefunden. In der Dreikönigstraße 10 wird am Montag ein Frauenzentrum aufgemacht, das zunächst täglich außer Samstag und Sonntag von 17 bis 19 Uhr für interessierte Besucher offensteht. Angeboten werden Information über medizinische Probleme, vor allem Fragen der Empfängnisverhütung und dergleichen sowie Beratung soweit möglich auch in juristischen Fragen und Gespräche.

„Wir hoffen", so eine Vertreterin der Gruppe, „daß wir am Anfang auch noch Anregungen cvon Besuchern bekommen." Eine der wichtigsten Aufgaben sehe man zunächst darin, mit den anderen Frauen ins Gespräch zu kommen, sich mit ihnen über ihre Sorgen und Nöte zu unterhalten. Zwar gebe es für die ersten Wochen noch kein komplettes Programm, doch habe man das Zentrum in jedem Fall einmal, wenn auch noch nicht ganz offiziell, eröffnen wollen.

Denn es steht, außerhalb der regulären Öffnungszeit, auch für Eigeninitiativen zur Verfügung. So existiert als kleiner Kreis bereits eine Theatergruppe. Denkbar wäre auch, daß die Räume vormittags von einer Müttergruppe zur Kinderbetreuung genutzt würden. Später sollen regelmäßige Film- und Diskussionsabende veranstaltet werden. Es ist auch vorgesehen, eventuell eine Beratungsstelle, die mit einer Psychologin besetzt würde, einzurichten. Wie schon gesagt, für Anregungen ist die Frauengruppe aufgeschlossen. Für den Anfang werden noch ein paar Einrichtungsgegenstände gesucht: Teppiche, Stoffe (für Polsterbezüge), einen Kühlschrank, Herd sowie Schreib- und Nähmaschinen. Über Spenden würde man sich freuen. joe

HT 20./21.4.1974

schon so weit fortgeschritten, daß das Bauaufsichtsamt wegen Baufälligkeit des Gebäudes den totalen Abbruch verlangt."[390]

Nach dem Rausschmiss in der Plöck zog das Frauenzentrum in das Hinterhaus in der Dreikönigstraße 10 ein. Die Vermietung in einem Privathaus konnte die Stadt nicht verhindern. Der Hausbesitzer, schon vorher als Mitbegründer einer Bürgerinitiative für eine menschlichere Stadtplanung aufgefallen, geriet dadurch noch mehr ins Fadenkreuz behördlicher Kritik. So äußerte sich der Oberbürgermeister Heidelbergs noch 1979 in einem Interview mit einer großen Illustrierten über den Eigentümer mit folgenden Worten:

"... *dann soll doch der ... durch die Welt laufen, ich sag dem ... wenn ich ihn seh: Noch ein Wort über die Altstadt und ich nehm Sie mal untern Arm und trag Sie vor ihre Bruchbude in der Dreikönigstraße und dann zeig ich Ihnen, was Sozialverpflichtung eines Eigentümers ist.*"[391]

Was soziales Engagement ist, darüber gingen die Auffassungen - wie man sieht - weit auseinander. Das Versprechen, *ich nehm Sie mal untern Arm und trag Sie vor ihre Bruchbude* hat der Oberbürgermeister nie wahr gemacht. Anlässe dazu hätte es genug gegeben.

Die Frauen des Frauenzentrums verhielten sich auch in der ehemaligen Schreinerei sehr selbstbestimmt und autonom. Um die Räume wohnlicher zu gestalten und von ihrem alten Mief zu befreien, schlugen die Frauen in Eigenarbeit den Putz von den Wänden und den Stuck aus den Fensternischen. Der Vermieter wurde dazu nicht gefragt. Er konnte gerade noch eingreifen, bevor die letzte Nische dem Trend der Zeit angepasst war. In einem der Fensterbögen ist der Stuck noch erhalten und erinnert daran, dass der Raum schon früher einmal bewohnt war.

In der alternativen Stadtzeitung HEIDELBERGER RUNDSCHAU erschienen regelmäßig Hinweise auf die verschiedenen Arbeitsgruppen, die sich im Frauenzentrum trafen. Immer wieder bildeten sich neue Akzente, je nachdem, welche Frauen gerade besonders aktiv waren. Solche Gruppen waren z.B.: Frauen gegen Vergewaltigung, Schwangerschaftsberatung, die Lesbengruppe, die Lateinamerika-Frauengruppe oder die Gruppe der Frauen über 30.

---

390   HR 20/1979, S.15
391   DAMOLIN/METZNER 1980, S.52

> **Frauenzentrum**, Dreikönigstraße 10, hat montags, freitags und sonntags von 17-20 h, dienstags, mittwochs, donnerstags von 17-22 h geöffnet, samstags geschlossen. — Montag 17-20 h Schwangerschaftsberatung — Dienstag 20 h: Gruppe Frauen gegen Vergewaltigung — Mittwoch 20 Uhr Gruppe Frauenhausinitiative — Donnerstag 17-20 h Neuenabend, 20 h Plenum.
> **Karate für Frauen** jeden Freitag 17 h in der ESG

HR 10/1978, S. 15

Den wechselnden Interessen entsprechend, staffierten, möblierten und dekorierten sie öfter alles neu. Die Farbe Lila, in den Siebziger Jahren Symbol der Frauenbewegung, spielte dabei eine wichtige Rolle und wurde ausgiebig, wenn auch nicht immer fachgerecht verwendet, um die Räume zu verschönern und um die politische Zielrichtung der Gruppe zu signalisieren. Bei dieser Gelegenheit wurden leider auch Teile des historischen Sandsteins der Türgewände mit lila Kunstharz bemalt.

Zwar waren die Wände neu gestrichen, der Fußboden leidlich repariert worden, aber es gab Wasser und Ausguss, ebenso wie die Toilette, nur auf dem Hof. Deshalb suchte das Zentrum eine neue Bleibe und fand sie 1979. Im November dieses Jahres begann der Umzug in eine größere Wohnung. Es dauerte aber noch bis März 1981, bis alles ausgezogen war.

Die Dreikönigstraße 10 blieb jedoch auch danach der Obrigkeit verdächtig. Viele Studentinnen und Studenten, aber auch Künstler und Schauspieler des städtischen Theaters und des Zimmertheaters wohnten hier, empfingen ihre Freundinnen und Freunde. Und natürlich gab es Wechsel, wurde ein- und ausgezogen, wurden Gegenstände aller Art rein und raus transportiert. Es wunderte zunächst daher nicht, dass sich in einer leerstehenden Wohnung gegenüber, im Haus Dreikönigstraße 7, Jungfilmer eingemietet hatten und einen Film über die bunten Geschehnisse im Hause 10 drehten. Man hörte die Filmkamera schnurren. Sobald man sich aber umdrehte, verstummte sie und die Vorhänge glitten zu. Dies ging einige Wochen lang so.

Das Frauenzentrum zieht um

Endlich Komfort für Frauen – kommt vor ihr Frauen!

Am 1.11. 79 ziehen wir von der Dreikönigstraße 10 in die Lenaustraße 14 (Weststadt) um. Für und mit Hilfe aller interessierten Frauen wollen wir ein schönes gemütliches Zentrum einrichten. Die räumlichen Voraussetzungen dafür sind gegeben: 4 Räume, große Küche, Bad, Klo – Möglichkeiten genug sich zu treffen, in dem geplanten Frauencafé oder in den schon bestehenden oder neuen Gruppen.

Vor allem wäre es schön, wenn der Umzug ein neuer Anfang wäre und viele neue Frauen kommen und Ideen (soweit vorhanden) mitbringen würden.

Da Frauen gemeinsam stark sind und wir schwere Möbel zu schleppen haben, freuen wir uns über tatkräftige Hilfe beim Umzug. Außerdem brauchen wir für das neue Zentrum noch dringend weitere gut erhaltene Möbel, Geschirr, Lampen usw. Möbelspender und Mithelferinnen können täglich von 9.30-11.30 h unter der Telefon-Nr. 29775 ihre Hilfe anbieten und sich informieren. Da sich mit dem neuen Frauenzentrum die Mietkosten mehr als verdoppelt haben, sind wir auf eure Spenden und Daueraufträge angewiesen. Nach oben und unten unbegrenzte Geldmassen könnt ihr auf das Konto 414-317 09 der Spar- und Kreditbank Heidelberg einzahlen.

Das LAZ (Lesbisches Aktions-Zentrum) wird auch mit einziehen und hat eigene Räume. Die neuen Termine kann frau ab nächsten Monat im Frauenbuchladen erfragen. Ansonsten treffen sich dort die bereits bestehenden Gruppen:

Mo 18 – 20 h:	Informationen zum § 218 und Verhütung
Di ab 20 h:	Gruppe zur Geschichte der Frauenbewegung
20 h:	Frauen gegen Gewalt
Mi ab 20 h:	Frauenhausinitiative
Do ab 20 h:	Plenum

HR 18/ 1979, S.12

Deckblatt der HEIDELBERGER FRAUENZEITUNG 2/ 1979

Die Bewohner des Hauses Dreikönigstraße 10 empfanden dies schließlich als Belästigung und meinten, die Leute hätten wenigstens fragen können, wenn sie hier andauernd filmen.

Als es wieder einmal schnurrte, gingen zwei der Personen in das Haus, aus dem heraus gefilmt wurde. Zwei junge Männer befanden sich in der Wohnung und behaupteten, sie seien hier zu Besuch, besäßen keine Kameras und wüssten von nichts. Ein Anruf bei der Kriminalpolizei, sie möchte doch einmal nachsehen, was dort Merkwürdiges vorginge, brachte überraschende Ergebnisse. Die beiden Jungfilmer waren Kripobeamte, wurde zugegeben. Man solle dies aber geheim halten, denn von hier aus werde die Drogenszene der Unteren Straße beobachtet. Wie das? Und warum wurde die Kamera immer auf den Eingang der Dreikönigstraße 10 gerichtet? Der Verdacht lag nahe, dass doch die Bewohner dieses Hauses gemeint waren.

Mit dem so gewonnenen Filmmaterial besitzt die Kriminalpolizei über das Leben und Treiben der Bewohner eine einzigartige Dokumentation, die hier gut hätte verwendet werden können. Bis sie den Historikern allerdings zugänglich sein wird, müssen leider noch Jahrzehnte vergehen.

Feuer in KSV-Büro Brandstiftung?

Durch Feuer in der Nacht zum Mittwoch entstand in einem Zimmer in Bussemergasse 1 a ein Gebäudeschaden von etwa 1000 Mark. In dem Raum hat der „Kommunistische Studentenverband" ein Büro. Eine im Dachgeschoß wohnende türkische Familie hatte Brandgeruch bemerkt und die Polizei alarmiert. Die Feuerwehr löschte den Brand; über den Schaden in dem Büro ist noch nichts bekannt. In einer Erklärung des „KSV" wird der Brand als „faschistischer Anschlag" bezeichnet.

RNZ 17.10.1974

Ein anderes Mal kam der Kontakt mit der Kriminalpolizei zustande, weil es im Haus Bussemergasse 1a brannte. Im Parterre wohnte ein Student, im Obergeschoss eine türkische Familie. Diese hatte zum Ramadan nachts den Wecker gestellt. Als die Familie aufwachte, zog Brandgeruch durchs Haus. Das Läuten des Weckers rettete die Bewohner und das Haus vor ernsteren Schäden. Ein Schwelbrand im Parterre, der mangels Sauerstoffzufuhr schwarz qualmenden Rauch entwickelte, konnte von der herbeigerufenen Feuerwehr schnell gelöscht werden. Es handelte sich um einen Brandanschlag. Der diesen Fall bearbeitende Kriminalpolizist meinte, es sei ihnen bekannt, dass das Parterre als Büro von der KPD-AO[392] genutzt werde. Der Anschlag habe denen gegolten und sei wahrscheinlich von Rechtsradikalen inszeniert worden.

Bunt und recht inhomogen waren und blieben die Bewohner in der Dreikönigstraße 10 / Bussemergasse 1a - eine lebendige Mischung. Hier wohnten neben einer Handwerkerfamilie, die bereits 1939 eingezogen war, sehr unterschiedliche Personen. Wechsel waren vor allem bei den Studentinnen und Studenten häufig. Die neu zuziehenden Bewohner mussten sich immer erst einmal in der Organisation des Hauses zurechtfinden. Das begann mit der Verteilung der drei Toiletten auf sieben Parteien. Die Altbewohner waren der ruhende Pol. Sie kümmerten sich nicht nur darum, dass die unbeheizbaren Toiletten im Freien ohne Einfrieren über den Winter gerettet wurden, nämlich durch Heizen mit einer Stalllaterne. Auch Wasserleitungen, die z. T. im Freien verliefen, mussten im Winter geschützt, das heißt mit Stroh und Lappen umwickelt werden.

Auch über die effektivste Methode der Rattenbekämpfung wussten die erfahrenen Mieter zu berichten. Man müsse eine Ratte lebend fangen, ihr den Schwanz abschlagen und sie dann wieder laufen lassen. Eine so verletzte Ratte renne dann schreiend davon und warne ihre Artgenossen, dieses schreckliche Gebiet zu meiden.

Auch eine Bewohnerin - Rattenkadaver, 13 cm lang (ohne Schwanz gemessen), gefunden unter den Dielen im Speicher des Mittelhauses

---

392   KPD - Aufbau Organisation

Nach dem Frauenzentrum zog ein Kunststudent und Künstler in die Werkstatt ein. Die anfänglich überschäumende Begeisterung über die Räumlichkeiten ebbte bald ab. Drinnen war ihm zu wenig Licht, draußen auf der Straße gab es zu viele Menschen und die Außenwand des Hauses durfte nicht mit Werbetafeln für Bärenmarke dekoriert werden, wie er das wünschte und schon in Angriff genommen hatte. Die Meinungen darüber, ob die Fassade mit der Werkstatt zugleich mitvermietet sei, gingen weit auseinander.

Nicht selten überforderten moderne Elektrogeräte die Leitungen. Immer öfter musste der Notdienst der Stadtwerke anrücken und die Hauptsicherung austauschen. Eine Sanierung der Häuser war dringend geboten. Nur langsam kam dies, Wohnung für Wohnung, im Vorderhaus voran. Bei jedem Mieterwechsel ging es ein Stückchen weiter.

Im Jahre 1980 wurden die Dreikönigstraße und die Bussemergasse in das zweite förmlich festgelegte Sanierungsgebiet der Altstadt Heidelbergs einbezogen.[393] Zunächst konnte das Gebäude in der Bussemergasse 1a saniert werden, zehn Jahre später auch das Hinterhaus der Dreikönigstraße 10.

Ziel der städtischen Sanierungsplanung war es, vorhandene Missstände zu beheben. So sollten z.B. lärmerzeugende Gewerbe nicht in der Altstadt verbleiben, Gaststätten nicht mehr zunehmen, um Wohnen in diesem Bereich wieder attraktiver zu machen.[394]

Das Parterre des Vorderhauses beherbergt heute ein ruhiges Gewerbe: einen Geigenbauer. Der Werkstattraum des Hinterhauses ist zum Wohnzimmer des Verfassers geworden.

---

393 STADT HEIDELBERG, 1978
394 STADT HEIDELBERG, 1978, S.16, Punkte 6.12 + 6.14 + 6.15

DOKUMENTE
Nach Datum geordnet

<u>zu S.20</u>
WEECH, v. in ZGO, Bd. 26, 1874, S.46
Weistum zu Handschuhsheim
28.4.1399
"Item Nydenstein von Heidelberg der kauft Wingart, die sint gelegen an der Neckarhelden, die waren der Gladebechen und gap sie die wingart off an daz geriecht zu Hentschußheim für den scheffen."
"Ebenso: Nydenstein von Heidelberg kauft Weingärten, die an den Neckar-Halden liegen. Diese waren Eigentum der Frau Gladebechen. Sie gab diese Weingärten weg an den Schöffen des Gerichts zu Handschuhsheim "

<u>zu S.25</u>
GLA 66/3481, fol. 1r.
Berain-Buch des Deutschherren Ordens von 1407
TITELBLATT:
"In dem Jahre als man zelte nach gotis geburte Tusint virhundert vnd | sieben Jahre an Dem Dinstage vor dem obersten als die heiligen Drykunige | vnßern herren got daz opfer brachten Da wart diez Buch geschribn [durchgestrichen: geschribn] anfangen vnd | wurden alle tzinse vnd gulte die zu dem Dutschen Huse zu Heydelberg | gehoren vnd auch vingarte vnd Ecker beschribn vnd ermitlet als hernach geschriben stet:"
"Im Jahre, als man zählte nach Gottes Geburt tausend vierhundert und sieben Jahre, am Dienstag vor dem obersten [?] als die heiligen Dreikönige unserem Herrn Gott das Opfer brachten. Da wurde dies Buch angefangen und wurden alle Zinsen und Güter die zu dem Deutschen Haus zu Heidelberg gehören, sowie Weingärten und Äcker beschrieben und ermittelt - wie nachfolgend geschrieben steht:"

Dokumente

zu S.24, 28
GLA 66/3481
Berain-Buch des Deutschherren Ordens 1407, S.3
"*Item Heinnz Pate der Gyßubelin man gibt xi Heller und 1 Cappen von cym huse in der Juden gaßen Da hat oben an mathis Gyßubel und vnden Dran Die glatbechin*"
Die Namen sind nachträglich ausgestrichen und überschrieben. über "*Heinnz Pate*" steht *paulus metzler*", über "*glatbechin*" steht "*Peter Besserer*".

zu S.27
GLA 66/3482 fol. 1r
Schatzungsverzeichnis der Stadt Heidelberg von 1439
TITELBLATT:
"*Anno Dm[ein Strich über dem m: =domini] m⁰ cccc⁰ Tricesimo nono off Dinstag nach sant Lu- | cas tag , hant die Burgermeister der Rate vnd die gemeinde | gemeinlich vnd Ir egliche besundere, alle vnd etzliche Sin habe | ligende vnd farnde, wo sich an welchen steten und enden | sie und Ir eglicher die hat uber schult, nichts oder nutzet ußgenommen, dann Harnastl[abgekürzt: Harnisch?], Kleider, vnd was zu der were || gehoret. mit dem erde behalten vngenetzlich, dauon sol- | len sie vnd Ir eglicher geben. Den zwezigsten pfennig | vnd ist der gulde furgenommen, vnd gerechent fur x iiij ß d.*"

zu S.29
UAHD RA 657 fol.221v / fol.222r
Rektorbücher der Universität
Aufzählung der an Häusern der Universität notwendigen Reparaturen
1529
[fol: 221v]
"*In der Schwoben | Burß | Item in dem newen hauß sollen | laden und Thüren gemacht werden, | It[e]m sein vast nothe wasserdecher zu | machen in demselbigen hauß.*" |
[fol.222 r]
"*It[e]m in dem altenen Hauß sollen Thürren vnd | laden allenthalben gemacht werden, | It[e]m der Kandel zwischen denen zweyen Häußern | soll gefaßt werden | It[e]m die glaß Finster in den stoben sollen | gemacht werden | It[e]m der Dachstühl in dem alten hauß ist vast | noth[wendig] zu machen | It[e]m der ober stege in dem selbigen Hauß ist | zu machen und zu versehen, | It[e]m daß dach in dem alten Hauß bey dem | Kandehl*

| *zu machen und zu versehen,* | *It[e]m daß dach in dem alten Hauß bey dem* | *Kandehl sol gemacht vnd versehen werden* | *It[e]m sein alenthalben an dem selbigen hauß* | *wasserdeger zu machen* | *It[e]m der Walbom gegen peter besserer zu soll gedeckte und gebessert werden* | *It[e]m die Mauver in den Hoff soll versehen* | *werden."* |
[fol: 221r]
"In der Schwaben | Burse | Ferner: In dem neuen Haus sollen | Läden und Türen gemacht werden, | Ferner: sind sehr notwendig Wasserdächer zu | machen in demselben Haus" |
[fol: 222r]
"Ferner: In dem alten Haus sollen Türen und Läden überall gemacht werden, | Ferner: die Ablaufrinne zwischen den beiden Häusern | soll gefasst werden | Ferner: Die Glasfenster in den Zimmern | sollen gemacht werden | Ferner: Der Dachstuhl im alten Haus ist sehr not- | wendig zu machen | Ferner: Die obere Treppe in demselben Haus ist | zu machen und in Ordnung zu bringen, | Ferner: Das Dach in dem alten Haus an der Dachrinne soll gemacht und in Ordnung gebracht werden | Ferner: sind überall in demselben Haus | Wasserdächer zu machen | Ferner: Das Walmdach zu Peter Besserer hin soll gedeckt und ausgebessert werden | Ferner: Die Mauer im Hof soll in Ordnung gebracht | werden."

<u>zu S.38</u>
UBHD Pal. Germ. 837 / 209
Inventar der Kurfürstlichen Kleiderkammer
27.2.1581
TITELBLATT:
"*Inuentarium* | *Über deß Durchleuchtigsten Hoch[wohl]=* | *geborenen Fürsten vnd Serrn.[=Serenissimus] Herrn Ludwigen Pfaltz=* | *=Grauen bey Rhein des Heiligen Römischen Reichs Ertz=* | *Truchsäßen vnd Churfürstens Hertzogen Baierns ec.*| *Cleider vnd annders so in beisein Irer Churfürstlichen Gnad[en]* | *Steblers Wilhelm vonn Meisenbugs. Cammermeisters* | *Georgen Stuichs, Haushoffmeisters Sebastian Vriels* | *von Appenzells. vnnd Rechenschreibers Sebastian* | *Hügels. Durch Maister Endres Kargen Ihrer Churf[ürst]l[ichen]* | *Gnaden Hoffschneider. Den 27. Februarij An p.81* | *Fürgezeigt vberantwort vnnd beschrieben.* | *Darrien Drej gleichlauttende Inuentaria* | *gefertigt. eins hochgedachter Irer Churf[ürst]l[ichen] Gnaden das annder in die Rechen=* | *Cammer vnd das Dritt ermelten* | *Endreß Kargen geantwortt.* | *vnd zugestellt wordenn."*

Zwischentitel und Überschriften der einzelnen Listen:
"-   *Volgen Erstlich die Cleydung so mit Beltz gefüttert*
 - *Volgen Rawhauben*
 - *Volgen Brust Dücher und Krägen mit beltz zum theil gefütertt*
 - *Volgen Hendtschuch So mit Beltz gefütertt*
 - *Volgen Röck so nit mit Beltz gefütertt*
 - *Volgen Wüllen Röck*
 - *Volgen Mäntel*
 - *Volgen Leib vnnd Wapen Röck so nit mehr zutragenn*
 - *Volgen Hosen vnnd so mein gnedigsten Herrn itzund angemacht*
 - *Volgen hosen vnnd wammes so Pfaltzgraf Friederichs des Dritten Churfürsten ec. seeligster gedechtnus gewesen.*"

zu S.40
UBHD Pal. Germ. 837 / 227
Inventar der Kurfürstlichen Kleiderkammer
27.2. 1581
" *Volgen Leib vnnd | wapen Röck. so nit mehr | zutragenn.*
Item Ein Kürißrock von Braunem | gemosirten güldinem Tuch mit einem | Ermel so Pfalzgraf Friederichs deß anderen geweßenn. |
Item. Ein Leibrock von güldinem Tuch | von sein selbst Zeug Zwejmal gebrembd | mit kurzen ermeln. So auch Pfalzgraf | Friederichs des andern seeligen geweßen. |
Item. Ein Veylfarb sammetin Leibrock | mit güldin schniren gebrembd. Vnnd | kurzenn Ermeln. So auch pfalzgraf | Friederichs deß andern seeligen geweßen."

zu S.46
UBHD Batt 331 / Blatt 32
1605
Quittung des Kurfürstlichen Pfalz Botenmeisters Christian Engel:
"*ICH endts benannter Vrkunde hirmit meiner | aignen handschrift, das von Churfl: Pfalz | Christlicher gefallverwaltern, dem Ehr... | vnd hochachtbarn herrn Geörg Friederichen | Hailmann. Ich Zehen Gulden Inn Münz zu | Jährlicher besoldung, so von Cathedra Petrj | A[nn]o p[ost]: 1604 biß heut dato widrumb fellig | worden, zu meinem*

guten gnügen empfang[en] | habe. Geschehen heydelberg vff Cathedra | Petri A[nn]o p[ost]: Sechzehnhundert Fünff | Christian Engel | Bottenmeister mppa" |
"Ich, am Ende Benannter beurkunde hier mit meiner eigenen Handschrift, dass ich von dem Christlichen Vermögensverwalter der Kurfürstlichen Pfalz, dem Ehrsamen und hochachtbaren Herrn Georg Friedrich Hailmann zehn Gulden in Münzen als jährliche Besoldung, die ab dem Jahr 1604 vom Stuhle Petri bis heute wieder fällig geworden ist, zu meiner guten Genugtuung empfangen habe. Geschehen zu Heidelberg, Sechzehnhundert fünf nach dem Stuhl Petri   Christian Engel, Botenmeister. mit eigener Hand."

<u>zu S.42, 43</u>
GLA 66/3477   S.52
Stengenzinsbuch für Heidelberg 1607
"*Christianus Engel Churftl. Pfaltz Boten= | meister | iiij hlr. |*
Hieuor Georg Hügelij Landschreyber zu | Neustatt, Gibt Jars auff Martinj vonn | seinem Hauß Inn der Judengaßen, Ein= | seiten Georg Weinkrauß, Herren Vischer, an= | derseiten die vniuersitet Hauß Die Schwa= | ben Burst genant gelegen, hinden auff | den Gemainen Winkhel, oben auff ob= | bemelte gaß stoßendt, unabläsig geständig."

<u>zu S.42, 45</u>
GLA 66/3495   S.60
Stengenzinsbuch für Heidelberg 1607
"*Christian Engel Churfl: Pfaltz Bottenmeister   iii hlr*
Hievor Georg Hügelin Landschreiber zu Neustatt, gibt jars auf Martini von seinem Haus in der Judengaßen ainseites Georg Weinkrauß Herren Fischer, Anderseitts der Uniuersitet Hauß die Schwaben Burst genanntt, gelegen, hinden auf den gemeinen Winkel, oben auf obgemelte gaßen stoßent, unabläsig gestendig."
"*Universitet   30 d*
Hiervor die Schwaben Burst von drey Heußern, gibt Jars auf Martiny von obgemelten Heusern Ainseites Schilcher Canzley Bott gelegen, Anderseites Christian Engel Chrufl: Pfalz Bottenmeister, vornen auf die gaß hinden auf den gemeinen Winkel und "dz" teutsche Schulhauß stoßendt, unabläßig gestendig."
"Christian Engel. Churfürstlich Pfälzischer Botenmeister   3 Heller
Früher Georg Hügelin, Landschreiber zu Neustadt. Zahlt jährlich zu Martini für sein Haus in der Judengasse, das einerseits grenzt an Georg Weinkrauß, Herrenfischer, ande-

rerseits an das Universitäts-Haus, die Schwabenburse genannt. Stößt hinten auf die gemeinsamen Abwasserrinne, vorne auf die genannte Gasse. Erkennt die Forderung an."
"Universität 30 Pfennige
Früher die Schwabenburse von drei Häusern. Zahlt jährlich zu Martini für die genannten Häuser, die einerseits grenzen an den Canzleiboten Schilcher, andererseits an den Kurfürstlich Pfälzischen Botenmeister Christian Engel. Vorne an die Gasse, hinten an die gemeinschaftliche Abwasserrinne und das Schulhaus des Deutschen Ordens stoßend. Erkennt die Forderung an."

zu S.51
UAHD RA 683   S.28
21.11.1652
[Randbemerkung] "*Rescriptum Ser^{mis} de Dr.^{is} Israel lectione*" |----
"*Nachdem I. Churfürl: Dhlt p. dem H: D.ris Israel in Medicinae professionem | Anatomicam gdst verwilligt, vndt zufrieden sind, daß er pro specimine | eruditionis, eine lectionem Hier, de dissectione Alicuius partis corporis wir | die HHn. Professores Academiae vor guth befinden [befunden?] worden. Alß ist solches dem | H: Prorectori Dr. Chunonis anZuZeigen befohlen worden. Heydelberg den 20ten | .9.bris 1652 | D. D. Israelis Lectionis publicae materiam darem | structuram cordis, et admirabilem vasorum ipsius | plexum. 2 |*
[Randbemerkung] "*Judicium | Dn. D. Fausij.*" |----
"*Orationis vero[mit waagerechtem Strich über dem o] περὶ τολμη φωτάτης φύσεος αγαμάλος | de audacißimae Naturae miraculo, ineffabili sc: corporis | humanj structurae. Salvo reliq. Judicio. | J.C.Fausius Md.*" | "*Idem sentio. Joh.á Leuneschlos. D. et P.*"
[Randbemerkung] "*Dn. Dr.^{ris} Leüneschlos*"|----
S.28
[Randbemerkung] "Erlaß seiner Durchlaucht über Dr. Israels Vorlesung." |----
"Nachdem Ihre Chrufürstliche Durchlaucht den anatomischen Lehrstuhl für Medizin gnädigst bewilligt haben und damit einverstanden sind, dass er [Israel] als Probe seiner Gelehrsamkeit eine Vorlesung hier hält über die Zergliederung irgendeines [Leichen-]Körperteiles, haben wir, die Herren Professoren der Akademie, dies für gut befunden. Also ist solches dem Prorektor Dr. Chuno anzukündigen befohlen worden. Heidelberg, den 20. September 1652.""

"Ich würde als Thema der öffentlichen Vorlesung von Dr. Israel vorschlagen: Die Struktur des Herzens und die bewundernswerte Verflechtung seiner Gefäße."
[Randbemerkung] "Zustimmung des Herrn Dr. Fausius"| ----
"Es geht um die Rede >über das Wunder der tollkühnen Natur des Menschen< über das unaussprechliche Wunder der tollkühnen Natur, nämlich die Struktur des menschlichen Körpers. Vorbehaltlos stimme ich zu. J.C. Fausius Mediziner."
[Randbemerkung] "Herr Dr. Leüneschlos" |----
"Dasselbe denke ich. Joh. á Leuneschlos. Doktor und Pater"

zu S.53
UAHD RA 683 S.32
2.12.1652
II. Senatssitzung (Dr. Jacob Israel nicht anwesend)
Aus einem Bericht des Senats an den Kurfürsten
"*Med: Doctorem Israel betreffendt, ist man mit dessen annehmung | undt gehalttner Lection dießeits wohl zufrieden, undt er- | wartet man I.C.D:, wegen deren beiden obgemelt[en] endtliche | resolution.*"

zu S.53
UAHD RA 983 S.38
3.12.1652
Abschrift des Bestallungs-Schreibens für Dr. Jacob Israel
" *Rescriptum | Hl: Prorectorij vndt Vniversität Heidelberg | zuzustellen | Es wird Hn Prorectorj vndt Vniversität allhier vff dero vberge- | benes Memorial [Am Rande Einfügung: "V.5.p.32."] vndt respective iudicum hirmit notificiret, daß | Ihr Churfürstl. Dhl: Doctorj Israelj, M. Joh: Sebaldo Fabricio | vndt Gothofredo à Jena, die begehrte Professi[o]nes conferirt, | vndt die solcher gdst hirmit confirmiren: Eß soll aber daneneben| denen Collectorj hiesiger Universität ahngedeutet werden, die | gefälle Zur Vnderhaltung der Professoren fleißig einzutreiben, | vndt von seinem Verfloßenem empfang vnd außgabe, der Univer= | sität förderlich rechnung zu leisten. In consilio den 3. De- | cembe[r]: Anno 1652 | Churfürstl.Pfalz Canzley | Handtschrifft. "* |

Dokumente

zu S.53, 57
UAHD RA 683 S.36
8.12.1652
III. Senatssitzung (Dr. Israel nicht anwesend)
"*4. Ist mit Herrn Dre. Israel ferner dahin abgeredet vndt gehandelt | worden, d[a]z er sich endlich wegen der Besoldung dahin er- | ckläret, contentiren vndt mit der[en] Herren Professoren resolution | befriedigen lassen, d[a]z er nemblich , waß die geltt besoldung ahn-, | langt, für daß erste Jahr, welches dies Cal: Januarij proximi anni: 1653 | ahngehen soll, nichts begehre Zu fordern, Vndt sich mit der freyen | wohnung, welche Ihme, so baldt selbige reparirt Vndt er von Regen | spurg wiederumb zurück kommen sein wirdt, eingeraumet wer= - | den solle. Ja wolle auch entweder mit j. fuder Wein vffem | nechstkünftigen Herbst, oder mit der Frucht, welches vnder brydern | die herren Professores Ihme werde wollen Zukommen lassen |:massen | optic [??unleserlich] hanc in parte freres Doios[überstrichen, lies: Dominos] Proffessores sein soll:| Content sein [Rand-Einfügung: content sein] So ihme auch | versprochen, vndt hieruff, ex v[er]trags parte, reciprocè glück vndt | heil, stipulatae manu, gewünschet v.[ndt] von ihm diese resolution mit | Danck angenommen werden. p. |* "
Der Kurfürst fuhr am 3.12.1652 nach Regensburg

zu S.54, 55
UAHD IV, 3c,1
GAWLICZEK. 1985, S.44
SCHÖNFELD, W. 1961, S.351
5.2.1655
"*Durchlauchtigster Churfürst | Gnädigster Herr | Nachdeme Neüliche Anatomia Publica | Corporis faeminini hiesiger Universitet | ein Ziemlichen Ruff gegeben, hatt | Facultas Medica desto mehr ursach | Inn solchen Exercitijs Zu continuiren | Vndt Vmb mehren subiecta sich Zu= | bewerben. | Weil wir dann Inn gewiße efahrung | bracht, daß wegen Vorstehender Execution | eines armen Sünders Zu Brettheim | ein subiectum Zuerlangen. | Alß haben I[hre] Churf. Dhlt Vnderthenigst | bitten sollen, Dieselbe ge- wehren, Undt dero | beAmpten gnädigst befehlen wollten, | Daß selbiger Exequirter Cörper | Vnß möchte abgefolget werden. | Welches Vmb I[hre] Churfl. Dhlt. Vnderthe- nigstes | gehorsames Zuverdienen sich werden treu= | ligst angelegen sein laßen. |*

I[hrer] Churfl. Dhlt. | Vnderthenigst gehorsamst | Decanus et reliqui | Doctores Collegij | Medicinae"

zu S.56
UAHD RA 683 S.402
7.2.1655
"Dn. Dr. Israel proponit, dz I.C.D. per decretum der Medicinae | Facultet gnädigst zugelassen, einen iustificirten Cörper zu | anatomiren, weiln aber bey dieser Facultet so viel mittel | nicht, denselben von Bretten herbeyführen zulassen. Alß | bitten wir von dieser Facultet dz auß den reditibus Vniver- | sitatis die Vncosten suppeditiret werden. | Decretum: der Facultatis Medicae den costen zunehmen, umb den Cörper | herzubringen.|"

"Herr Dr. Israel trägt vor, dass Ihre Kurfürstliche Durchlaucht durch Beschluss der Medizinischen Fakultät gnädigst erlaubt hat, einen hingerichteten Körper zu sezieren. Weil aber bei dieser Fakultät so viel Mittel nicht [vorhanden sind], diesen von Bretten herbeibringen zu lassen, bitten wir von dieser Fakultät, dass aus den Mitteln der Universität die Unkosten bezahlt werden..

Beschluss: der Medizinischen Fakultät werden die Kosten abgenommen, [die nötig sind] um den Körper herzubringen."

zu S.57
UAHD RA 683   S.421
9.5.1655
" III. Jean Houst erscheint vndt begert dz Hauß, darinnen der Holz- | schützer wohnet, in der Juden gassen, neben Hn. Dr. Israel | gelegen, vff 4. Jahr lang zu bestehen, | Decret: Vndt ist mit Ihme geschlossen worden, dz er _selbiges,_ | im bestandt vff 4. Jahr lang haben, Jährliches 24 R | haußzinß entrichten, Vndt darinnen, waß nöttig bawen | doch, des Herrn Bawmeisters modo H. Magnifici Rectoris | Consens hierüber einhohlen, auch von denen handtwercksleutten | Schein Vndt quittung vorweisen, Vndt dieser Bestand vff | christkünftiges Johanniß ahngehen solle. |"

zu S.57
UAHD RA 684   fol 66 v
10.8.1661
"D. Israel idem weg[en] des Hauses Medici primarij, weilen er in seiner Behausung solche | incomoditet vom waßer erleiden müßte, wollte er selbiges| bewohnen. | Decret: d[a]z erst Stockwerck solle zugericht werden v. ist Herrn D. | Israel erlaubt darin zu ziehen. V. mit H.D. Lüneschlos | zuzusehen, d[a]z es ersten zugerichtet werde: p."

zu S.57
UAHD RA 684   fol 75 r
14.9.1661
"Decret: Derweilen die Vst dz hauß so D. Israel noch bewohnt, einen, | des Kranken-hauses in der pfleck aber seine be= | standt Zeit außzutreiben, nit gemeinet ist alß | was sie dem supplicanten für dießmahl mit keinen | anderen Hause behilflich sein, alß wir hie beuoren [lies: bevor] | des hind[eren] Hauses in der Pfleck halber decretirt | worden: Inmittelst soll der baw daselbst befürdert | vndt der haußhofmeister ....so er bey dem | anord uff d[er] Cantzley gothes, dz nemblich Supplicant | noch biß Michaelis darin wohnen möge, erinnert | werden. p."

zu S.58
UAHD RA 684   fol. 89r
30.11.1661
!"D. Israel pp secretus locus sua domo, quam iam occupavit, Medico primario | compe-tentem, repararem necessaria requerens | ulteriore[m] expertem decerni praeter | daz ohngefehr 8 R pp betrag mögte | Decret: d[a]z Hr. D. Lüneschlos mige darahn sein, | itzes gebauet werde. | Hr. Gerlach weil anitzo der Vsitet [lies: Universität] ein and[er] hauß lehr | worden. bitt[et] er umb Hrn D. Iraelio [sic] hauß zu be= | wohnen | Decret: weil ietzundt verschiedene Hauser lähr sein | als wollte Senatus Academicus dem Hrn Professori | Gerlachi der solch eins auch gern vberlassen | weilen gleichwohl I.C.D. vorm Jahr erstlich | Zwahr verordnet, d[a]z wohlgemelticher Professor| Gerlach d[a]z eine so Hr. D. Chuno bewohnet, | habet umgehendts muß [gestrichen muß] aber befohlen, d[a]z Ihme an | statt des Hauses 20 R gelieffert werden sollen | So will die

Vest [lies: Universität] gleichwohl gebührend zu fer= | dern I.C.D. erklärung derenthalben | ein Zu hohlen v. alßdann wohlgemeldte Hr. Professori | Zu gratificiren. |
Syndicus soll dieses memoriale expediren. |"

zu S.58
UAHD RA 687   fol. 15v
8.7.1671
"H Dr. Israel proponirt nachdem das pflaster | in seinem Hoff gesuncken V. dardurch daß waßer | in den Keller sincke daß solches möge durch | den pflasterer so es vff Zwey ruthen schätzet, re= | parirt werden. |
Decret, Fiat."

zu S.58
UAHD RA 687   fol. 30r
25.10.1671
"Herr Dr. Isarel bat daß ihm in seinem Hauß ein | Camin möge Verfertigt werden, weil er geringe gelegenheit, V: | da er krank werden sollte nirgends sich auffhalten könnte. |
Differendum |"

zu S.58
UAHD RA 687   fol. 36r
15.11.1671
"H D. Israel Vberreicht alle noch seine Zettel V: halte wei= | ter kein Register"
"H Dr. Israel bat noch mahlen wegen deß A [gestrichen: deß A] eineß Caminß in | seinem Hauß. |
Decret. Bleibt bey Vorigem Decreto | daß man damit noch anstehen solle biß etwan Zu einer | ande [sic] Zeit." |

zu S.61-62
UAHD RA 687   fol. 91r
2.11.1672
"Fondrillon Frantzösischer Sprachmeister | Vbergibt eine Klagschrifft gg Thomas | joubert, darinn Er selbigen Verschiedener | sachen, sonderlich der partu aborto anklagt |
Hierrauff ist glr. [lies: gemeldeter] Fondrillon selbsten | Vernommen worden repetirt

den inhalt sei= | ner Klag, V: sagt daß Ein Schuster Jacques Bouillon [Einschub: Jacques Bouillon] gewe=| sen welcher Beklagten Fraw die medicamen= | ten gegeben. | Diesem nach ist Pedellus, zu glm. [lies: gemeldetem] Schuster | geschickt worden V: selbiger citirt. | Ille hab der Fr. holter wurtzell ein | geben V: Vbergibt hierbey schriftlich den | Verlauff der sachen. | Weil nun ersehen, daß der Schuster keine | böße intention gehabt, auch dieses medica= | ment für sich V: seine Fraw mehrmahls ge= | brauchet ohne schaden, alß ist er mit einem | Verweiß V: das er sich dergleichen enthalten solle, | weg gelaßen worden. |
Thomas Joubert befragt wegen der | injurien, sagt habe gesagt, ds deß | Sprachmeisters Fr. erster Mann sey | gehängt worden, was aber die kinder | anlangt leügnet Er daß er solle | gesagt habn dz selbige nicht Von die= | sem Mann seyen. |
ad 2dn Affiro hab 20 Rhler mit | hierher gebracht. |
ad 3tin daß er außgeben Von venetig | bürtig zu seyn. explicirt dahin ds Er |
ad 4tn confitus sey aber hierzu sehr | gemäßigt worden. |
ad 5 negat." |

fol. 91v
"ad 6tn gestehet zwar daß nachdem | seine Fraw den magen Verdorben gehabt V: | sich ziemblich Vnpäßlich befunden, hat er | anfänglich Von Hn Dr. Israel ein | clistir derselben geben lassen V: alß Sie | weither sich Vbel befunden |
[Einschub: anfänglich Von Hn Dr. Israel ein | clistir derselben geben lassen V: alß Sie | weither sich Vbel befunden]
den Schuster Jacques Boullion der seiner | Fr. Verwandt rathß befragt welcher derselben | ein safft Von einer Wurtzell gegeben, negirt | ds einige forma Partus abgangen | sond[er]n ein Stück gebluts gewesen [Einschub: sondn ein Stück bluts gewesen] weniger ds | er selbige in ein schachtel gelet oder Ver= | brennen wollen. |
Thom. joubert nochmahl hierüber gehört | negirt die injurien absoluté, protestirt gegen | den Zeügen dz er ein vagabund Vnd Vnwahr= | haffter mensch den kein glauben zuzumeßen: | hierrauff ist Ihm befohlen worden dz biß | zu außmachung der sachen er ferner injurien | sich enthalten solle."

zu S.64
UAHD RA 693   S.14
3.2.1686
"*Susanna Clara weil[and] H. Doct. Israels sel. wittib bitt ernstl[ich] bey | Ihro Churfürstl. Durchl. Unterth[änigst] Vberreicht[en] V. d. Vniversität Zum be= | richt communicirt[en] memorials Umb confirmation ihres habenden | privilegji in puncto des weinschancks zwischen Ostern V: Pfingsten. |*
Were Zu berichten, weilen supplicantin dißes | privilegium ex Specialj gratia Serenissimorum | pie defunctorum habe alßo wisse die Vnivers. | auch darauff nichts zu berichten." |

"Susanna Clara ehemals des seligen Herrn Dr. Israel Witwe bittet eindringlich mit dem bei Ihrer Kurfürstl. Durchl. untertänigst überreichten und der Universität als Nachricht übermittelten Erinnerungsschreiben um Bestätigung ihres bestehenden Rechtes betreffs des Weinausschanks zwischen Ostern und Pfingsten.
Dazu ist zu berichten, da die Antragstellerin dieses Privileg als ein Spezialgeschenk der Hoheiten, der fromm verstorbenen besitzt, wisse die Universität auch dazu nichts zu sagen."

zu S.68
GLA 77 / 2890
27.1.1699
DECKBLATT:
"*Juden sollen keine Erbaute Heuser kaufen sondern mögen newe bawen, od[er]. ruinirte repariren*"
"*Nachdem in der Juden Concession | und anderen enthalten, daß Ihnen | nicht erlaubt seyn solle, gebaute | Haußer zu kaufen, sondern sie vermög | solcher Concession nur Haußer bauen | Und ruinirte repariren laßen mögen | hebt Ihr dahier zu sehen, | damit Sie auch dißfalls sich der | concession gemeß verhalten, und wan | sich etwa hin und wider einige | Juden befinden sollten, welche schon | gebaute Haußer an sich erkauft, | selbige dahir anzuhalten, | daß sie sich und handnewe | Haußer bauen, und die an sich | erkaufte wieder abtretten od[er] | gekaufen [lies: verkaufen] sollen. Wir versprechen uns | deßen also zu geschehen, Und synd | Euch im ubrigen mit p. ..."*

Dokumente

zu S.65, 66
UAHD IX, 5,5b / A420
Aufstellung der beschädigten Häuser der Universität
6.11.1699
"Verzeichnis aller der Universitet allhier eingenthümlich zustendigen Haußplätze und Gärtten wie folget"
" 15. | Ein Haußplatz in der untren Juden gaßen die | Schwabenbursch genandt alwo Herr Dr. Coccejus | gewohnet, geforcht vornen ermelte Straßen, hinten | uf der Verwaltung Schulhauß, einseits oben Fraw | Dr. Israelin, anderseit die Universitet Haußplatz. | Vornen auf die Straß den Hauß Platz46 schu lang, | gegen dem Hoff 44 breit, | darunter befindt sich ein gewölbter Keller |von 24 schu lang, | 16 schu breit, | Hinten dran hats ein Hoff von 23 schu breit, ebenso lang alß der | vorter Hauß Platz, | mit einem stockwerk mauer umbfast, | Ist geschatz vor 620 fl"
Mit gleicher Nr. 15 existiert eine Abschrift mit geringen Änderungen
" 15. | Ein Haußplatz in der untren Juden gaßen | die Schwabenbursch genandt alwo Hr Dr. | Coccejus gewohnet, geforcht vornen ermelte | Straßen, hinten uf der Verwaltung Schul= | hauß, einseit oben Fraw Dr. Israelin, ander= | seit der Universitet Haußplatz. | Vornen auf die Straß den Haußplatz46 schuh lang, | gegen dem Hoff 44 breit, | darunter befindt sich ein gewölbter Keller |von 24 Schuh lang 16 breit. | Hinten dran hats ein Hoff von 23 Schuh Breit | eben so lang alß der vorder Haußplatz. | Mit einem Stokhwerkh mauer umbfast, | Ist geschatzt vor 620 fl"

zu S.75
CB Bd.II, S.111-112
Kaufbrief vom 31.1.1708
"Kauf | Philipp Jacob Steinhöbler, bürger, und Krähmer dahier | zu Heydelberg, Amelia Elisabetha seine Eheliche Hauß | fraw [erschlossen: verkaufen] Herrn Friedrich martin Kerrmann Churpfältz[ischen] | geistl[ichen] administrations= renovatori, maria Spes | seiner Eheliebstin eine in der so genannten | Judengaß liegendte behausung, so beforcht | einseiths ob[e]n Mattheß Beüttner musicant zu landaw, anderseiths undten ein universitäts Hauß | platz, hindt[en] auf einen gemeinschaftlich[en] winckel, Vorn[e]n | aber auf besagte gaß stossendt, mit allen darzu gehörig[en] | rechte und gerechtigkeit[en], absonderlich einer bronnen ge= | rechtigkeit, und Tagtrauf in den undteren winkel | neben den universitäts Haußplatz, sodann den | oberen gantzen winckel neben

den universitäts | Haußplatz gerechtigkeit,[1]) sodann den oberen gantzen winckel | neben Matthes Beüttner sambt Ciegerling im | Keller, und allem waß windt und nagelfest ist ausser | dem gefacht werck und beschwert mit 200 fl cap:[ital] | gegen H[errn] Johann peter Kling, deß Raths, sodann | mit 2 Xn[=Kreuzern] Bodenzinß der ambts Kellerey, | sonsten frey, ledig und aigen. Vor 900 fl | dergestalt, daß Käufer obiges capital | Zu vertretten über sich genomme[n] den rest | der 700 fl aber paar bezahlt haben de dato | Heydelberg d[en] 31 t[en] Jan[uar]. 1708"
" Kauf | Philipp Jacob Steinhöbler, Bürger und Krämer hier | in Heidelberg [und] Amalia Elisabetha seine eheliche Haus- | frau [verkaufen] Herrn Friedrich Martin Kerrmann, dem Kurfüstlichen Geistlichen Administrations-Renovator [und] Maria Spes | seiner Eheliebsten ein in der so genannten | Judengaß liegendes Haus, das angrenzt | einerseits oben [an] Mattheß Beüttner, Musikant zu Landau, andererseits unten [an] einen Universitäts | Hausplatz, hinten an die gemeinschaftliche Abwasserrinne, vorne an die genannte Straße stößt, mit allen dazu gehörenden | Rechten, insbesondere einem Brunnen- | Recht und einem Dachtraufrecht in den unteren Traufgang | neben dem Universitäts Hausplatz, sodann den oberen ganzen Traufgang neben Matthes Beüttner samt "Ciegerling" im | Keller und allem was wind- und nagelfest ist, außer | dem Fachwerk. Belastet mit 200 Gulden zugunsten Herrn Johann Peter Kling, Rat, ferner mit 2 Kreuzern Grundstückszins zugunsten der Amtskellerei, sonst frei und unbelastet und Eigentum des Verkäufers. [Verkauft] für 900 Gulden | die folgendemaßen [gezahlt] werden, indem der Käufer die oben erwähnte Schuld [von 200 Gulden] | übernimmt und den Rest | von 700 Gulden jedoch bar bezahlt hat, unter dem Datum | Heidelberg, den 31. Januar 1708"

<u>zu S.88-90</u>
UAHD RA 708   S.94
4.9.1736
"4 ten 7bris 1736"
"4 Jud Sultzbach allhier klagt schriftlich Ca [contra] einige studiosos in | Specie Burgmoser et Consorten pto [puncto] injuriarum realium atrocium | welcher zu dreymahl an ihm verübt worden. |

---

[1]) Hier hat offenbar der Abschreiber einen Fehler gemacht: *sodann den oberen gantzen winckel neben den universitäts Haußplatz gerechtigkeit* muss entfallen Dieser Satzteil ist wiederholt und beim zweiten Mal unsinnig.

Stud: Burgmoser Logicy | ad senatu vocatus wurde | befragt | Wer am Samstag bey | ihm gewesen | Waß dem Juden gethan |
 resp. Fang und Englerth Logici |
 resp. nichts. Sondern die Juden hätten die | gantze straß eingenommen bey | des Stift Schaffners Hauß." |
S.95
"und einer Von ihnen hätte sel- | bigen auf den Sultzbach ge= | stossen, daß er gefallen, | und zu erst Von ihm bey den | Haaren bekommen, forth zu | erst geschlagen auch gescholten worden | solches seye gegen halb | 8 uhren abendts geschehen. Von der | 2ten und 3ten action wüßte er nicht |
Stud: Fang | warumb citiret? |
 resp. wegen des Juden Sultzbachers | zählet wie der Obige, außer der |
 Sultzbach hätte den Burgmoser zu | erst gestossen auf einen an= | deren Juden, daß er zu boden ge= | fallen, worauf sie die Juden selbigen | beym Kopf bekomen und geschlagen. |
Jud Sultzbach Vernohmen | Erzählet es seye geschehen gegen 8 | uhren, da wären 2 mit Tabacks | Pfeiffen, Vermeinte handwercks | bursch zu seyn, ihnen 4 Juden | entgegen kommen, wovon der | Burgmoser gleich ihm die paruck | abnehmen wollen, und der an= | dere Fang ihn am Halß bekomen | hätte Die studiosos weder gestossen | noch gescholten, sondern alß er | mit denen andern die Straß hin= | unter gangen, so hätten dieße | 2 Studiosi sie die Juden gleich | gestossen, sonsten hätten die | Studiosi schon mit anderen Juden | Händel Vorher gehabt, auch wäre | dem nicht alßo daß der Rabiner" |
S.96
"gesagt seine paruck seye da, | dann er habe dieselbe de facto | noch nicht. Beruft sich auf | den Mauermeister Syber wel- | cher dann zu Vernehmen wäre. |
Fang interrogat[us] ob sie | schon mit anderen Juden | Händel gehabt? |
 resp. negative | Obgleich nacher Hauß | gangen, und ihm Von | keinem anderen recontre | etwas bewußt. |
 resp. nein seye um 8 uhren gleich | nacher Hauß und zu bett gangen." |
S.97
"11 Stud: Englerth wurde wegen | der Händlen Vernomen |

resp. Kläger habe dem Burgmoser | die pfeiff auß dem maul | geschlagen, und der Rabiner hätte | gesagt, selbiger solte nur zu schla=| gen, Es seyen keine Studenten son="|
S.98
"dern Spitzbuben, und hätten ge=| sehen daß der Sultzbach ihm Burg=| moser ins Gesicht geschlagen, und | dabey einen Spitzbuben gescholten | sonst er wäre nicht geschlagen wor=| den, die paruck habe der Jud | auß seinen Handen bekommen | und seyen bey 20 Juden geweßen | Von anderen händlen seye ihm | nichts bewußt, sobald der Jud | Sultzbach seinen Huth geklagt und | die Händel geendiget waren, sey | er gleich forth und nacher Hauß gan= | gen. Daraufhin hätte der Hr.: Statt=| Director dieselbige, als sie schon zu | beth gelegen, abholen lassen wo=| len; vom Fenster einschlagen | wußte auch nichts. Seyen ohne degen | mit tabacks pfeifen spatzieren | gangen. |
Burgmoser, ob er wisse | von den Händlen so am | Sonntag geschehen |
resp. Nein wüßte nichts daVon, wäre | nicht zu Hauß geweßen, ausser | daß ihn 2, als er nicht zu Hauß | ware, abhohlen wollen, und von die=| ßen Zweyen seiyed nach aussag | des Englerths in Specie der Wilckin | geweßen. |
12. Hr: Haurisius übergibt Schedulam wie in den Typum solcher | etwa zu setzen: |
resp. seye zu weitläufig und kür= | tzer zu fassen und Hauß zu | "
S.99
"lassen die Philosophos und was | die Geogrphie betrifft weßwegen | Hr.: Mgfcus [Magnificus] mit ihm Erst noch spre=| chen wird. |
12 Detur Commissio Hr: pf.i Aleff und | P.Ihl die Sultzbachische Sach | Klagsache zu untersuchen | Heydelberg den 19 ten 7bris 1736 | pstbus [präsentibus] |
[Unterschriften:] |

Herren:	Rect^c Magfco	Herren:	pf. Hertling	
	D. Mieg		pf. Hennemann	
	P. Mensheuven			
	P. Heidel		pf. Aleff	
	pf. Pastoir		pf Molitor	
	P. Fries		D. Nebel	
	P. Ihl	"		

S.100
"4 proponirt H: Magfcus daß Jud Sultzbach ge=| betten die beklagte Studiosos biß zu außtrag | der sach nicht Von hier hinweg gelassen werden | Occassione dessen Resolvebatur | Fiat unthgste[unterthänigste] Vorstellung | ad Ser^{mum} [serenissimum] daß man Von | Seithen der Ustaet [Universität] an guther | disciplin gegen ihre unterge= | bene Studiosos umb sie Von allen | Händlen und Schwermereyen | abzuhalten, nichts erwinden | lassen, solches alles aber | wenig früchten können, wei= | len es bißhero an einer garni= | son Von Churpf[älzischen] Soldaten | gefehlet." |

zu S.79
CB Bd.V, S.227
30.10.1736
"*Motificationsschein.* |
Demnach Nicolaus Eberlein bürger | Zu Heydelberg sein zu dahiesiger | gefällverweserey zu Verpen= | =sioniren gehabtes Capital ad 75 fl | nach anzeige des GefällVer= | =weßern Schmuck, abgeleget und |über die beschehene neue anlegung | den newe Capitalbrief eingeliefert | werden wird, und der Ihme Eber= | =lein Zu etxradiren seyende Capital | brieff sich in Registratura Camerali | nicht finden will, alß wird dem= | selben Zu seiner künftig sicher= | =heit gegenwartiger Mortifications | schein, Krafft deßen benannter | Capitalbrief, wann Er sich über kurtz oder lang herVorthun mögte, | [?], ab, Null und Ktaftloß seyn | solle. hiermit ertheilet. Mannheim | den 30ten 8bris 1736 |

Churpfaltz HofCammer | Registrator | Kermann"

zu S.112, 113
GLA 77 / 7867
DECKBLATT:
"Acta | Die Weinbesoldung des Churpfälzischen | Kirchenraths = Corporis betr. | vol: 3. | Confer: acta - die Wein Competenz der Mannheimer | Geistlichen betr. | 1793 - 1803."
S.71
25.2.1801
" Gleichwie bey der Sub hod: geschehenen Vertheilung des | diesseitigen 5/7 tels Wein Vorraths Vom Verflossenen Jahr | 1800. Denen respic Regierungs und Kirchen Räthen

Herren Fuchs, | Hoffmeister, Hilspach, Gruber, Falck, Mieg, Wund und Wachter jedem vier Ohm, denen Secretariis Ehrhard und | Georg Hecht jedem vier Ohm, dem Secretario emerito | Leonhard zwey ohm, Secretario und Registartori Philipp | Hecht, Registratori Hosé und Wilhelmj, und Expeditori | Daniel Hecht jedem zwey ohm bey der Kellerey Schries= | heim, sodann denen Kanzlisten Gerlach und Egglij jedem | zwey ohm bey dem Stift Moßbach Zur abgab auf ihre | 1800ter Weinbesoldungen, gegen Zuschuß Scheine der | dahiesigen Pfleeg Kellerey angewiesen worden sind; | Als will man Kurpfälzischen Kirchen Rath andurch | ersuchen, solches dem benannten dortseitigen Personali | beliebig bekannt machen Zu lassen. Heydelberg den | 25ten Febr. 1801. |
    Kurpfalz geistliche Administration |
    Achenbach. (?) Doerr."

22.3.1802:
"Bey der anheute vorgenommenen Wein Repartition | hat man bey dem Stift Moßbach denen tit. Herren | Kirchen Räthen Fuchs, Hoffmeister, Gruber, Hilspach, | Falck, Mieg, Wundt und Wachter jedem 2. Ohm, | Secretario Ehrhard und Hecht jedem 2. Ohm, | Expeditori Hecht und Registratori Wilhelmi | jedem 2. Ohm 6 Viertel, und bey der Kel= | lerey Schriesheim dem Registratori Hosé | 3. Ohm 6 Viertel und dem Kanzlisten Ger= | lach 2. Ohm 6 Vrtl. dann bey der Schaffnerey | Handschuhsheim dem Kanzleydiener 6 Vrtl an | Besoldungs Wein pro 1801. gegen der dahiesigen | Pfleegkellerey schein angewiesen; Welches | Man Churfstl[ichem] rheinpfälz[ischem] Kirchen | Rath hiermit nachrichtlich eröfnen will. | Heidelberg 12. Mertz 1802 | Churfstl[lich] rheinpfälz[ische] reform[irte] geistl[iche] Administration |
    Achenbach [?] Doerr."

zu S.111
LKA 77/7855 Kasten 38
6.12.1803
D<small>ECKBLATT</small>:
"Acta | Die gnädigst Angeordnete Special Commission | in Christlichen Angelegenheiten betreffend | 1803 | <u>Volumen Tertium</u> | Nota Besoldungs und Taxsachen sind | besonders geheftet."

TEXT:
"*p.6 ᵗ Dez. 1803*
Da, dem sichern Vernehmen nach, auf einem von | der gndgst angeordneten unmittelbaren Special | Commission in geistlichen Angelegenheiten ad | Serenissimum erstatteten anfrags Bericht | wegen adhibirung des anispapiers: bereits | unterm 30 ᵗᵉⁿ Novem: Vorigen jahrs die höchste | Bestimmung dahin erfolget ist, daß dieselbe bei | allen solchen Gegenständen, wo die anschaffung | des anispapiers dem aerario obliege, davon | befreiet bleiben solle, So will man Wohl - | die selben um beliebige Mittheilung einer | Abschrift von erwägtem Höchsten Rescript | andurch ersuchen. Heidelberg, d. 23 ᵗ Nov. 1802. |
Churfütl. Ref. geist. Administration.| Doerr. Otto. [Unterschriften]"
ZUSATZ:
"*wäre das höchste rescript in copia mit zu theilen. | DPF [? unleserliche Unterschrift]* "

zu S.126
StAHD 160 / fasc.3
2.10.1815
Armee-Befehl der Russischen Armee
"*Armee - Befehl.*
Hauptquartier Homburg.   d. 2. Oct. 1815.
Den H. H. Corps- und Divisionskommandeurs wird hiemit zur strengsten Beobachtung vorgeschrieben: daß die unter ihrem Befehl stehenden Truppen unter keinem Vorwande den Vorspann in größerer Anzahl, als durch meine früheren Tagsbefehle bestimmt worden ist, requiriren. Sie werden nach ihrem Gutachten außerdem noch für die Regimenter, welche Ammunitions-Stücke mit sich führen sowohl, als auch für die vorausabzufertigenden Quartiermacher, eine möglichst geringe Anzahl Vorspann-Wägen bestimmen, und die gehörigen Befehle zur strengsten Beobachtung dieser Festsetzung ertheilen, und ganz besonders drauf sehen, daß die Regimenter, nach erfolgter Vertheilung dieser Ammunitions-Stücke, auch die Zahl der Vorspänne vermindern; und daß von Niemanden, außer in der unumgänglichsten Nothwendigkeit, Vorspann requirirt werde.
Über die Anzahl der für jedes Infanterie- und Cavallerie-Regiment, und für jede Artillerie-Compagnie zum Transport der Ammunitions-Stücke und für die Quartiermacher erforderlichen Vorspänne, ist unverzüglich dem General de Jour der Armee zu

rapportiren. Die Anzahl des Vorspanns zum Gebrauch der Quartiermacher muß in allen Regimentern gleich seyn, damit kein Regiment mehr als das andere, und damit keines derselben sich unterfängt, größere Forderungen zu machen als von den respectiven Corps-Commandeurs bestimmt worden. Da den getroffenen Maaßregeln zufolge, auf allen Etapen der Vorspann in gehöriger Anzahl in Bereitschaft steht, so müssen die Regimenter durch die vorausgesandten Quartiermacher, den ihnen zukommenden Vorspann von den Etapen-Commissairs fordern und die Wägen entweder aus dem Vorspann-Park, oder laut Anweisungen des Etapen-Commissairs aus denen ihnen zugetheilten Ortschaften erhalten; wobey alle eigenmächtige Aushebung des Vorspanns aufs strengste verboten wird.

Zugleich sind die Scheunen, in welchen die Landleute ihr Getreide aufbewahren, unter keinem Vorwande, weder mit Pferden noch mit Fuhrwerk zu besetzen.

Das Original ist unterzeichnet:
Der kommandirende Generalfeldmarschall
Fürst B a r k l a y d e T o l l y."

<u>zu S.85, 128, 129, 130</u>
LKA SpA 3849 1775/1843
22. 3 1816
Detaillierte Mängelliste von 11 Seiten. Die Seiten sind im Original nicht nummeriert.
SEITE 1
„*Actum Heidelberg den 22 Merz 1816.| Vor | Grosherzoglich Badischem Pfleeger zu Schönau Bronn | Dem hiesigen Bürger und Schreinermeister Georg Müller welcher | das Schulhaus in der Judengaß dahier auf Ein Jahr von Ostern 1816 bis | dahin 1817 in Mieth genommen, wurde solches in folgendem zustand auf=| geliefert, welches derselbe nach Umlauf des Bestands wieder so zu verlaßen | hat|*

<u>*Im untern Stock|*</u>
vor der Hausthüre auf der Straßen liegt über dem Kandel eine grose vier= | eckichte steinerne Platte, | auf beyden Seiten des Hauses auswendig liegen steinerne Platten, nebst | einer langen steinernen Bank| Die Einfaßung derselben ist ebenfalls von Stein, wovon ein Stück abgebrochen. | vor der Hausthüre liegt ein langer steinerner Tritt, auf welchen ein | eisernes Fuseisen angebracht ist. | Das Hausthürgestelle ist von Stein, ober demselben ist ein schmales langes | Fenster mit sechs Scheiben in Bley, ~~aus~~ *| auswendig vor demselben ist ein eisernes Gekrems mit Laubwerk. | Der Hausgang ist*

mit steinernen Platten belegt und noch ziemlich gut. | Die Hausthür auf die Straße bestehet aus 2 langen Flügeln, verdoppelt| jeder Flügel hat 3 lange eiserne Bänder nebst Globen | An dem einen Flügel ist ein groses französisches Schloß mit Handheb nebst Drüker" |

SEITE 2

"Der Schlüssel zum Schloß ist vorhanden, | linkerhand des Eingangs das erste Zimmer, hat eine einfache tannene Stuben= | thür, mit 2 Fischbänder, ein französisches Schloß, Drücker und Handheb. | Dieses Thürgestell ist getäfelt und angestrichen, wie die Thüre, | inwendig ringsherum ist die Wand getäfelt in der Höhe bis zum Fenster mit | gelbem Anstrich, | Das Fenster auf die Straße hat 4 Flügel in Bley jeder Flügel 3 grose Tafeln | in Bley, in keinem besonders guten Zustand, an zwey Flügeln ist eine | Tafel gesprungen, bedürfen also einer kleinen Ausbesserung, | Der Boden ist gut. | Zu dem Stubenthür Schloß ist zwar ein Schlüssel aber ohne Bart vorhanden, | muß also gemacht werden. | Die Seitenwände sind gut. | Ein runder eiserner Ofen, auf einem steinernen Gestell und 4 Aufsätzen | nebst 1 blechernen Rohr von ohngefehr 4-5 Schuh | Zwey Alkofen tannene Thürflügel mit 1 Riegel, das Schloß ist abge= | brochen, jeder Flügel hat drey grose Tafeln an dem einen Flügel | ist eine Tafel zersprungen, und mit Bley eingelegt, am anderen ist eine | Tafel zerbrochen und eine andere einzuziehen, | Inwendig im Alkofen ist der Boden wie in der Stub und das | nehmliche Getäfel. | Die Seitenwände sind gut." |

SEITE 3

"In den Hof gehen 2 Fenster, wovon jedes 4 Flügel hat, jeder Flügel unten hat | 3 kleine Tafeln, und die oberen 2 Tafeln in Bley, eine Tafel ist gesprungen | und mit Bley zusammengesetzt. | Auf der Straße sind 2 tannene Kellerthür Flügel, jeder Flügel mit 2 grosen | eisernen Band und Flügeln, eine eichene Britsche über die Stiege | ein tanner Kellerladen mit eisen Band und Globen, einem Riegel und | Ring, nebst dem Einhang Globen, | auswendig vor jedem Fenster sind 2 tannene Läden Flügel mit eisen | Band und Globen angemacht, nebst Riegel alles noch in gutem Stand. | Rechterhand des Eingangs eine einfache tannnene Stubenthür mit Fischbänd 1 franzsch: | Schloß und meßingenem Handgriff. | Das Gestell ist getäfelt, d | der Fußtritt ist aber von den Schulkindern so ausgetreten, daß 1 neues Blatt | einzuziehen nöthig ist. | In der Stub befindet sich ringsherum ein niederes tannen Getäfel, wovon die | eine Seite gegen den Hof schon ziemlich faul und verlöchert ist. | Der Stubenboden ist gut | Auf die Straße gehen 3 Fenster und in den Hof ebenso viel, jedes Fenster hat 4 Flügel | mit

mittelmäsigen Tafeln in Bley, 1 Tafel ist gesprungen und muß herge= | *stellt werden, dann sind 2 Tafeln gesprungen und mit Bley eingelegt,* | *Statt 1 Tafel befindet sich ein Rauchfänger von Blech* | *Ein groser schöner eiserner runder Ofen, von 4 gewölbten Aufsedtzen, auf einem stein="* |

SEITE 4

"=ernen Fustritt mit Sturzblechenem großem Rohr von 9 Schuh Rohr. | *und am Hals ist ebenfalls ein Sturzblech eingeschoben.* | *Die Seitenwände sind gut.* | *In der Mauer ist ein Schrank mit 2 Thürchen, mit eisen Band angemacht.* | *mit einem französischen Schloß und Schlüssel versehen.* | *Zu dem Schloß an der Stubenthür ist gar kein Schlüssel vorhanden, und also* | *einer anzuschaffen.* | *Auf jeder Seite im Hausgang zwey gute tanen Kaminthüren, jede mit 2* | *grosen eisernen Band und Globen, an der einen Riegel, und an der anderen* | *eine Fallschlink.* | *wovon 1 Stück abgerissen* | *Die Thür in den Hof bestehet aus 2 tannenen Flügeln, jeder Flügel mit 2 Schub=* | *bänder, mit Riegel und französischem Schloß versehen, aber der Schlüssel fehlt.* | *Der Hof ist mit Platten belegt, ziemlich gut.* | *Eine Fallthüre in den Keller samt Kloben, ohne Schloß, einen Aufziehriemen* | *Eine Abtritt Thür mit Band und Globen nebst Riegel, gut, die Brille auf* | *dem Abtritt ist ebenfalls gut* | *Zwey alte über halbfaule tannen Kellerthür Flügel, jeder Flügel mit 2.* | *grose eisene Band und Globen versehen, an dem einen Flügel ist ein groser* | *eiserner Riegel am anderen ein Aufzieh Ring.* | *Die 2 untersten Stiegen in dem Keller sind zerbrochen und bedürfen einer Herstellung* | *Neben dem Eingang des Kellers ist ein Schrank mit einer tannen Thür, auf der andern* | *Seite ist zwar auch 1 Schrank in der Mauer, aber keine Thür davor.* | *Im Keller ist auf der einen Seite rechts ober einem Schrankloche etwas Mauer"* |

SEITE 5

"eingefallen, und die Reparation nöthig. | *Der Keller ist mit Platten belegt, wovon eine aufgebrochen, und noch eine* | *andere auszubessern.* | *Im Keller ist ein Gemäuer von einem ehemaligen Judenbad,* | *In dem hinteren Haus sind 4 steinerne ovale Tritte gut.* | *Das Gestell der Hausthür ist von Stein, ober derselben sind zwey Fenster Flügel* | *angebracht, wovon alle bis auf 1. geflickt sind* | *Zwey tannene Hausthürflügel jeder mit 2 Schubband und Globen und franzsch:* | *Schloß wozu kein Schlüssel vorhanden versehen.* | *Rechts am Eingang 2 tannen Kamin Thürflügel mit Band, Globen und Schlink versehen.* | *so Das eisen Ofenthürchen fehlt wie in den vordern Zwey Ofen.* | *Die Thür in die Stube rechterhand ist einfach von tannen Holz mit franzsch: Schloß* | *2 Schubband meßingenem Griff versehen und gut.* | *Das Thürgestell ist getäfelt.* | *Die*

Seiten in der Stub ringsherum sind getäfelt wovon auf der Seite gegen den | Garten faulen und ausgebrochen, neben daran sind einige Tafeln gesprungen | und auch etwas mit Bord vernagelt. | Auf jeder Seite sind zwey Fenster, jedes von 4 Flügel, und jeder Flügel mit | 3 grose Tafeln in Bley, an den 2 untern Flügeln gegen den Garten sind 2 Tafeln | schon verbleyt und dennoch versprungen, mithin wieder herzustellen | Am anderen Fenster ist eine Tafel gesprungen und herzustellen, eine andere ist | zuvor gesprungen, aber wieder mit Bley zusammengestzt. | Die Bretter vor den Fenstern in den Garten sind auf der einen Seite ganz faul und aus" |

SEITE 6

"zubessern, auf der andern Seite ist zwar ein Loch aber doch noch gut, | An dem Fenster gegen den Hof ist ein kleines Stück eingebleit und 1 Tafel ein= | zubleyen. | Die Fensterbretter sind ziemlich gut. | In der Wand ist ein Schrank mit 2 tannen Thürflügel, mit Fischband und franzsch: | Schloß und Schlüssel gut. | Neben dem Ofen befinden sich 2 Bord aufgestellt, mit Leisten übernagelt, zu | einem Registratur Gestell. | Eine runde steinerne Platte, worauf ein runder eiserner Ofen mit Zier xxx | und einem sturzblechenem großen Rohr und Hals, das Rohr hat ohngefeh | r 6 Schuh, auswendig der Fenster im Hof sind 4 Läden Flügel gelb angestrichen mit | Band und Globen ziemlich gut nebst Einhang Haken. | Vor den Fenstern in den Garten sind lange eiserne Gekräms Stangen und 4. | halb Sommer Läden Flügel angestrichen mit Band und Globen, dann Einfang Haken, | oben eine kleine Ausbesserung nöthig. | Der Hausgang ist mit Platten belegt gut. | Links eine Küchenthür von Tannen Holz einfach mit franzsch: Schloß ohne Schlüssel | mit Schupband und Globen versehen. | Das Gestell ist getäfelt | Der Boden ist mit steinernen Platten belegt gut. | Ein steinerner Herd worauf noch ¾ einer steinernen Platte liegen. | Ein steinerner Wasserstein mit einer steinernen Bank, | Im Hof befindet sich auch ein Wasserstein, so verkauft werden könnte. | Schornsteinbusen ist gut. | In den Hof 2 Fenster jedes mit 4 Flügel, an 2 Flügel unten sind" |

SEITE 7

"die Rahmen ganz faul und müssen hergetsellt werden, in welchem | zugleich nur noch 2 gute Tafeln sind die anderen sind zersprungen und ver= | bleyt. | Auf der anderen Seite gegen den Garten ebenfalls 2 Fenster, an dem einen be= | finden sich nur noch 3 gute Tafeln, und die übrigen müssen frisch eigezogen | werden, am anderen sind 3 Tafeln zersprungen und verbleit, vor welchem | auch eiserne Gekrämsstangen befinden und dem anderen sind solche aber ausge= | brochen. | Vor dem Herd ist ein Deckel über

Ascherloche mit einem eisen Ring zum Aufheben. | Eine doppelte Tannen Thür in den Garten, mit Schlink 2 Riegel, Band und Globen. | Drey steinerne Tritte in den Garten. | Das Thürgestelle ist von Stein ober demselben 2 eingeramte Fensterscheiben | Vor demselben auswendig ein eisen gegitter. | Im Garten ist ein Pfirschigbaum. | Sodann eine alte Taubenlaube wovon das Gestell alles ganz faul so wie die | Stagetten um das Gärthchen. ~~hat~~ *| Hinter dem Garten ein Schopp neben dem ein Hüner und Schweinstall | wovon zwey alte Tannen Thüren mit Band und* ~~Glob~~ *Globen, die Riegel | aber sind abgerissen. | Eine Thür in die Bussemergaß mit Schloß, Band, Riegel, Globen, Schlüssel | alles gut. | Die Stiege in den 2 ten Stock besteht aus 11 steinernen und 12 holzenen Tritten, | mit eisernem Geländer stang auf den steinernen Treppen* ~~auf~~ *neben den holzenen | hingegen ein holzen Geländer, unter der Stieg befindet sich ein steinerner | Regenwasser Trog in welchen durch 1 blechene Kandel vom Dach das Wasser | geleitet wird." |*

SEITE 8
"*Continuatum Mittags den 22 Merz 1816.|*

<u>*Im zweiten Stock*</u>|

Der Vorgang ist mit steinernen Platten belegt und gut. | An dem Abtritt eine tannen einfache Thür mit Band und Globen, die Brille ist gut. | Die Gangthür ist einfach und von tannen Holz mit deutschem Schloß wozu der Schlüssel fehlt, | nebst Bändern und eisernen Griffen. | Der Gang in das erste Zimmer ist geplattet. | Die Stubenthür ist einfach von tannen Holz gestemmt, so wie die Begleitung mit | Fischband französischem Schloß, Handgriff samt dem Schlüssel dazu. | Der Stubenboden ist gebordet und gut. | Die Stube ist ringsherum getäfelt. | Ein kleiner runder Ofen mit 3 Aufsätzen und sturzblechenem Rohr von 5 Schuh. | In der Wand ist ein kleiner Schrank mit einer einfachen tannen Thür mit Fisch= | band und Globen wozu kein Schlüssel vorhanden | Auf die Straße zwey Fenster jedes unten 2 grose Flügel mit 3 Tafeln in Holz | die oberen Flügel haben aber 2 Tafel in Holz sehr gut. an jedem Fenster ist ein | Pasquil angebracht. | Auswendig vor jedem Fenster zwey tannen Sommerladen Flügel mit groben | Band und 3 Räuber. | Die Thür in die Stube ist wie die vorige, der Boden und Getäfel enbenso | drey Fenster wie die obigen zwey, und der Ofen ist etwas großer wie die obigen | nebst den Sommerläden. | Ein Alcofe wovon ein Fenster in den Hof gehet, und mit Bley eingefaßt mit | 4 Flügeln, und die Tafeln sind geringer wie die vorigen, das Getäfel wie Stube. | Ober der Eingangsthür ein kleines Fenster ohne Tafeln, neben der Thür ein " |

SEITE 9

"Fenster mit 4 Flügeln, jeder Flügel mit 3 Tafeln in bley und 2 Tafeln sind zer= | sprungen und eine ganz zerbrochen, bederfen also der Herstellung. | Eine Tannen Kamin Thür mit Riegel, Band und Globen, gut. | Am Ofen ist auswendig ein eisernes Thürchen angemacht, | Im zweiten Zimmer befindet sich noch eine tannene Thür wie die vorige beschaffen. | Am anderen Ofen des Kamins ist keine eiserne und keine tannen Thür, aber in dem | Behälter, so vorher eine Küch gewesen seyn mag, ist eine alte einfache Tannen Thür. | mit Globen, Band und deutschem Schloß samt Schlüssel | Im Gang unter der Stieg ist ein holzerner Holzbehälter mit tannen Thür, samt | Schlößel Band und Globen | Über den Gang herüber ist eine Stiege mit 6 holzenen Treppen | Eine Treppen Thüre mit Band Fallschlink und Globen. | Der Gang in das obere Hinterhaus ist mit Bord belegt, dieseit in den Hof ist er | mit Tannen Holz vergittert | Der Vorgang im Hinterhaus ist mit Platten belegt und hat ein steiner Gekräms. | Die erste Thür ist in die Küche, einfach tannen, gestemmt, deutsches Schloß mit Griff. | Die Küche ist durchaus geblattet und eine gesprungen. | Der Herd ist von Stein. | Der Schornsteinbusen ist gut. | Schöner Wasserstein über welchem ein Fenster mit 4 Flügeln, jeder 3 Tafeln in | Bley, wovon 3 geflickt sind. | Die Läden sind gut mit Band etc. | Auswendig sind Eisengiter einem Blumenbrett | Aus der Küche geht eine einfache tannen Thür in die Stube, mit Band ~~etc~~ Riegel | Globen und deutsches Schloß ohne Schlüssel." |

SEITE 10

"Auf den Gang geht eine einfache gestemmte Stubenthür mit Fisch und Schub Band, Globen | Schubband französch: Schloß und Griffen, nebst Bekleidung, inwendig ringsherum | getäfelt mit Anstrich gut | Der Boden mit Bord belegt gut. | Ein kleines Ofelein mit 3 Aufsätzen, einem sturzblechen Rohr von circa 4 Schuh. | steht auf einer grosen viereckigen steinernen Blatten gut. | Zwey Fenster in den Garten, jedes mit 4 Flügel, und jeder Flügel mit 3 | Tafeln in Bley, 2 Tafeln aber sind geflickt, auswendig an jedem Fenster | zwey alte Sommerläden Flügel, wovon nur 2 Räuber. | In die Cammer eine alte Thür wie die in der Küch ohne Schloß, welches abgebrochen | worden, von wem will aber niemand wissen, mit Band Globen und Schlink. | Der Boden ist wie der in der Stub gut. | Ein Fenster in den Garten wie die vorigen, nur daß eine Tafel fehlt. | Im Gang am Kamin ist weder eine tannen Thür noch am Ofen eine eiserne. | Eine tannen holzene Stieg auf den Speicher. | Der Eingang ist mit einer alten tannen Thür verschlossen | Der Speicher ist ganz ungebort, das Gebälk aber ist gut, Das

Dachwerk bedarf aber | durchgehends einer Reparation und an allen Gauben fehlen Läden. |

Im dritten Stock|

Eine hölzerne Stiege mit dergleichen Geländer auswendig mit Bohlen ist | gebort schlecht genug | In das erste Gaubzimmer eine einfache gestemmte Stubenthür mit Fischbänder | Globen und französichem Schloß, wozu kein Schlüssel vorhanden, der Boden ist | neu und gut, ringsherum ist die Stube getäfelt und angestrichen. | Ein kleines Öfchen mit 3 Aufsätzen ein 5 Schuh langes sturzblechenes Rohr." |

SEITE 11

"Zwey Fensterflügel mit 4 Tafeln jeder Flügel, wovon eine Tafel zersprungen | und zwey geflickt sind. | Ein Somerladen mit eisernen Haken, Band und Globen, wo die anderen | hingekommen sagt keiner. | Auf dem Gang in den Hof sind zwey Fensterflügel, jeder mit 4 kleinen Tafeln | wovon 2 verbrochen und ein Band fehlt. | Eine lange Kaminthür mit Band gut Globen und Schlink gut. | Die zweite Gaubstube ist wie die erste und so auch die dritte nur in der zweiten | ist ein etwas größerer runder Ofen, als wie in der 2ten Stube | Die Thür der 2ten Stube hat eine französsch: Schloß mit Schlüssel, die dritte aber ist mit | keinem Schloß versehen, nur | Eine einfache tannen Thür mit Schloß und Band und Globen, in einem Neben= | behälter in welchem 2 kleine Fensterflügel wie die vorigen. 2 Tafeln aber | sind zerbrochen. | In diesem Behälter geht eine holzerne Steig auf den Speicher. | Der Speicher ist größtentheils schlecht gebohrt, hinten dem Schornstein sind die | Bord aufgebrochen und fortgeschlept, in den Gauben sind 2 tannen Läden | Das Dachwerk hat eine Haupt Reparation nöthig, das Holzwerk | aber ist noch gut. | Daß mir die Auflieferung wie vorstehendes Protocoll enthält geschehn | bescheine mit eigener Unterschrift | Georg Müller Schreiner | Meister.|"

zu S.133
LKA SpA 3849 534/546
29.1.1817
Vorschlag des Presbyteriums zum Umbau des Hinterhauses

"Es befindet sich nämlich in dieses Hauses erstem Stock eine Stube, welche 24 Sch lang ad 20 Sch tief ist, u. die eine gehörige Größe u. das erforderliche Licht für die Elem. Schule hätte. In deren Hinterhause, im 2^t Stock, ist eine Stube Kammer u. Küche vorhanden, welche zusammen 40 Sch. in der Länge und 19 Sch. in der Tiefe haben, ferner ein Gang von 5 Sch. in der Breite, so daß, wenn man den Gang, die Stube und Kammer

zusammen nähme, man eine Schulstube für die Knaben von 24 Sch. breit u. 28. Sch. tief erhalten würde. Der Gang wäre um deswillen mithig, zum Knabenschulzimmer zu nehmen. weil die Schulstube auf einer Seite sonst nur 3 Fenster hätte und man auf der Gangseite ebenfalls noch 3-4 Fenster gewinnen könnte. Dann wäre aber die Schulstube keinem Lärmen von der Straße her ausgesetzt. Schwieriger wäre es, im unteren Stocke des Hinterhauses eine Schulstube für die Knaben anzulegen, weil die jetzt vorhandene Stube daselbst nur 22 Sch. lang u. 16 Sch. breit ist; es wäre denn, daß man denn 4 Sch. breiten Gang u. noch einen Theil der daneben liegenden Küche dazu verwenden, u. dem Angränzer Rohrmann, seinen kleinen Schopfen abkaufen wollte, um einen neuen Gang durch die Küche anlegen zu können u. um zu verhüten, daß das Licht nicht verbaut werde. Allein dies wäre nach diesseitigem unmaßgeblichen Erachten, theils zu weitläufig, theils zu kostspielig und auf jeden Fall wäre das Locale im oberen Stock vorzuziehen...."*

zu S.118, 121, 133
LKA SpA 3849 547
4.2.1817
Brief des Ministeriums / darin werden Nachteile des Hauses aufgezählt:
"... *das schon längst von dem Mädchen Schullehrer Spangenberger verlaßene Schulhauß in der Judengaßen....*"
"...*auf andringen des Kirchen Vorstandes im Jahre 1806 erkauft und mit einem großen Kostenaufwand zugerichtet, als auch schon der dahin eingewiesene Schullehrer mit Klagen über Feuchtigkeit, welche sein und seiner Familie Gesundheit ruinieren, aufrief nochmals Verbesserungen mit Lamberien und Ofensetzungen veranlaßte, und es zuletzt unter Vorsprache des Ministeriums doch dahin brachte, daß man ein andres noch übler gewähltetes Mittel ergriff, und das Pfarrhaus in der Fischergaß mit einem Kostenaufwand von nochmals tausend Gulden für die Mädchenschule zurichtete, das dadurch leer gewordene Haus quaestiones aber dem Kanzleidiener Bachmann umsonst zur Wohnung anwiese, der mit beihülfe seiner Familie eben auch nichts zu seiner Verbesserung beigetragen hat.
Unglücklicherweise kann die Registratur die acten nicht auffinden, worin die Vorstellungen des Schullehrers und die Vorschreiben des Kirchenministeriums wegen der nötigen Verlegung der Schule aus diesem in ein anderes Hauß enthalten sind, doch liegt den ältern hier angeschlossenen acten ein solcher Bericht des Kirchenvorstandes vom*

Jahre 1809 bei, worin die Versicherung gegeben ist, daß in selbigem Jahr der Neckar schon zweimal an den unteren Teil dieses Hauses worin die Schulstuben sind, und auch wiederum bleiben sollen, getretten sey, dazu kommt noch daß alle Holzfuhren vom Lauer woher die ganze Stadt ihren Bedarf ziehet, durch diese nicht gar breite Gasse gehen, und einer nachdem man seit drey Jahren alle Versuche dieses lästige Gebäude loszuwerden vergeblich gemacht, öfentliche Versteigungen desselben abgehalten, Einquartierungen darin getragen, nur das notwendigste darin noch unterhalten hat, und nachdem keine der Lehrer am Gymnasio solches beziehen wollte, weil es zu ungesund und übel gelegen sey, ob es gleich 12 Stuben, zwey Küchen und mehrere Keller nebst Gärtchen hat, nachdem man in der vorletzten Sitzung wiederum an 200 f reparationskosten in das Zimmermannsche Hauß zur Zahlung angewiesen hat und auf einmal diese letztere Schulwohnung zu enge für die Jugend, und das verlassene Hauß soll mit einem abermaligen Kosten Aufwand von vielleicht tausend Gulden zu einer Knaben und Elementar Schule zugerichtet werden, bis vielleicht in einem halben Jahr die wührklichkeit durch eine Austrettung des Neckars oder durch eine Beschädigung eines Kindes oder vom Vieh oder einer Holzfuhre abermal fühlbar gemacht, und dadurch die Notwendigkeit einer abermaligen Veränderung dieser Schulwohnung herbeigeführt werden würde. Das Gebäude ist auserdem daß seine Lage für eine Schule durchaus nichts taugt, viel zu gros für einen Schullehrer und Schulfrau weil beide noch 10 Stuben behielten. Es ist in diesem Bericht sowohl für den Zweck und vorzüglich wegen seiner starken Feuchtigkeit zu kostspillig in der Unterhaltung. Ich würde dahero stimmen solches ehender um die Hälfte seines noch jezigen Werts zu verkaufen, als in den Vorschlag des Kirchenvorstandes einzugehen, und ein Gebäude beizubehalten, welches wie das Spangenbergerische dermalige Schulhauß in 6 - 8 Jahren gewiß mehr reparationskosten verursacht, als seine Aufführung erfordern würde.

Es kann auch das Bedürfnis einer vergrößerten Schulstuben nicht so dringend sein, wie es in der Vorstellung geschildert wird, denn niemalen war noch davon die Sprache das Hauß in der Judengaß stünde schon drey Jahre lang leer, und ist jetzt erst zum trefflichsten locale geworden, welches dem Zweck einer Schule ganz entspricht. Hier behalte ich mir vor nach aufgefundenen acten die früheren Berichte des nämlichen Verfassers, worin die Notwendigkeit die Schule aus diesem Gebäude wegzulegen dargethan wurde, noch ihren daten hinzu setzen damit man daraus die Wandelbarkeit menschlicher Ansichten erkennen könne..."

Dokumente

zu S.133
LKA SpA 3849 547
3.4.1817
[Randnotiz:] "*ad acten die Zurichtung des Kanzleigebäudes im Münchshof zu einer Pfarrwohnung. Bericht des Minsiteriums vom 3.april 1817*"
"*... endlich liegt auch dem Kirchenvorstand gar sehr am Herzen, daß das verlassene Schulhauß dem Verderben ganz ausgesetzt bliebe, wie sich kein Kaufliebhaber bis jetzt noch dazu gefunden habe. Allein dafür hat sich jetzt ein Aushülfsmittel gefunden, ich habe solches nemlich unter Vorbehalt der Genehmigung einem Heidelberger soliden Bürger nahmens Ehrmann, einen Schwager des Inspectors Bähr.*" Dieser wolle 4200 Gulden zahlen, das wären 200 weniger als erhofft. Aber der Preis von 4400 sei nicht zu erzielen, weil „*..nach dem Anzeigenblatt von Heidelberg stets mehrere Häuser feil sind..*"

zu S.135
LKA SpA 3849 5241/5367
9.10.1818.
Brief von Friedrich Koch .
SEITE 1   [Randnotiz:] "*zum alsbaldigen Bericht und ist bis auf weitere Verfügung mit der Versteigung dieses Hauses einzuhalten. Karlsruhe am 15ten Octobr 1818| Ministerium des Innern| Evangelische Section| Einhart*"|
BRIEF:
"*Grosherzoges Hohes Ministerium des Innern | Evangelische Kirchen Section | An die Pfleg Schönau |
Gehorsamste Bitte des Bürgers und Schneidermeisters Friederich Koch in Heidelberg, um einen Einhaltsbefehl in der Versteigerung seines Wohnhaußes ertheilen, und gegen Entrichtung der umloffenen, als jedesmal quartaliter zu bezahlenden Zinsen des noch auf diesem Haus stehenden Capital fürs erste stehen zu lassen.
Mein Onkel und Vormund der Bürger und Reichapfelwirth Ehrmann, schloß vorigen Jahres mit dem durch das Grosherzogliche Hohe Ministerium des Innern aufgestellten Comissarius einen Kauf über das in der Judengaß gelegene dem Kirchen Aerario zustehende Hauß ab, und zwar um es mir dem gehorsamst Unterzeichneten, der ich mich gerade damals um mich von dem Militair los zu machen in Carlsruh befand, zu einer*

künftigen Etablierung zu überlassen. Das Hauß kostete meinem Vermögen nach eine große Summe und ich glaubte gleich anfänglich"

SEITE 2

"dieses nicht antretten zu dürfen, wenn nicht Verwandte mir Unterstützung versprechen, und durch eine getroffen habende Verehelichung so viel zugesichert worden seyn, daß ich dem geschlossenen Vertrag zu folge, die Contractmäßig 2200 f um die bestimmte Zeit erfüllen könnte, ohne mein Geschäft als Schreiner zu welchem mein weniges mir durch das Abkaufen von dem Militair übriges Vermögen erforderlich war, zu benachtheiligen

Eine Tante machte mir zu dem Haus Kauf ein Geschenk von 1000 f welches ich ihr jedoch Lebenslänglich mit 5 pC^{to} zu verzinßen verbunden bin; - diese verwandte ich auch augenblücklich für die erste Termin Zahlung dieses Hauskaufs, und nun bezieht diese meine Tante durch das Quartier welches ich ihr im Haus einräumte ihren Zinß.

Meine nachher erfolgte Verehelichung lies noch hoffen in den Bezug von den noch zu bezahlen habenden 1200 fl zu gelangen, aber leider wurde ich in meiner Erwartung betrogen, da das zu hoffende Vermögen meiner Frau von einer alten etlich und siebenzig Jahre alten Grosmutter abhängt, die bey ihren Lebzeiten nichts abtretten will, selbst wenn das Glück ihres Endes untergraben würde.

Ich habe in das überkommene Haus wenigstens 400 bis"

SEITE 3

"500 Gulden verwandt, und es würde nun für mich traurig sein, wenn ich durch den Grosherzoglichen Hohen Ministeriums des Innern verordnete Versteigerung und aus einem minder Erlöß dieses Haußes, theils um das was ich von meiner Tante zur Ankaufung dieses Haußes geschenkt erhalten, theils was ich hinein verwandt habe, gebracht würde; - Da ich ohnedem schon in einen beträchtlichen Schaden durch dieses Hauß dadurch versetzt worden bin, daß das Haus während sechs Monathe die ich in Carlsruhe, als ich mich um den Abschied vom Militair beworben hatte, zubringen mußte, leer dahier stand, und ich ohne Verdienst die Laste des Haußes, die Laufende Zinßen pp zu tragen hatte.

In diesen traurigen aufrichtig hier dargetsellten Verhältnißen hoffe ich mich einer Nachsicht des Grosherzoglichen Hohen Ministeriums des Innern erfreuen zu dürfen, besonders aber dann, wenn ich mich erbiethe die restliche Zinßen gleich baar zu bezahlen, die laufenden aber, jedes Quartal, halbe Jahr, wie es das Hohe Ministerium gnädigst anordnen wird, zu entrichten.

Das Capital auf dieses Hauß ist an und für sich "
SEITE 4
"schon gesichert, da dieses Hauß mit 2500 f in der feuerassecuranz lieget und der Platz und Materialien den Rest des Capital bey dem größten Unglück leicht übersteigen dürfte: - auch kann sich das Hohe Ministerium durch Beauftragung des dahiesigen Inceptors Herrn Pfleeger Bronn dieses Haus zu besichtigen vollkommen überzeugen, daß die von mir oben angemerkte Verbesserungen würklich gemacht worden sind: - Ich werde nicht ermangeln Sobald mir einiges von dem zu hoffen habenden Vermögen zu Handen kommen soll, sogleich zur Bezahlung dieses Haußes gebrauch zu machen, und auch den wenn ich durch mein Geschäft etwas erübrigen werden, stückzahlungen zu machen.

Bey der am 8. angeordneten Versteigerung fanden sich keine Liebhaber vor: - Ich erlaube mir das Grosherzogliche Hohe Ministerium des Innern gehorsamst hiermit zu bitten, daß Hochdasselbe so gnädig sein möchte, die angeordnete Versteigerung bey diesem Verhalt der Sache und für so lange als ich die Zinßen richtig bezahle Sistieren, und mich dadurch in meiner jetzigen Existenz erhalten zu wollen. Heidelberg, den 9. Octb 1818   Friedrich Dan: Koch Bürger Schm:Mtr"

zu S.109
zitiert nach SZKLANOWSKI, 1984, S.40
Inschrift auf dem Grabstein von Benedikt Hochstätter
5.4.1824
"Benedikt wurdest du genannt bei deiner Ankunft | und gebenedeiet sei dein Abgang | von dieser (irdischen) Welt zum ewigen | Leben, zum Lohn, daß du achtetest | Gott mehr als deinen Besitz. Hier ruht | der große Vorsänger, Herr | Benedikt, Sohn des Herrn Isaak | Hochstätter Segal | s.A., gestorben in der Nacht | des Ausgangs des hl. Šabbat, den 6. und beerdigt | am Montag, den 7. Nissan | 584 n. d. M. | `T `N `Z `B `H"

zu S.150
StAHD Lagerbuch I, Vermessungs-Urkunde
7.3.1833
"vol I. ad n^m 141 pag. 397 gehörig
Geometrische Messungs urkunde| über| Den Theil welche Johannes| Schick Schreinermeister von| seinem Hausse in der Bussemer| gasse N° 207 abgeschnitten, und| zu sei-

nem Hausse N° 232 in| der Drey Königsstraße| zugetheilt hat, enthält nach| dem Heidelberger Werkmaße| <u>zwey Hundert zehn sechs Schuh</u>| <u>216 Schuh.</u>| begränzet einseits N° 207. an-| derseits den gemeinschaftlichen| Winkel, stoßt hinten auf| Jakob Weibel Schuhmachermeister,| Vorne auf des eigenthümers Hof.| Heidelberg der 7ᵗ März| 1833
    Arnold"

Literaturverzeichnis

ADDRESS-CALENDER: Universitäts und Addreß-Calender von Heidelberg auf das Jahr 1816
ADELUNG, JOH. CHRISTOPH: Magazin für die deutsche Sprache, Leipzig 1782-1783
ADELUNG, JOH. CHRISTOPH: Versuch eines vollständigen grammatisch-kritischen Wörterbuches der hochdeutschen Mundart 1774. Supplementband 1818
ALMANACH DER UNIVERSITÄT HEIDELBERG auf das Jahr 1813, 1812, siehe LEICHTEN, E. J.
ANGERMANN, JOH. GOTTHILF: Allgemeine Practische Civil-Baukunst, welche zum Vorteil aller Haus=Wirthe und Bau=Verständigen abgefasset worden, Halle 1766
ARCHIV FÜR DIE GESCHICHTE DER STADT HEIDELBERG UND DIE RHEINISCHE PFALZ. (AGHD). Hrsg. Hermann Wirth, Heidelberg 1868-1869
AUTENRIETH, GEORG, Dr.: Pfälzisches Idiotikon. Ein Versuch, Zweibrücken 1899
BAUER, GERHARD: Vorstudie zu einer Geschichte des Schreibens im Mannheim des 18. Jahrhunderts. in: Würzburger Beiträge zur deutschen Philologie, Bd.11 1993, Arbeiten zum Frühneuhochdeutschen, Gerhard Kettmann zum 65. Geburtstag.
BAUFELD, CHRISTA: Kleines frühneuhochdeutsches Wörterbuch, Tübingen 1966
BEDAL, KONRAD: Historische Hausforschung, Windsheim 1993
BENKRAD, TANTE LUISE: Familien= Erinnerungen. Hrsg. von Otto Bütschli, Heidelberg 1902
BENRATH, GUSTAV ADOLF: Die Universität Heidelberg vor 300 Jahren. in: RC, XXI. Jg. Bd.47, Heidelberg Dezember 1969
BUSELMEIER, MICHAEL: Heidelberg - Lesebuch, Stadtbilder von 1800 bis heute, Frankfurt/M 1986
CAMPE, JOACHIM, HEINRICH: Wörterbuch zur Erklärung und Verdeutschung der unserer Sprache aufgedrungenen fremden Ausdrücke. 2. Ausgabe, Braunschweig 1813.
CHRIST, KARL und MAYS, ALBERT: Einwohnerverzeichnis der Stadt Heidelberg vom Jahr 1588, NAHD Bd.I 1890
CHRIST, KARL: Das Steuerwesen von Kurpfalz im Mittelalter. I. Die Heidelberger Schatzung von 1439. in NAHD Bd.III, S.200ff
CHRIST, KARL: Die Pfälzer und rheinischen Maaße. in NAHD Bd.II 1894, S.194ff
CHRISTMANN, ERNST. Pfälzisches Wörterbuch, Bd.1-3 Wiesbaden, Bd.4-6 Stuttgart 1965-1997, Beiheft 1-6 Stuttgart 1998
CSER, ANDREAS: Zwischen Stadtverfassung und absolutistischem Herrschaftsanspruch (1650 bis zum Ende der Kurpfalz 1802) in: Geschichte der Juden in Heidelberg, Buchreihe der Stadt Heidelberg Bd. VI, Hrsg. Peter Blum, Heidelberg 1996. S.46-153

DAMOLIN, MARIO / METZNER, MANFRED (HRSG.): Mein Heidelberg. Ein Oberbürgermeister erzählt, Heidelberg 1980
DERWEIN, HERBERT: Die Flurnamen von Heidelberg, Straßen / Plätze / Feld / Wald. Eine Stadtgeschichte, Heidelberg 1940
DERWEIN, HERBERT: Handschuhsheim und seine Geschichte, 1933
DEURER, E. F.: Umständliche Beschreibung der im Jänner und Hornung 1784 die Städte Heidelberg, Mannheim und andere Gegenden der Pfalz durch die Eisgänge und Überschwemmungen betroffenen grosen Not. 1784
DOMITOR, JAKOB: siehe HEMMER, JOH. JAKOB
DONAT, WALTER: Ein bürgerlicher Haushalt zu Heidelberg um das Jahr 1760. in NAHD Bd.IX, S.149-154
DRÖS, HARALD: Heidelberger Wappenbuch, Buchreihe der Stadt Heidelberg Bd.II, Heidelberg 1991
DRÜLL, DAGMAR: Heidelberger Gelehrtenlexikon, Bd.1 1803-1932, Berlin 1986, Bd.2, 1652-1802, Berlin 1991
ECHNER-KLINGMANN, MARLIESE: Kraichgauer Wortschatz, Kraichgauer Heimatverein, Sonderveröffentlichung Nr. 23, Eppingen 2001
EULENBURG, FRANZ: Die Bevölkerungs- und Vermögensstatistik des 15. Jahrhunderts, in: Zs. für Social- und Wirtschaftsgeschichte, 1895. Er behandelt darin die Schatzung von 1439
EULENBURG, FRANZ: Städtische Berufs- und Gewerbestatistik Heidelbergs im 16. Jh. ZGO Bd.50, 1896, S.81-144. Eulenburg analysiert das Einwohnerverzeichnis von 1588
FEHRLE-BURGER, LILI: Königliche Frauenschicksale zwischen England und Kurpfalz, 2.Aufl. Heidelberg 1997
FELDMEIER, FRANZ: Die Ächtung des Kurfürsten Max Emanuel von Bayern und die Übertragung der Oberpfalz mit der fünften Kurwürde an Kurpfalz (1702-1708), in: Untersuchungen zur bayerischen Geschichte von 1702-1715, Teil 1 Diss., München 1911.
FRICKE, WERNER: Der Bericht von E. F. Deurer über das Eishochwasser von 1784. Eine Erklärung der Naturkatastrophe. in: PRÜCKNER, Helmut: Die alte Brücke in Heidelberg, Heidelberg 1988
GAMER, JÖRG: Matteo Alberti, Oberbaudirektor des Kurfürsten Johann Wilhelm von der Pfalz, Herzog zu Jülich und Berg etc. Die Kunstdenkmäler des Rheinlandes. Düsseldorf 1978. Beiheft 18. S.113ff und Abb. 56.
GAWLICZEK, O. HERBERT: Chronik der Ärzte Heidelbergs - ein Fragment, Mannheim 1985
GENERAL LANDES ARCHIV KARLSRUHE: Aus den Acten des Großh. General=Landes=Archivs zu Karlsruhe. in: MGHS Bd. 1, 1886 S.9-34 und S.161-221
GLADT, KARL: Deutsche Schriftfibel: Anleitung zur Lektüre der Kurrentschrift des 17. - 20. Jahrhunderts, Graz 1976
GÖBEL, HEINRICH: Darstellung der Entwicklung des süddeutschen Bürgerhauses, Darmstädter Diss. Textband und Atlas, Dresden 1908
GOETZE, ALFRED: Entwicklung und Mannigfaltigkeit der Sprache. in: Volksbücher zur Deutschkunde. Nr. 1. Hrsg Walther Hofstaetter. Prag, Leipzig, Wien 1918. S.5-49.
GOETZE, ALFRED: Frühneuhochdeutsches Glossar. 2.Aufl., 1920

GOETZE, JOCHEN: Die Brücke im Rahmen der Heidelberger Stadtentwicklung. in: PRÜCKNER, HELMUT, Hrsg.: Die alte Brücke in Heidelberg, Heidelberg 1988, S.17ff
GOETZE, JOCHEN: Gassen, Straßen und Raster oder die Anfänge der Stadt Heidelberg. Überlegungen und Gedanken zum Heidelberger Stadtgrundriss. in: HDJG, Bd.1 1996, S.103ff
GOETZE, JOCHEN: Die Geschichte des Reformierten Spitals zu Heidelberg, in: Ein Haus im Wandel der Zeiten: Das Alte Reformierte Spital zu Heidelberg, Hrsg. Evang. Stadtmission Heidelberg e.V., Heidelberg 2000
GOLDMANN, NIKOLAI: Vollständige Anweisung zu der Civil-Baukunst, 1696
GRIEP, HANS-GÜNTHER: Kleine Kunstgeschichte des Deutschen Bürgerhauses, Darmstadt 1985
GULAT, MAX VON: Die Bestellung des Grafen von Schaeßberg zum pfälzischen Generalpostmeister im Jahre 1706. NAHD Bd.IX S.79-87
HAAS, RUDOLF: Die Pfalz am Rhein. 2000 Jahre Landes-, Kultur- und Wirtschaftsgeschichte, Mannheim 2.Aufl.1968
HÄUSSER, LUDWIG: Geschichte der Rheinischen Pfalz, 2. Ausgabe 1856
HAUTZ, JOHANN FRIEDRICH: Die Geschichte der Neckarschule. Von ihrem Ursprunge im 12. Jahrhundert bis zu ihrer Aufhebung im Anfange des 19. Jahrhunderts, Heidelberg 1849
HEIDELBERG, JAHRBUCH ZUR GESCHICHTE DER STADT (HDJG). Hrsg. Heidelberger . Geschichtsverein, Heidelberg 1996 ff
HEIDELBERGER RUNDSCHAU, Monats- bzw. Wochenzeitung. Hrsg. Journalistische Genossenschaft. 1974 bis April 1975, Forum der Bürger Heidelberg e.V. April 1975 bis 1983
HEIDERGER, HANS: Handschuhsheim. Chronik eines Heidelberger Stadtteils. Hrsg. Stadtteilverein Handschuhsheim. 2. Aufl. 1986
HEILIG, OTTO: F. J. Mones Bruhrainisches Idiotikon in: NAHD, Bd. VI, 1905, S.121-166
HELLWIG, GERHARD: Lexikon der Maße und Gewichte, Gütersloh, 1979/1982
HELWERT, GUSTAV: Heidelberg, Zähringerstr.6. Unveröffentlicher Nachlass GLA 65/2005
HEMMER, JOHANN JAKOB: Abhandlungen über die deutsche Sprache, Mannheim 1768
HEMMER, J. J.: Deutsche Sprachlehre, zum Gebrauch der kuhrpfälzischen Lande, Mannheim 1775
HEMMER, J. J.: Grundriss einer dauerhaften Rechtschreibung, Deütschland zur Prüfung forgeleget, Mannheim 1776. unter Pseudonym Jakob DOMITOR
HEMMER, J. J.: Kern der deütschen Sprachkunst und Rechtschreibung, Mannheim 1780
HENNIG, BEATE: Kleines mittelhochdeutsches Wörterbuch, 3.Aufl. Tübingen 1998
HEPP, FRIEDER: Religion und Herrschaft in der Kurpfalz um 1600, Heidelberg 1993
HERTWIG, P. GREGOR: Chronik des Barfüsser Karmeliterklosters zu Heidelberg. Ein Beytrag zur Pfälzischen Kirchengeschichte. Hrsg. M.A. Maesel, Ubstadt-Weiher 1998
HEYNE, MORIZ: Das Deutsche Wohnungswesen, von den ältesten Geschichtlichen Zeiten bis zum 16. Jahrhundert, Leipzig 1899
HEYSE, JOH. CHRIST. AUG.: Fremdwörterbuch, Hrsg. Carl Böttger, 7. Auflage, Leipzig 1885
ISENMANN, EBERHARD: Die deutsche Stadt im Spätmittelalter, Stuttgart 1988
JAEGER, OTTO: Die Flurnamen von Neuenheim 765 - 1891. Mit einem Beitrag von Horst Eichler: Naturausstattung und landschaftliche Gliederung der Neuenheimer Flur, Heidelberg 1988

JANSEN, ROSEMARIE UND HANS HELMUT: Die Pest in Heidelberg. in: Semper Apertus, 1986 Bd.I, S.371ff
KAYSER, KARL PHILIPP: Aus gärender Zeit. Tagebuchblätter des Heidelberger Professors K.Ph.Kayser aus den Jahren 1793 bis 1827, hrsg. von F. Schneider, Karlsruhe 1923. Zitiert nach Buselmeier, M., Heidelberg 1986
KLUGE, FRIEDRICH: Etymologisches Wörterbuch der Deutschen Sprache. 18.Aufl., Berlin 1960
KOLLNIG, KARL: Die Kurfürsten von der Pfalz, Heidelberg 1993
KRAUS, MARTIN: Zwischen Emanzipation und Antisemitismus (1802 bis 1862). in: Geschichte der Juden in Heidelberg, Buchreihe der Stadt Heidelberg Bd.VI, S.154-216. Hrsg. Peter Blum, Heidelberg 1996
KRAUTH, THEODOR, Hrsg.: Die gesamte Bauschreinerei, einschließlich der Holztreppen, der Glaserarbeiten und der Beschläge, 4. Aufl., Leipzig 1899
KREBS, M.: Die Kurpfälzischen Dienerbücher 1476 -1685 in ZGO Neue Folge Bd.55 (Bd.94), S.7-168, 1942
KURPFÄLZISCHES MUSEUM: Die Heidelberger Universität, Ausstellung zum Gedächtnis des 150. Jahrestages ihrer Neugründung 13. Mai - 4. Oktober 1953
LAMB, MARKUS ZUM: Thesaurus pictuarum, Palatina, Bd. I und II, 1572-1620. in: MGHS, Bd. 1 1886.
LEHMANN, HERMANN W.: Die Schwabenburse, Die Häuser der Judengasse in Heidelberg, Heft 1, Heidelberg 1996
LEICHTEN, ERNST JULIUS: Almanach der Universität Heidelberg auf das Jahr 1813, 1812
LENZ, PHILIPP: Der Handschuhsheimer Dialekt. I. Teil: Wörterverzeichnis, Konstanz 1887
LENZ, PHILIPP: Der Handschuhsheimer Dialekt. Nachtrag zum Wörterverz. von 1887, Darmstadt 1892
LEXERS, MATTHIAS VON: Mittelhochdeutsches Taschenwörterbuch. 37. Auflage, Stuttgart 1986
LIETZ, SABINE: Die Fenster des Barock. Fenster und Zubehör in der fürstlichen Profanarchitektur zwischen 1680 und 1780, München 1982
LOHMEYER, KARL: Die Bürgeraufnahmen aus der Zeit des Wiederaufbaues und der Neubesiedelung des zerstörten Heidelberg 1691-1711 in: NAHD Bd.XIII, 1928 S.377-457
LOHMEYER, KARL: Die Bürgeraufnahmen aus der Zeit des Wiederaufbaues und der Neubesiedelung des zerstörten Heidelberg 1712-1732 in: NAHD Bd XV
LÖWENSTEIN, LEOPOLD: Geschichte der Juden in der Kurpfalz, Bd.1, Frankfurt a. M. 1895
MAYS, ALBERT UND CHRIST, KARL: Einwohnerverzeichnis der Stadt Heidelberg vom Jahr 1588 in NAHD Bd.I, 1890
MECKSEPER, CORD: Kleine Kunstgeschichte der deutschen Stadt im Mittelalter, Darmstadt 1982
MEISTERBUCH des Handwerks der Steinhauer, Maurer, Tüncher und Schieferdecker in Heidelberg 1691-1766. StAHD: H 72
MERKEL, GERHARD: Wirtschaftsgeschichte der Universität Heidelberg im 18. Jahrhundert, Diss. 1970. Veröffentlichungen der Kommission für Geschichtliche Landeskunde in Baden-Württemberg Reihe B, Forschungen, Bd. 73, Stuttgart 1973
MERZ, LUDWIG: Chronik der Ängste und Nöte der Kurpfälzer über 500 Jahre, Heidelberg 1987
MEYER, FRANZ SALES, Hrsg.: Handbuch der Schmiedekunst, Leipzig 1880

MITTHEILUNGEN ZUR GESCHICHTE DES HEIDELBERGER SCHLOSSES (MGHS). Hrsg. Heidelberger Schloßverein, Heidelberg 1885/86 bis 1921/36
MONE, FRANZ: Häuserpreise des 13.-18. Jahrhunderts. in: ZGO Bd. 20 (1867) S.385-400
MOTHES, OSCAR, DR., Hrsg.: Illustriertes Baulexikon.4. Aufl., Leipzig + Berlin 1881-1884
MUMM, HANS-MARTIN: Denket nicht: "Freiheit ist das, was wir - nicht haben." in: Jüdisches Leben in Heidelberg, S.61-115, Heidelberg 1992
MUMM, HANS-MARTIN: Denket nicht: "`Wir wollen`s beim Alten lassen." Die Jahre der Emanzipation 1803-1862. in: Jüdisches Leben in Heidelberg, S.21-59, Heidelberg 1992
NEU, HEINRICH: Verzeichnis derjenigen Familien, die sich anjetzo im November 1693 annoch in Heidelberg befinden. in: RC VIII. Jg., Bd.20, S.163, Heidelberg 1956
NEUES ARCHIV FÜR DIE GESCHICHTE DER STADT HEIDELBERG UND DER RHEINISCHEN PFALZ. (NAHD), hrsg. im Auftrag des Stadtrats, Heidelberg 1890-1930, Bd. I bis Bd. XV1/2.
NIESS, FRANK: Wein und Weisheit. Zur Wirtschaftsgeschichte der Universität Heidelberg im 19.Jahrhundert, in: Auch eine Geschichte der Universität Heidelberg. Hrsg. Karin Buselmeier, Dietrich Harth, Christian Jansen, Mannheim 1985
OBSER, KARL: Ein Tagebuch des Markgrafen Karl Friedrich vom Jahre 1764. in: NAHD Bd.IX, S.224-256
PÄDAGOGIUM - LYCEUM - GYMNASIUM -450 Jahre Kurfürst Friedrich Gymnasium zu Heidelberg, Hrsg. Peter Blum, Buchreihe der Stadt Heidelberg Bd.VII, Heidelberg 1996
PÄDAKTIV: Heidelberger Schulgeschichten, zusammengestellt von Harald Hammer, Günther Mejerl und Detlev Zeiler, Heidelberg 1988
PAHL, BENEDIKT: Abt Adalbert Graf von Neipperg (1890-1948) und die Gründungs- und Entwicklungsgeschichte der Benediktinerabtei Neuburg bei Heidelberg bis 1949, Münster 1997
PAUL, HERMANN: Deutsches Wörterbuch, 9. Aufl., Tübingen 1992
PENTHER, Fr.: Bauanschlag, oder richtige Anweisung in zweyen Beyspielen. 1743
PFÄLZISCHES WÖRTERBUCH siehe CHRISTMANN
PRESS, VOLKER: Calvinismus und Territorialstaat. Kieler Historische Schriften Bd.7, 1970
PRÜCKNER, HELMUT, Hrsg.: Die alte Brücke in Heidelberg, Heidelberg 1988
REKTORBÜCHER DER UNIVERSITÄT HEIDELBERG / ACTA UNIVERSITARIA. Bd.1, 1991. Die folgenden Jahrgänge unveröffentlicht im UAHD Signatur RA
RITTER, GERHARD: Die Heidelberger Universität. Bd.1 Das Mittelalter (1386-1508), Heidelberg, 1936
ROSENTHAL, BERTHOLD: Heimatgeschichte der badischen Juden - seit ihrem geschichtlichen Auftreten bis zur Gegenwart, Bühl 1927
RUPERTO-CAROLA. (RC) MITTEILUNGEN DER VEREINIGUNG DER FREUNDE DER STUDENTENSCHAFT DER UNIVERSITÄT HEIDELBERG E.V, Heidelberg 1949 ff
SCHNEE, HEINRICH: Die Hoffinanz und der moderne Staat. Geschichte und System der Hoffaktoren an den deutschen Fürstenhöfen im Zeitalter des Absolutismus, Bd.4, Berlin 1963
SCHÖNFELD, WALTHER: Aus der Geschichte der Heidelberger Medizinischen Fakultät bis zur Rekonstitution der Universität 1803. in RC-Sonderband "Aus der Geschichte der Universität Heidelberg und ihrer Fakultäten", S.337-356, Heidelberg 1961

SCHREIBER, ALOYS: Heidelberg und seine Umgebungen, historisch und topographisch beschrieben. Gedruckt und zu haben bei Joseph Engelmann, Heidelberg 1811
SCHUCKERT, LOTHAR: Lyceum und Humanistisches Gymnasium im 19. Jahrhundert, in: Pädagogium - Lyceum - Gymnasium, Heidelberg 1996
SCHUMANN, ROBERT: Aus den Tagebüchern und Briefen. in: Musik in Heidelberg 1777-1885 Ausstellungskatalog, Hrsg. Kurpfälzisches Museum der Stadt Heidelberg, Heidelberg 1985
SCHWAB, JOHANN: Quatuor saeculorum syllabus rectorum 1386-1786, Bd. I 1786, Bd. II 1790
SEMPER APERTUS. Sechshundert Jahre Ruprecht-Karls-Universität Heidelberg 1386-1986, Hrsg. Wilhelm Doerr, Berlin - Heidelberg 1985
SPITZER, KARL: Heidelbergs Kirchen und Kirchengeschichte, Wiesloch 1931
STADT HEIDELBERG: Altstadtregenerierung, Bericht über die vorbereitenden Untersuchungen für das geplante Sanierungsgebiet II, Heidelberg 1978
STRACK, P.: Zwei kurpfälzische Beamtenverzeichnisse aus der 1. Hälfte des 18. Jahrhunderts. in: Familiengeschichtliche Blätter, Bd.25 1927
STROMER, WOLFGANG, V.: Oberdeutsche Hochfinanz 1350 - 1450, Teil I und II in: Vierteljahreshefte für Sozial- und Wirtschaftsgeschichte, Wiesbaden 1970
STÜBLER, EBERHARD: Geschichte der medizinischen Fakultät der Universität Heidelberg 1386-1925, Heidelberg 1926
STUCK, KURT: Personal der Kurpfälzischen Zentralbehörden in Heidelberg 1475 -1685. Schriften der Bevölkerungsgeschichte der pfälzischen Lande -Folge 12, 1986
STÜLER, FRANZ: Ehrenrettung des geistlichen Administrationsrates Mieg in: ZGO Bd.88, S.229-242
SZKLANOWSKI, BENNO: Der alte jüdische Friedhof am Klingenteich in Heidelberg 1702-1876, Neue Hefte zur Stadtentwicklung und Stadtgeschichte, Heft 3, Hrsg. Günther Heinemann, Heidelberg 1984
THORBECKE, AUGUST : Die Städtischen Beamten Heidelbergs am Ende des 17. Jahrhunderts. Darin zitiert T. das "Besoldungsbüchlein | Welcher gestalt alle Bedienten bey der Statt | Heydelberg vom 22ten Febr.1693 biß | den 22ten Febr. 1694 durch der Zeit regierenden Raths Burgermeister Herrn Wilhelm/ Henrich besoldet worden." "Nota in anno 1701 und 1702 sind die Besoldungen | renovirt und was und wie geändert jedes orths | unden angesetzt worden." in NAHD Bd.VI.1905, S.110-120
TOEPKE, GUSTAV: Die Matrikel der Universität Heidelberg, Bd.1 bis 7, Heidelberg, 1384-1916
UXHOLD, ERWIN: Das Bürgerhaus zwischen Schwarzwald und Odenwald, 1980
VÖLCKERS, OTTO: Glas und Fenster, Ihr Wesen, ihre Geschichte und ihre Bedeutung in der Gegenwart, Berlin 1939
WADLE, ELMAR: Ottheinrichs Universitätsreform, in: Semper Apertus, Bd. I, S.290-313, Heidelberg 1985
WASMUTH, GÜNTHER: Lexikon der Baukunst, 5 Bde, Berlin 1929-1937
WEECH, V.: Pfälzische Regesten und Urkunden in ZGO, Bd.26 1874
WEISERT, HERMANN: 1200 Jahre Wieblingen. Mit der Geschichte der Wieblinger Adelsfamilie der Reichsfreiherren von La Roche-Starkenfels. Anlage zur RC, XVIII. Jg. Bd. 40, Heidelberg 1966

WEISERT, HERMANN: Die Rektoren der Ruperto Carola zu Heidelberg und die Dekane ihrer Fakultäten 1386-1968, Anlage zur RC, XX. Jg. Bd. 43, Heidelberg 1968

WILLE, JAKOB: Die Deutschen Pfälzer Handschriften des XVI. und XVII. Jahrhunderts der Universitätsbibliothek in Heidelberg, Heidelberg 1903

WINKELMANN, EDUARD: Urkundenbuch der Universität, Bd. I Urkunden, Bd. II Regesten, Heidelberg 1886

WOLF, K.H: Die Universitätsangehörigen im 18. Jh., Heidelberg 1991

WOLF, SIEGMUND A.: Jiddisches Wörterbuch, Mannheim-Heidelberg 1962

WOLGAST, EIKE: Die Kurpfälzische Universität 1386-1803, in: Semper Apertus Bd.I, S.1-70, Heidelberg 1985

ZEDLER, JOHANN HEINRICH: Großes vollständiges Universallexikon aller Wissenschaften 1732-.1734, Nachdruck 1961

ZEITSCHRIFT FÜR DIE GESCHICHTE DES OBERRHEINS. (ZGO), Hrsg. Kommission für geschichtliche Landeskunde in Baden-Württemberg. Bd.1 1850, Neue Folge ab 1886, früher Karlsruhe, heute Stuttgart

ZOPF, ADOLF: Das erste Anatomiehaus in der Plöck. Das Nosokomium: Marginalien zur.Geschichte eines Turmhauses, in RC XVIII. Jg., Bd.40, S.267-270

ZUNFTORDNUNG der Steinhauer, Maurer, Tüncher und Schieferdecker, von 1581/ 1699/ 1757/ 1784/ StAHD: H73/ H74/ H75/ H76

Namenverzeichnis

Adam, *Bäckermeister* 155
Alexander, Zar von Russland 124,126
Amalie, von Hessen-Cassel 69
Appenzell, Sebastian Uriel von 37
Bachmann, *Kanzleidiener* 121,123,124
Bachmann, Ulrich *Schuster* 121
Bähr, *Inspector* 133
Bamberger, Ludwig 102
Bamberger, Moyses Joseph 82
Bauer, Johann 122,133
Becker, Adam 59
Bentz, Anna Maria 77
Bentz, Johann Jakob 70,77
Besserer [Beßerer/Beßer], Peter
    24,27,28,32,33,35,48
Beüthner, Matthes 106,107
Bickarsin, Gertrud 80
Bouillon, Jacques 61
Breunig, Adam 68
Bronn, *Pfleger* 119,120,123,124,127,
    128, 133-136,138
Burgmoser Joannes Franciscus 87,88,90
Burkardt, *Bäckermeister* 155
Cajet, Anton *Münzmeister* 75

Carl Theodor, Kurfürst 81,101
Carlebach, [Karlebach], Judas 122,133
Charlotte von Hessen-Cassel 69,70
Colli[bus], Hypolitus [Hippolitus] a 39
Culmann, Adam 43
Culmann, Johann 43
Culmann, Ludwig 43
Culmann, Margarethe 43
Degenfeld, Luise von 70
Doerr, *Administrationsrat* 111,115,
    119-122, 124
Doleatoris, [Doliatoris] 21
Ehrmann, Adam 133,134
Eichhorn, Martin 135,136,138,139,148
Engel, Christian 28, 42,45,47,48
Englerth, Johannes Franziscus 87,88,90
Faber, Nicolaus 83
Fanck [Fang], Joannes Philippus
    87,88,90
Fausius, Johannes 51,56
Fischer, Kuno 163
Fondrillon, *Sprachlehrer* 61
Franz Ludwig, Pfalzgraf 25,26
Frauenfeld, Jakob H. 160,162,163

213

Frauenzentrum 165,170
Friedrich I., Kurfürst, 19
Friedrich II., Kurfürst 39
Friedrich III., Kurfürst 39
Friedrich V., Kurfürst 47,49
Friedrich von Baden, Großherzog 143
Ganzherd, Wolff 33
Gattier, *Pfarrer* 120
Gerlach, 57,58
Gladebach, Claus 20
Gladebach, Sifrid 20
Gladebechen, Glatbechin 19,20,21,23, 24,27,
Gottier, 60
Guhland, Joseph 122
Gyßubel 24
Haas, Joh. Philipp 93
Hailmann, Geörg Friderich 46
Haumbrecht, Hanns, Witwe Margret 34
Hegel, Georg Wilhelm Friedrich 163
Heinlein, Anna Margaretha 99
Heinlein, Catharina Elisabetha geb. Spitzerin [Spizerin] 100
Heinlein, Friderich Nicolaus 99,100,137
Heinlein, Philipp Jacob 99,100
Herder, Bartholomäus 126
Hettenbach, *Krämer* 87
Hochstätter, Benedikt 109, siehe Levi
Honig, Jakob 118
Houst, Jean 57
Hügel, [Hügele/Hügelin/Hügelius/ Hug/Hugelius], Georg 36,41-45
Hügel, Johannes 36
Hügel, Karl 35

Hügel, Sebastian jun. 36,37,39,41,44,
Hügel, Sebastian sen. 35
Israel, Johannes Christopherus 64
Israel, Jacob 51-61,63,64
Israel, Johannes Jacobus 64
Israel, Susanna Clara 64-66,68,69
Jacobi, *Rat* 83
Jäger, Michael 122
Jeschke, Max 146,147
Jesuiten [Societas Jesu], 16,17,31,32,70,75,77,100,106
Johann Wilhelm, Jan Willem, Kurfürst 68,75
Joseph siehe Sultzbacher/ Schwabacher
Joubert, Thomas 61,62
Jung, Anna Margaretha geb. Weibelin 99
Jung, Christoph 83,91,92,98,99
Jung, Joanna Elisabetha wittib Diehlin geb. Bofffingerin 83,91,92,99
Kaltenborn-Stachau, Rolf Frhr. v. 146
Kargen, Endres 37
Karl Friedrich, Markgraf von Baden 101,111
Karl Ludwig, Kurfürst 49,50,69,70
Karl Philipp, Kurfürst 74,78
Kermann [Kehrmann, Kermann], Carolus Sebastian 79,80
Kerrmann, Christian Jonathan 78-80
Kerrmann, Frantz Joseph 80
Kerrmann, Friedrich Martin 74,75, 78,80,82
Kerrmann, Juliana Wilhelmine 80
Kerrmann, Maria 78

Klinger, Elisabetha 73
Klinger, Johann Peter 73
Koch, Elisabetha geb. Liebig 135
Koch, Friedrich 134,135,136,148
Kussmaul, Adolf 163
La Roche, Fräulein von 79,82
Levi [Loevy], Isaac Baruch 100-104,
    107-110,112
Lombardino, *Bürgermeister* 135
Ludwig VI., Pfalzgraf + Kurfürst 37,38
Ludwig XIV., König von Frankreich 67
Lüls [Lilz], Amalia von 100
Mauß, Niclas 70,77
Meder, Hannsz 27
Meisenbug, Wilhelm von 37
Melanchthon, Philipp 35
Mieg, *Rechnungsverhörer* 87
Mittermaier, Karl 153
Müller, Georg 123,127-130,132,133,
    148
Napoleon 124,128
Nydenstein, 20
Oppenheimer, Lazarus Wolf 11
Ottinell 136
Otto, *Administrationsrat* 111
Otto, August, *Glaser* 139,150
Otto, Witwe Maria Margaretha
    geb. Eberhardt 146,150,153
Pate, Heinnz 24
Philipp Wilhelm, Kurfürst 25
Recordon, Fritz 145,146
Retz zu Kyrcheim 27
Romberg, *Pfarrer* 67
Rönnere, Hanns Frantz 33-35

Sartorius, *Amtmann* 112
Schall, Frhr. von 83
Schenkel & Schmahl 150
Schenkel, Witwe 150
Schick [Schück], Bernhard 139,144,
    148,150
Schmahl, Heinrich 150
Schmidt [Schmid], Michel [Michael]
    33,35
Schmidt, Hans Georg 67
Schmidt, Michael Witwe 33,34
Schmitthenner, *Staatsminister* 157
Schug, Johann 34
Schulzische Erben 107
Schumann, Robert 143
Schumm, Johann 91,99
Schummin, Witwe 82,83,91,92
Schwabacher, Jakob Joseph 81
Schwarzerdt, Barbara 35
Schwarzin, Witwe 106,108
Seppich 150
Spangenberg[er], Jakob [Jacob]
    115,116,118,133
Spangenberger Witwe 139
Spinoza, Benedictus de 51
Steinhöbler [Steinhebler], Amelia
    [Amalia], 71,74,75
Steinhöbler, Philip[p] 65,71,73,75
Steitz, Andreas 65,67-71,73
Steitz, Lucretia 65,69,71
Stephan, *Kutscher* 119
Stepp, Burkard 122
Strauch, *Förster* Witwe 134
Stuich, Georg 37

Stumpf, Martin 74
Sultzbacher, [Sulßbacher/Sulsbacher/ Sulsbach], Edel Moyses 80,83
Sultzbacher, Moyses Joseph 79-88, 91,146
Syber, *Maurermeister* 89
Thanisch, Anton 144
Tilly, *General* 47, 49
Walz, *Rothgerber* 127
Weinkrauß, Georg 42,43,45
Wiedinger, Carl 93
Wolf, *Amtsphysicus* 127
Wund, Wundt, *Reg. Rat* 120,132
Zimmermann, Andreas 116,118
Zimmermann, J. Sara Catharina 118

GLOSSAR
zu
Heidelberger Schriften

des 18. Jahrhunderts

Vorbemerkung

Die Basis für die vorliegende Sammlung bilden nur solche Texte, die vom Autor während seiner Nachforschungen über die Häuser der Judengasse mehr oder weniger zufällig durchgesehen wurden, wobei das historische und nicht das sprachwissenschaftliche Interesse im Vordergrund stand.

Ferner wurde nicht der gesamte Wortschatz aufgenommen, sondern nur solche Begriffe, Fremdwörter, termini technici, die heute nicht mehr gebräuchlich oder nicht mehr allgemein verständlich sind bzw. in einer anderen Bedeutung verwendet werden als früher. Die meisten Wörter sind Texten aus dem 18. Jahrhundert entnommen, die aus Heidelberg stammen oder sich auf diese Stadt beziehen.

Im 18. Jahrhundert gab es noch keine verbindlichen Rechtschreibregeln. Auch innerhalb eines Textes wurden gleiche Wörter unterschiedlich geschrieben. Und selbst Eigennamen und Ortsnamen wandelte der Schreiber ab. "Oppenheimer" und "Oppenheimber" ist ein Beispiel hierfür. Die Ehefrau nannte man oft anders als den Ehemann: statt mit "Gladebach" mit der weiblichen Form "Gladebechin".

Hinzu kommt, dass Namen bzw. Begriffe vom Schreiber verballhornt wurden, weil er sie nicht verstanden oder falsch gedeutet hat. Wenn der Schreiber den pfälzischen Dialekt nicht beherrschte, wurde aus "Bergheimer" Mühle dann "Bergemer" Mühle.

Dieses Glossar soll vor allem behilflich sein, nicht geläufige Wörter aus den angefügten Dokumenten zu erläutern.

Abkomsten
= bei der Beschäftigung anfallendes Gut. "*auch die darob kommende emolumenten als abkomsten dieses demselben aufgetragenen Lehens ... nutzen und genießen solle.*" 29.7.1706 in: GULAT, M.V. NAHD Bd.IX S.82.

Ablaufsrecht
= das Recht, sein Abwasser in einen Winkel zu leiten. "*Wassersteine haben das Ablaufs Recht in den Hormuthischen Hof*" CB Bd.XI, S. 864. Vgl. **Recht, Wasserstein**.

Abolitio criminis
= Tilgung / Aufhebung eines Verbrechens. Als Meister wurde in die Zunft der Steinhauer etc. nur aufgenommen, wer von "*ehelichen Eltern gebohren*" oder wessen "*früher Beyschlafsfall von Churfürstlicher Regierung Abolitionem Criminis*" erhalten hatte. StAHD H 75 Zunftordnung der Steinhauer etc. 1757 Art. 1

Abtritt
= Abort, = Klosett. "*In dießen Kanal hat die Wittib Schwarzin ihren S.v. abtritt.*" CB Bd.XI, S.865

Accord / accordiren
= Vertrag / Vertraglich regeln. "*seine mit dem Meister accordirte Zeit getreulich halten*" StAHD H 75 Zunftordnung der Steinhauer etc. 1757 Art. 7 und 9

Acis / Accis / Accise / Akzise
= Steuer, indirekte Steuer. CB XV, 630ff; "*Wo nicht mehr ein finanzielles Ungeheuer Accis uns auferlegt und Hundesteuer!*" Karl Gottfried NADLER: Fröhlich Palz, Gott erhalts. Leipzig 1847 in: "*E reichi Erbschaft*" S.29

actum
= geschehen, vollzogen.

actum ut supra
= wie oben geschehen. Bei Nachschriften und Anhängen an ein Schriftstück verwendet. = eine Beweisurkunde, = die nachträgliche Beurkundung einer Rechtshandlung

a dato
= ab einem bestimmten Zeitpunkt

Adhibirung
= Anwendung. "*Da...wegen adhibirung des avispapiers ....die höchste Bestimmung dahingehend erfolget ist, daß die Anschaffung des avispapiers dem aerario obliege*" 6.12.1802, LKA 77/7855

Administrations-Renovator
= Berufsbezeichnung eines Kontrolleurs der Güterverwaltung der **Geistlichen Administration**. Sie hatten die Abgaben einzutreiben, einem heutigen Steuerprüfer vergleichbar. "*verkauft Herrn Friderich Martin Kerrmann Churpfaltz geistl: administrations=renovatori, und Regnungs revisori*" 22.5.1712, CB Bd.II, S.667

aequanimität
= Beruhigung, Seelenruhe. "*...so habe ich zu Deroselben aequanimität die Hoffnung gestellt, daß Sie mich nicht geringerer condition dann andere ... halten lassen ...*" Kurfürst Johann Wilhelm 20.1.1709 in: GULAT, M.V. NAHD Bd. IX S.85.

Aerarium
= Kirchenkasse, Kirchenvermögen. "*das in der Judengaß gelegene dem Kirchen Aerario*

zustehende Hauß" Brief des Friedrich Koch. 19.10.1818, LKA SpA 3849 - 5241/5367

affiliieren
= aufnehmen, in einen Orden aufnehmen. "*Der jüngste Priester ging ... in das Kloster Ottoweiler, wohin er affiliirt war, und fand da brüderliche Aufnahme.*" HERTWIG S.320

Agnaten
= die Verwandten väterlicherseits. "*Als nach dem Tode Maximilians die bayrischen Staaten an den Kurfürsten von der Pfalz, als nächsten Agnaten, fielen...*" HERTWIG S.272

ainseites
= einseits

Alcoven / Alkoven / Alkof
= ein Zimmer, ein Raumteil, eine Vertiefung in der Wand, ohne eigenen Zugang zum Flur; oft ohne Fenster, kann auch durch eine Türe vom Hauptraum abgetrennt sein. Vgl. **Behälter, Nebenbehälter, Cammer, Stube**

Allmend / allmendt
= ein Gelände, das sich im Besitz der Stadt befindet (z.B. Gelände am Neckarufer) und unter bestimmten Bedingungen von den Bürgern genutzt werden durfte. "*... oben auf die wiblinger straaß, undten aber auf die allmendt stossendt ...*" 27.9.1707, CB Bd.II, S.91

Allodial
= erbzinsfrei, lehnszinsfrei."*wegen des beym Ruckfall der Obern Pfalz denen Bayrischen allodial Erben reservirten Anspruchs*". 4.3.1705 GStAM, Kasten schwarz 299/25 zitiert nach FELDMEIER S.30.

Allodialgut
= Erbschaft. Eigentlich: "*zu vererbendes Gut*"

Ammunition
= Kriegsmaterial, das nicht aus Munition besteht. "*Ueber die Anzahl der ... für jede Artillerie-Compagnie zum Transport der Ammunitions-Stücke ... erforderlichen Vorspänne ...*" "*Armee-Befehl*" 2.10.1815, StAHD 160/ fasc.3

andere / anndere
= der zweite. "*Ein Leibrock von güldinem Tuch....so auch Pfalzgraf Friederichs des annderen seligen geweßen.*" 1581 UBHD Pal.Germ. 837 /209

anderseits / anderseiths / anderseitts / anderseites
= auf der anderen Seite des Grundstücks gelegen. Das Gegenteil von **einseits**.

annoch
= weiterhin. "*..alß ich dabey... nimmermehr gedacht habe und annoch gar nicht intendiere...*" Kurfürst Johann Wilhelm 20.1.1709. in: GULAT, M.V. NAHD Bd.IX S.86

Anstößer
= Angrenzer, = Nachbar eines Grundstücks. "*vornen die untere straß, anderseits Jud Baruch Levi, hinten die Anstößer der Judengaß Dragoner Corporal Hosch.*" 1802, Das alte Grundbuch Nr.11 Grundbuchamt Heidelberg, S.863. Vgl. **oben, unten, einseits, anderseits, hinten.**

Ao p:
= Abkürzung für: Anno post Christum natum. "*Ao p: biß heut dato widerumb fellig*" UBHD Batt 331/Blatt 82

Architravglieder / architravirt
= Als Teil der **Bekleidung** bei Fenster- und Türeinrahmung angebrachte Überdachung des Eingangs mit einem Architrav. "*mit Futter und doppelter architravirter Bekleidung*". PENTHER 1766, nach GÖBEL S.263

Armenhaus
= das Asylum Pauperum. Es nahm Personen auf, die ohne Angehörige waren, also keine Einbindung in eine Familie hatten. Viele Grundstücke waren zugunsten dieses A mit Abgaben belastet bzw. **beschwert**. Vgl. **Cullmannsches Sterbehaus**

Arrest
= Beschlagnahme. Der Arrest auf eine Pension. 19.8.1816, LKA SpA 3845, 428/411

atrocius / atrocium
= grausam. "*contra injuriarum realium atrocium*", 1736, Rectorbücher der Universität Heidelberg UAHD RA 708, S.94

aufdoppeln Siehe **verdoppelt**

Aufführung
= aufbauen, einen Bau "aufführen"

Aufkauf
= ein Kauf, der über den eigenen Bedarf hinaus geht.

Aufschiebling
= kurze Dachsparren, die am unteren Ende eines Daches mit einem flacheren Winkel auf die Dachsparren aufgelegt werden. Während die eigentlichen Dachsparren an der Fußpfette auslaufen, die auf die Hauswand aufgelegt ist, wird dadurch ein Überstand des Daches über die Hauswand hinaus ermöglicht.

Aufschieblingnagel
Vgl. Nagel

Aufziehrung
= Verzierung, z.B. des gusseisenen Ofens. Lit. ADELUNG 1818: "*Bey den Vergoldern, die zur Vergoldung mit Kreidegrund bedeckten Bildhauerarbeiten ausputzen, weil der Grund die feinen Arbeiten bedeckt.*"

Austrettung
(1) = Überschwemmung.
(2) = abgetreten. z.B. "*der Fußtritt ist ausgetretten*" = Die Türschwelle ist abgetreten.

ausweisen
= weißeln / Ausweißeln eines Raumes

avispapier / auispapier
= Brief, Mitteilung. "*Da...wegen adhibirung des auispapiers ... die höchste Bestimmung dahingehend erfolget ist, daß die Anschaffung des avispapiers dem aerario obliege.*" 6.12.1802, LKA 77/7855

Bäckerfeuerrecht
= das auf einem Grundstück eingetragene und verbriefte **Recht**, Feuer zum gewerblichen Brotbacken unterhalten zu dürfen.

Balbierer / Barbier
= Beruf des Haarschneiders und Rasierers. Siehe **Feldscherer**

Band / pl.: Bendter
= Türband, = Teil der Türaufhängung. Gegenstück zum **Globen / Kloben**. Beim Fenster: **Fensterband**. "*daß Schloß mit Sampt den Bendter abzubrechen, wiedter zu recht zu machen undt an ein neie Tihr anzuschlagen.*" 1678, MGHS Bd.1 S.214 Vgl. **Hespe**

Bandgesimse
= "bey den Mäuern, das Gesimse über dem ersten oder untersten Stock eines Gebäudes" ADELUNG 1818

Basküll / Basquil / Pasküll / Pasquil / pl. Baskülen
= Fenster-Riegelverschluß, bei dem mit einem Hebelgriff zwei Schiebestangen bewegt werden, die durch je eine oben und unten am Rahmen angebrachte Öse den Fensterflügel arretieren. Ein am Drehgriff angebrachter Dorn schiebt sich gleichzeitig in einen Haken am zweiten Fensterflügel. "*an jedem Fenster ist ein Pasquil angebracht*".1816, LKA SpA 3849 S.8

Batzen
= Geldeinheit. Vgl. **fl.**

beforcht / beforchen
= begrenzen. Wird formelhaft zur Nachbarschaftsdefinition von Grundstücken verwendet

Beforchung
= Begrenzung. "*einen steinen Beforchung*" Erbbestandsbrief 8.10.1736, UBHD BATT 97 / 207

Behälter
= kleiner Raum. auch Wandnische (nach HEYNE, M.). Vgl. **Nebenbehälter, Alkoven. Cammer, Stube**

Behausung / Behaußung
= Haus, Gebäude

Beistrich
= dekorative Wandbemalung; Parallel zu Baudetails wird ein breiter Strich gemalt. Z.B. Mauervorsprüngen, Balken, Fußböden oder Türumrahmungen entlang

Bekleidung
= Teil der Türeinfassung. Vgl. **Futter, Zarge, Architrav**

bemeldte /bemelter
= bereits erwähnte(r).Vgl. **berührte, gedachte, gemeldete**

Berain / Berainbuch
= Begrenzung / Begrenzungsbuch. (Rain = Grundstücksrand). Im Berainbuch notierte der Deutsche Orden seine Ansprüche gegenüber abgabepflichtigen Grundstücksbesitzern. Zur Definiton der Grundstücke wurden die Nachbarn aufgeführt.

Bergem / Bergemer Mühl
= Bergheim / Bergheimer Mühle

berührt
= bereits im gleichen Schriftstück erwähnt, **bemeldet, gedacht, gemeldet**

Beschlag / pl. Beschleg
= Gesamtheit aller Eisenteile an Tür- oder Fensterflügel

beschwert / beschwehrt
= belastet. Ein Haus wird "*beschwert mit*" z.B. **Cappenzins** zugunsten verschiedener Stiftungen bzw. Gläubiger. "*beschwert mit ohngefähr 22 1/1 x dem Teutschen Haus*" 27.9.1707, CB Bd.II S.90

Bestand / bestandt
= in Pacht haben, zur Miete haben, "*er selbiges [Haus] im bestandt vff 4. Jahr lang haben, Jährliches 24fl haußzinß entrichten.*" 1655, Rektorbücher der Universität, UAHD RA 683 S.421. Vgl. **bestehen**

bestehen
= mieten, pachten. "*Herr. Dr. Israel begert von der Vniversität dz Plätzlein Zu Dossenheim, die oberbadt stuben genandt, zu bestehen.*" 1656, Rektorbücher der Universität, UAHD RA 683 S.534. Vgl. **Bestand**

Bierbrauergerechtigkeit
= das Recht Bier zu brauen; oft auf ein Grundstück, nicht auf eine Person bezogen. Siehe **Recht**.

Blasbalgnägel   Siehe **Nagel**

blaulecht
= blauglänzend (mittelhochdeutsch "*blalicht*"), oder = bläulich (analog "*rotlecht*" Lit:BAUFELD) "*die steinernen Fensterrahmen wurden mit Leimwasser blaulecht*". HERTWIG S.177. "*auch kein Mangel an den Nieren undt der Blaßen, die Lunge aber weiß oder bleich blau-lecht und die Leber schwartz oder dick rot*" 1591, Markus zum Lamm V,26v. in: HEPP, F. 1993, S.173. "*Das Blauels, plur. car. im gemeinen Leben, die blaue Stärke, welches die gröbste Sorte der Smalte ist, und auch Blausand, Stärkeblau und Blausel genannt wird.*" ADELUNG 1818, Vgl. **Leimwasser, Leim**

Blei
= als Baumaterial verwendet. als "*ordinair breites Blei*" oder das bessere **Karniesblei** zum Befestigen der Fenstergläser. PENTHER 1743 nach GÖBEL, S.270. Als **Rollenbley** beim Steinbau.

Bodenzins / Bodenzinß
= Abgabe, die am Grundstück haftet. "*beschwehrt mit 17 1/2 x^r Bodenzinß dem Churhospital*" 22.5.1712. CB Bd.II S.667

Bogstal
= Gewölbegerüst

Bord / gebordet / Bordwand
= Brett. "*Neben dem Ofen befinden sich 2 Bord aufgestellt, mit Leisten übernagelt, zu einem Registratur Gestell*"; "*Der Stubenboden ist gebordet und gut*" 1816, LKA SpA 3849, S.6; S.8; "*..die auf dem Speicher dermahl befindliche gemeinschaftliche bordwand muß ... hinweggebrochen werden ...*" 1802 Das alte Grundbuch Heidelberg, Nr. 11, S.864

brem / gebrembd
= Verbrämung, verbrämt. "*sammetin Leibrock ... mit güldin schniren gebrembd*" 1581, UBHD Pal.germ. 837/ S.227

Brunnengerechtigkeit
= das **Recht**, auf dem Grundstück einen Brunnen, Ziehbrunnen oder Röhrenbrunnen nutzen zu dürfen.

Büchse
= Gefäß, in dem Geld (z.B. aus Strafen) bei der Zunft aufbewahrt wurde. Verantwortlich war der **Büchsen-Geselle.**

Büchsen-Geselle
= Gesellen, die von allen Gesellen gewählt wurden und die **Büchse** zu betreuen hatten.

Bürger
= eine rechtliche Position. Man wurde Bürger Heidelbergs durch Geburt, durch Einheirat, als Kind eines Bürgers oder durch Bezahlung eines Geldbetrages. Nach 1693 wurden "Einbürgerungslisten" geführt, in denen die zurückkehrenden Bürger bzw. die Neuaufnahmen namentlich aufgeführt sind mit Herkunft, Beruf

etc. Lit.: LOHMEYER und MAYS in: NAHD Bd.XIII, 1928 S.377-457 und Bd.XV, 1930

Ca
(1) = Abkürzung für *contra*, = gegen
(2) = Abkürzung für *causa*, = aus Ursache

Cammer
= Raum, der zum Schlafen oder Aufbewahren dient. Hatte ursprünglich kein Fenster und war nicht beheizbar. Vgl. **Behälter, Nebenbehälter, Cammerladen, Alcoven, Stube**

Cammerladen / pl. Cammerläden
= Laden, der eine Raumöffnung völlig verschließt. "*Ist Hn Blum Hn Dr. Israel Vnd Hn. Ger= | lach zudem auß Zweyen Cammerläden 2 fenster zu machen | placidirt worden. |*" 1671, Rektorbücher der Universität UAHD RA 687 fol. 27r. Vgl. **Cammer, Stube**

Capaun / Cappaun / Cappen / Kappen/ pl. Cappaunen
= kastrierter Masthahn. Kapaun, pl. Kapaune. Auch als Besoldung der Stadtbediensteten verwendet. Vgl. THORBECKE, A. in NAHD Bd.VI, S.109-120

Cappenzins / Kappenzins
= ein Zins, der in Realabgaben von Hühnern bestand (**Capaun**). Er war von Leibeigenen zu leisten oder lastete als Abgabe auf einem Grundstück. Der Kurfürst unterhielt eine **Fautei**, in der die eingesammelten Hühner verwahrt wurden.

Carolin
= Geldeinheit. Nachahmung des Louisdor. Als Goldmünze 1730 in Neapel und 1755 in Sardinien geprägt, 1 Carolin wahrscheinlich auch in Mannheim ca. 1720 geschlagen. Entsprach 11 Gulden. DONAT, W NAHD Bd.IX S.150. s. HELLWIG, G. 1979/1982

cassirt
= Schuld wurde beglichen bzw. zurückgezahlt. Lit. CAMPE: casiren = "*eine Verschreibung vernichten*", "*ein Gesetz aufheben*". Vgl. **reproducirt**

Catrop   Siehe **Gadrop**

Caution
= Schuldverschreibung, Bürgschaft. Vgl. **Unterpfand**

cautio pignoratoria
= Pfandsicherheit. Vgl. **pignus**

cedula
= Urkunde, Erlaubnisschein. "*per cedulam*" 1604, MGHS Bd.1 S.33

Chadoulge
= ein Möbelstück, eine Truhe, Schatulle. Um 1760, NAHD Bd.IX, DONAT, W., S.153

Cigerling
Bedeutung nicht eindeutig geklärt. "*sambt cigerling im keller, und allem was windt und nagelvest ist*" CB Bd.II, S.112. Entweder: Ziehgerling gesprochen: ein Ziehbrunnen [von Pfälzisch ziege = ziehen], d.h. ein Brunnen, aus dem Grundwasser geschöpft werden konnte.
oder: Sickerling gesprochen - eine Grube/ ein Loch, worin Abwasser versickern konnte. mhd: sigen = niederfallen, bes. von Flüssigkeiten. Lit.: LEXERS, M.: Mittelhochdeutsches Taschenwörterbuch, 37. Auflage Stuttgart 1986

Comparenten
= die (vor Gericht) Erschienenen

Comperdt
= Felder in einer Wand, von italienisch compartimento "*Item von den Comperdt und Schrifttafel wo bemeldte Leuwen Köpff in die Colennen versetzt werden*" 1604, MGHS Bd.1 S.31

Consorten
= Genossen, = der Anhang, = Mitangeklagte

Consortin
= Gattin, = Ehefrau

Contract
= Vertrag, vgl. **Contractenbücher**

Contractenbücher
= Vertragsbücher. Eine chronologische Sammlung sämtlicher Verträge, die die Stadtverwaltung angehen: Grundstücksverkäufe, -Beleihungen, -Versteigerungen; Erbschaftsverträge; Eheverträge; Kaufverträge.
Die Verträge werden vom Stadtschreiber (z.T. verkürzt) von den Originalverträgen in das Contractenbuch übertragen bzw. abgeschrieben.
In Heidelberg sind die Contractenbücher seit 1691 erhalten, durchgehend nummeriert von I an.

Coon
= Abkürzung für Commission "*pag:151. N:4053.A Vol. i. Special Coon betr ..*" 1802. Randnotiz eines Schriftstücks, die Special Commission in Geistlichen Angelegenheiten betreffend. GLA 77/7855

Crütsnegel / Crutznegel   Siehe **Nagel**

Cullmannsches Sterbehaus
= ein Krankenhaus, viele Grundstücke waren zugunsten dieser Einrichtung mit Abgaben belastet. Vgl. **Armenhaus**

Curandin / Curantin
= die Pflegebefohlene, = Pflegetochter CB Bd. V S.860

Curator
= Vormund, Pfleger, Fürsorger. CB Bd.V, S.860

D
= Abkürzung für d*ominus* = Herr. Vgl. **Dn** und **Doios** oder Doktor

Dachgaube / Dachgaupe
= Aufbau auf dem Dach, siehe **Gaube**

Dachstuhl
= Grundkonstruktion, auf der ein Dach aufsitzt. Auf dem Stuhl liegen die Sparren auf. Darauf werden die Dachlatten genagelt. Man unterscheidet stehende und liegende Dachstühle. Ein stehender Dachstuhl gilt als weniger stabil. Er "*...dienet nur schlechten Gebäuden...*" ANGERMANN 1766, S.364, Abb. Tafel XXXXII

Dachtraufe / Tagtrauf
Siehe **Draufe**

Dachtraufrecht /
= das Recht, sein Regenwasser direkt von der Traufe abtropfen zu lassen, nicht in einer **Kandel** abzuleiten. Auch Erlaubnis, zum Nachbarn hin einen Dachüberstand zu bauen.

Dafft
= Taft, ein Seiden-Mischgewebe. "*... Ein schwarz sammetin Leibröcklein mit schwarzem Dafft gefütert vnnd kurzen Ermeln. Hatt kein brem mehr.*" 1581, UBHD Pal.germ. 837/ S.227

dahier
= der Hiesige, hier wohnhaft

dasig
= dortig, Im Gegensatz zu hiesig. Als Adjektiv verwendet. "*Heilbronn ist eben nicht der Ort dazu, und der dasige Aufenthalt ist nicht sonderlich angenehm.*" 25.11.1764. Markgraf Karl Friedrich. OBSER, K. in: NAHD Bd.IX, S.231

Dato
= unter dem Datum. Vgl. **dd**

dd / d:d:
= de dato, unter dem Datum; z.B. "*dd 2ter Xbris*" = am 2. Dezember

Definitorium
= Gremium gewählter Mönche zur Entscheidung in Ordensangelegenheiten. "*Den sechs und zwanzigsten März 1800 hielten die Karmeliten ihr letztes Definitorium.*" HERTWIG, S.306

dehortatorial
= warnend. "*ein dehortatorial Handschreiben zu richten.*" V. OFFENBERG 1708, in: GULAT, M.v.: NAHD Bd.IX, S.84

dehortieren
= abmahnen, warnen. Fürst von Thurn und Taxis 6.10.1708, in: GULAT, M.v., NAHD Bd.IX, S.83/84

Deichel Siehe **Teichel**

Deputirter
= Abgeordneter, z.B. des Gemeinderates:
Siehe **Rathsverwandter**

Deutsches Schloß siehe **Schloß**

Dinger
= Tüncher. Siehe **Düncher**

Dn
= Abkürzung für *dominus* = Herr. Vgl. **D** und **Doios**

Dochtermann
= Schwiegersohn, auch **Tochtermann**

Doios /
= Abkürzung für *Dominos*= die Herren. Vgl. **D** und **Dn**

Domus Teutonica / Deutsches Haus
= Haus des Deutschen Ordens, Kettengasse in Heidelberg. Plan um 1713, GLA 204/2096

Done
= ein Gaubzimmer, das in der Schräge des Daches angebracht ist. Lit.: MONE, F. in: ZGO Bd.20 1867, S.390 Fußnote 8

doppeln
Siehe **verdoppelt**

Doppelreiber
Siehe **Reiber**

Draufe / Traufe
= die Dachkante, die Traufseite. Im Gegensatz zum Giebel eines Hauses die Seite, an der das Regenwasser vom Dach abtropft. Vgl. **Dachtraufrecht**

Drücker / Drüker
= Türklinke, = Griff, den man zum Öffnen der Tür herunterdrückt, um die **Falle** anzuheben oder die Zunge zurückzuziehen. Vgl. **Schlinge, Klinke**

Duch
= Tuch

Duchscherer
= Tuchscherer, =Berufsbezeichnung. NAHD Bd.VI, S.111

Düncher / Dünger / Dinger / Tünger / Thüncher
= Tüncher, Anstreicher. Meisterbuch der Steinhauer etc. *"Dinger"* Eintrag 2.3.1764. StAHD H 72

Eheliebste
= Ehefrau. Vgl. **Hausfrau**

Ehle
= Elle, Längenmaß. In Heidelberg = 2 **Schuh** à 27,9cm, = 55,8 cm.

eigenthümblich / eigenthümlich / eigentümblich
= als Eigentum gehörend. z.B. *"eigenthümlich dem Xy"* = dem Xy gehörend

Einhang Haken
= Teil des Schließmechanismus. Vermutlich das am Türrahmen befestigte Türeisen, in das die **Falle** einhakt.

einseits / einseiths / einerseits / ainseites
= auf der einen Seite des Grundstücks gelegen. Meist formelhaft verwendet: **beforcht** einseits, beforcht **anderseits**, beforcht hinten, beforcht **oben**, beforcht **unten** etc.

elende Herberge
= ein Haus zur Aufnahme *armer, elender* Personen ohne Anhang. Vgl. **Armenhaus, Spital, Siechenhaus, Cullmannsches Sterbehaus**

emolumenten
= Nebeneinkünfte, Amtsvorteile. *"auch die darob kommende emolumenten als abkomsten dieses demselben aufgetragenen Lehens...nutzen und genießen solle."* 29.7.1706, in: GULAT, M.v. NAHD Bd. IX, S.82

eodem
= dasselbe betreffend. An demselben Tage, in demselben Monat, in demselben Jahr.

Erbration
= Erbteil. *"..ihr zugefallene Erbration aus gedacht väterlichem Verlaßthum.."* 22.12.1807, CB Bd.XIV, S.42/43 vgl. **Allodialgut**

ermelte / ermeldete / erstgemeldete / obgemeldete / gemeldete / gemelte
= bereits (im Text, bzw. zuvor) erwähnt

Ern / Ehren
= Hausflur. GÖBEL, H., S.28 und S.104

erstgemeldete
= ist bereits im Text vorher erwähnt. Vgl. **gemeldete**

excusieren
= entschuldigen, *"oder sonst erheblicher ursach wegen, die ihn excusiren ... entschuldigen"* 1699, Zunftordnung der Steinhauer etc. Art.29, StAHD H 74

Expeditionskosten
= Ausstellungskosten z.B. eines **Kaufbrief**es

Faden
= ein Raum-Maß für Bruchsteine. 1 Faden entspricht 4 **Ruten**.

fahrendes Vermögen / fahrendt
= bewegliche Habe. Gegensatz: **liegendes V.**

Falle
= ein Eisenstück, zum Schließmechanismus der Türe gehörend. Es hakt in das Gegenstück am Türrahmen ein. Eine Feder oder das eigene Gewicht halten es nieder. Es kann durch einen Schlüssel oder einen **Drücker** angehoben werden. Vgl. **Schloß**

Fallschlink
= tautologischer Begriff für Türklinke; zusammengesetzt aus Falle und Schlinke. Vgl. **Drücker, Klinke, Schlink**. HEILIG: Bruhrainisches Wörterbuch: **fal**

Faßkran / pl. Faßkranen
= Zapfhahn am Weinfaß. "*hat die eindringende Kälte den von den Faßkranen abtropfenden Wein in Eiszapfen verwandelt.*" HERTWIG, S.259

Fautei / Hühnerfautei
= ein Gebäude, Stallung, in der die dem Kurfürsten abgelieferten als Abgaben eingesammelten Hühner (meist Kapaune) verwahrt wurden. Vgl. **Cappenzins, Capaun**

Feder
= ein Begriff aus dem Handwerk. Bei der Holzverarbeitung werden zwei Holzteile dadurch verbunden, daß ein Holzsplint (Feder) in die **Nut** beider eingeschoben wird.

Feldscher / Feldscherer / Feldschehrer
= ein beim Militär tätiger **Barbier**, der Wunden versorgen, amputieren und zur Ader lassen durfte. "*Sebastian Beck, gewesener Feldschehrer von Eppingen Württemberg. Gebieths zahlt für sich und seine hausfraw Juliana von Caub*" NAHD Bd.XIII, 1928

Fensterband
= Teil der Fensteraufhängung. = am Fensterflügel befestigtes Eisenteil, mit dem das Fenster am (**Globen / Kloben**) Fensterrahmen eingehängt wird, oft verziert, ziseliert. Siehe **Band**

Fensterkreuz
= Holzkonstruktion des Fensterrahmens eines vierflügeligen Fensters, die beim Öffnen der Fenster stehen bleibt. Die Fensterflügel werden mit **Reibern** oder **Doppelreibern** festgestellt. vgl. **Kreuzrahm**

Fenstertafel
Siehe **Tafel**

Fensterzarge
= Innenbekleidung der Fensteröffnung. Bei einem Dachfenster so genannt. PENTHER 1766, zitiert nach GÖBEL S.266. Vgl. **Zarge**

Feuerrecht
= ein Recht gewerbsmäßig eine Feuerstätte zu unterhalten, siehe **Bäckerfeuerrecht, Bierbrauerfeuerrecht**

Fischband
= eine Art der Türaufhängung, wobei das eigentliche Band im Türblatt verschwindet. Der Kloben wird dabei von einer Hülse am Band verdeckt. (fiche à vase). Auch einlappiges Fensterband genannt. Lit.: LIETZ S.109, 113

fl / florenus
= Abkürzung für Gulden. = florenus. "*Erbt, mit aller Zugehör, also mit einander an paarem Gelt 783 fl . 20 x sage Siebenhundert achtzig Drey Gulden 20 x*" 27.9.1707, CB Bd.II, S.91 1 Gulden war 5 **Batzen** zu 12 Kreuzer, insgesamt also 60 **Kreuzer** wert.

Frankfurter Schloß
Siehe **Schloß**

Französisches Schloß
Siehe **Schloß**

Friedrichsbogen
= ein Baudetail, das die Steinhauer als Meisterstück verfertigen mußten. *"eine doppelte Creutz-reyung mit fünf schlußsteine, auf zwey seith einen friedrichs bogen"* Zunftordnung der Steinhauer etc., Weinheim 1699, Artikel 2, StAHD H 74

Fuder
= Hohlmaß. = 945 Liter, auch **Fuhre** genannt.

Fuhre
= Hohlmaß, auch **Fuder** genannt.

Fügung
= ein Begriff aus dem Handwerk. Bei Steinmetzen: die Einpassung eines Werkstückes in einen größeren Stein.

Füllung
= bei Türen die Felder, die mit umlaufenden Rahmen gefasst sind. *"Thüren von Tannenholz mit abgerundeten Füllungen und Kehlstössen..."* PENTHER, 1743, zitiert nach GÖBEL, S.263. Vgl. **übergeschoben, gestemmt, Kehlstoss**

Fuseisen / Fußeisen
= Eisen, das z.B in einem Stein vor der Haustür befestigt ist, um daran den Schmutz unter den Schuhsohlen abzustreifen. *"ein langer steinerner Tritt, auf welchen ein Fuseisen angebracht ist"* 1816, LKA SpA 3849 S.1

Fußtritt
= Türschwelle

Futter
= Auskleidung eines Türdurchgangs, der Innenseite der Tür = **Zarge**. *"für die Zarge oder das Futter zu machen"*, *"Zu den Stuben ... sind ... Thüren ... mit abgerundeten Füllungen und Kehlstößen, beyde Seiten rechts mit Futter und doppelter architraver Bekleidung nöthig."* PENTHER 1743, nach GÖBEL, S.263

Gadrop / Catrop
= Garderobe. Ein Raum. *"in der Gadrop ist ein große Kreutzrahm zu verglasen."* 1678, MGHS Bd.1, S.216

Gaube / Gaupe
= ein in der Dachfläche angebrachter Ausbau mit einem Fenster, z.B. als **Schleppgaube**. Vgl. **Zwerchhaus**

Gaubenfenster / Gaupenfenster
= Fenster in einer Dachgaube

Gaubstube / Gaupstube / Gaubzimmer
= ein Zimmer unterm Dach, das nur durch eine **Gaube** belichtet wird.

gebackener Stein
= Backstein. *"muß der Boden mit gebackenen Steinen, umb Feuersgefahr zu verhüten, besetzet....werden"*. 1670, MGHS Bd.1 S.198

Gebieths Knecht
= Funktion in der Zunft, die der jeweils jüngste Meister wahrnahm. Zunftordnung der Steinhauer etc. 1757, StAHD H 75 Art.4

Gebot / Gebott / Gepot / Gepott
= Versammlung. Am 1. April soll jährlich *"ein Gebott gehalten werden"*, Zunftordnung der Steinhauer etc. 1784, StAHD H 76 Art 1 *"sollen alle Viertel Jahre bei versammeltem Gebot*

229

durch die Handwerksschreiber vorgelesen ...und von den Deputirten **Rathsverwandten** abgehöret werden" Art. 22; "Monaths gebott" Zunftordnung der Steinhauer etc. von 1699, StAHD H 74 Art. 21

gebrembd
= verbrämt, siehe **brem**

Gepott à parte
= Sondersitzung. Vgl. **Gebot**

gebrettet
= mit Brettern belegt. z.B. ein Fußboden. "*der Boden wurde gebrettet*" HERTWIG, S.118

gedachte
= bereits erwähnt,. Siehe **gemeldete**

Gefälle
= Abgaben, Gefällverweserey, Gefällverwalter

gefreyte
= vom Dienst befreite, nicht mehr im Dienst befindliche Soldaten. "*I. berichtet Er was wegen raumung der gaßen von Churfürstl. Dhl. gegtn befehl an dasigen Stadtrath vnd gefreyte ergangen: worinnen Einem jeden anbefohlen wird den Kummer vor den haußplätzen hinweg zu führen vnd die Straßen zu=saubern.*" 28.2.1699, UAHD RA 694 fol. 67v

Gegräms / Gegrems / Gekrems / Gekräms / gerembst / grems / verkrembst / verkremst / Krembs
= Vergitterung; kann ein Eisengitter, aber auch eine steinerne Balustrade bezeichnen. Zum Teil aufwendig als Blattwerk gestaltet. "*absonderlich im mittlern obern stock werck, mit verkremsten Liecht. Zu. 2 schuh Hoch, undt anderthalb Breit.*" 1.11.1712, CB Bd.II, 748, "*verkrembsten Lichtgerechtigkeit*" 20.10.1747, CB Bd.V, S.974, "*vor demselben [Fenster] ist ein eisernes Gekrems mit Laubwerk*" 1816, LKA SpA 3849 S.1, "*vor den Fenstern in den Garten sind eiserne Gekräms Stangen*" 1816, LKA SpA 3849 S.6, "*Der Vorgang im Hinterhaus ist mit Platten belegt und hat ein steiner Gekräms*". 1816, LKA SpA 3849 S.9, ".*entlich ist der gantze Stein mit einander mit dicken eisenen Stangen undt gerembsten Kreitzen verfasset, und vergittert, fürsters daruf gemauert, unndt also damitt derselb Newbaw aufgefürt worden.*" 1601, MGHS Bd 1, S.7. "*wegen der Eisern Krembs in Haus hinter der Bursch*" 30.1.1661, UAHD RA 684 fol. 18v.
Vgl.: fnhd: "gerems n. Gitterwerk, Geländer, Gestell" GÖTZE, A. 1920; mhd: "ram, rame m., rame, reme, rem f. Stütze, Gestell; Rahmen zum Sticken" LEXER, M. 1986; "gekrems, n. Fenstergitter", "grems, gegrems, n. eisernes Gitter". MONES, F. J.: Bruhrainisches Wörterbuch, NAHD 1905 Bd.VI; "fakremse tr. v. vergittern (ein Fenster)". LENZ, P., 1887 S.25

Geistliche Administration
= Verwaltung sämtlicher Kirchengüter seit 21.11.1705 durch die "*Chur-Pfaelzische Religions-Declaration*". UBHD BATT 7. Die Ausschüttung der erzielten Überschüsse erfolgte nach einem Verteilerschlüssel 5:2. 5 Teile erhielt die reformierte, 2 Teile die katholische Kirche.

gemeldete
= bereits erwähnt im gleichen Text, bzw. in dem vorhergehenden **Contract**.
Siehe **bemeldte, berührte, gedachte**

Gekräms / Gekrems
Siehe **Gegräms**

genießen
= als Nutznießer oder Nießbraucher etwas verwenden.

gemeldete /
= bereits im Text erwähnte, genannte Person oder Gegenstand. Vgl. **obgemeldete, erstgemeldete**

Gerechtigkeit
Siehe **Recht**

geredon / pl. geredons
= ein Möbelstück, vermutlich kleiner Tisch mit einem Fuß. "*1 Tisch von Nußbaum mit 2 geredons*". um 1760, DONAT, W. in: NAHD Bd.IX, S.153

Gerechtsame
= Rechte. "*Hat dahin keine Lichtgerechtigkeit noch sonstige Gerechtsame*" 6.2.1806, CB Bd.XIII S.226-230

gerohrt
= mit Schilfrohr bestückt. "*Die Decke gerohrt und mit Kalch überzogen*" HERTWIG S.153

geseße
= Hinterhäuser, in Heidelberg und Speyer. ZGO Bd.XX, S.399

gesteigt
= ersteigert

gestemmt
= ein Begriff aus dem Handwerk. Eine gestemmte Tür wird aus mehreren Brettern, die mit Nuten und Federn versehen sind, zu einer Kasettentür zusammengebaut. Vgl. **Übergeschobene Füllung**

Getäfel / getäfelt
= Wandvertäfelung. "*Dieses Türgestell ist getäfelt und angestrichen, wie die Thüre, inwendig ringsherum ist die Wand getäfelt*" 1816, LKA SpA 35/6 3849 S.2. Vgl. **Tafelwerck**

Globen Siehe **Kloben**

glr
= Abkürzung für **gemeldeter**.

Gramken
= keramisch. "*wegen Lieferung erforderlichen Gramken Platten*" 29.5 1769, Vertrag über Materiallieferung. UBHD BATT 97 / 63r

Granarium
= Getreidespeicher

Grems
Siehe **Gegräms**

grisette
= Stoffart, ein Stoffgemisch, halbseiden. "*1 grau grisetten Schlendter mit weißen Blümchen zu 30 fl.*" DONAT, W: NAHD Bd.IX, S.150

Gürthler
= Berufsbezeichnung

Güthsverschreibung
= eine Schuldüberschreibung

Gulden
= Geldeinheit. Siehe **fl**

Gutleuthaus
= Haus zur Verwahrung von Aussätzigen. Lag in Schlierbach.

Haiducken / Heiducken
= Diener in ungarischer Tracht. *"Nach diesem kamen die Heiducken und Laiblaquaien, welchen einige Dragoner zu Pferd folgten."* HERTWIG, S.274

Haken / Haaken   Siehe **Kloben**

Halbscheid / Halbscheidt / Halbschied
= 50%iger ideeller Teil eines Erbes, an einem Gegenstand, einem Grundstück etc. *"vermachte die ihm ... zugefallene Erbschaft theils dem heidelberger, theils dem köllnischen Kloster. Die Väter des letzten schenkten großmüthig ihre Halbscheid dem ersten"* HERTWIG S.72, Vgl. **Schiedtwand**

Handhab / Handhabe / Handheb
= Türgriff, = ein Knauf an der Tür, der meist mittig angebracht ist und dazu dient, die Tür beim Schließen an sich heran zu ziehen. Also keine **Klinke** oder **Drücker**.

Hausfraw / Hausfrau
= "seine Hausfraw" ist die Ehefrau. Vgl. **Eheliebste**

Hausplatz / Haußplatz
= ein Grundstück ohne Gebäude, auf dem ein Haus errichtet werden darf. Vgl. **Zweihausplatz**

Haußzins
= Miete. *"bewohnten es* [das Häuschen] *geringe Leute um wenigen Haußzins."* HERTWIG. S.282. Vgl. **zinsen**

Heiducken   Siehe **Haiducken**

Hembder / Hemmer
= pl. von Hemd. *"Sie begehrten nebst Essen ... Geld Hembder und Schuh."* HERTWIG, S.303

Hespe, Haspe
= besondere Form des Türbandes. Das **Band** ist als Zierform ausgebildet und endet in mehreren Verästelungen. **Blatthespen, Winkelhespen**. Die Hespe wird in den **Hesphaken** eingehängt. GRIEP, S.186

Hesphaken
= zu einer **Hespe** gehörende Haken, **Kloben**, worin die Türe eingehängt wird. *"geschweifte Hespenhaken"* PENTHER, 1743 nach GÖBEL, H. S.269

Hessentuch
= Stoff, den der Maler zur Vorbespannung der Decke erhält. MGHS Bd.1 S.190

Hiesige(r)
= die, der hier Wohnhafte, bzw. hier am Ort Bürgerrechte Genießende.

Himten
= Hohlmaß, Raummaß. 31,15 bis 34,78 Liter. *"720 Himten berlinisches Maass Bitterkalk"*. Ein **Wispel** = 48 Himten. PENTHER 1743, in GÖBEL, H. S.255

hinten, / hindten / hinden
= zur topographischen Definition eines Grundstücks verwendet. = abseits der Straße gelegen, = an der Rückseite

hlr
= Heller, = Münzeinheit, = 1/2 Pfennig

hod[ierno]
= heute. *"Gleichwie bey der Sub hod: geschehenen Vertheilung des disseitigen 5/4 tels Wein Vorraths Von Verflossenem Jahr"* 25.2.1801, in: *"Acta die Weinbesoldung des Churpfälzischen*

Kirchenraths= Corporis betr. Vol: 3." LKA 77/7867

Hoffaktor / Hoffactor
= ein Finanzbeamter des Kurfürsten. War für Lieferung und Beschaffung von Waren und Finanzmitteln zuständig. Vgl. **Militärfaktor**

Hornaffen
= Glasstücke, die bei zusammengesetzten Fenstern zwischen den mit Blei eingefassten Butzenscheiben eingesetzt werden. MGHS Bd.1, S.15 Fußnote 1

IchDhlt / I.C.H.
= Abkürzung für *"Ihre Churfürstliche Durchlaucht"*

Illata /Illaten
= das (eingebrachte) Heiratsgut

Implorantisch
= schutzsuchend bei der Obrigkeit

Implorat
= Angeklagter

incumbenz
=Verpflichtung. *"daß ich ... die direktion und incumbenz ... meinem Obristhofkammer= Präsidenten ... aufzutragen gewillet."* Kurfürst Johann Wilhelm 20.1.1709, in: GULAT, NAHD Bd.IX, S.85

Insiegel
= das Siegel des **Raths** oder der Universität lat: sigillum. vgl. **L.S.**

Interesse
= Zins. Meist ausgedrückt in **pro cento**. In den CB als normal vereinbarter Zins genannt. Nach ISENMANN, S.392 jedoch nur der Zins nach einer **mora**, d.h. nach Zahlungsverzug.

Interesse morae.
= Zins nach Zahlungsverzug

Jauffert gebüttel
= Berufsbezeichnung, = *"Aufseher über die Landstreicher"*. Vgl. THORBECKE NAHD, Bd.VI, S.115+118 Fußnote 1

Jesuitter
= Kurzform für Societas Jesu

Kalch
= Kalk, mit dem z.B. die **gerohrte** Decke beworfen wurde. *"ließ er die noch rauhe Klostermauer gegen den Berg hin mit Kalch bewerfen"*. HERTWIG, S.242

Kaminbusen
= gemauerter Rauchfang über dem Herd. Vgl. **Schornsteinbusen**

Kandel / Kandehl / Kantel / Kändel / pl. Kandeln / pl. Kanteln
= eine offene Rinne für Wasser. Für Dachrinne und Rinne in der Straße verwendet, aber auch für eine Be- und Entwässerungsrinne. *"ward eine Wasserquelle durch steinerne Kanteln in das Kloster geleitet"* 1719, HERTWIG S.89, *"an den Dächern wurden blecherne Kanteln befestigt, durch welche das Regenwasser in den Abtritt fließt.."* 1761 HERTWIG S.165, *"in welchen durch eine blechene Kandel vom Dach das Wasser geleitet wird."* 1816, LKA SpA35/6 3849 S.7. *"vor der Hausthüre auf der Straßen liegt über dem Kandel eine grose viereckichte steinerne Platte"* 1816, LKA SpA 35/6 S.1, *"hölzenen Kandel"* MGHS Bd.1, S.167, *"pleiener Kändel"* 1649, MGHS Bd.1, S.168

Karniesbley Siehe **Blei**

Kastenschloß
= ein **Schloß,** das auf die Türe aufgesetzt, nicht eingeschoben ist. Es ist völlig mit einem Blechkasten umschlossen, so dass der innere Mechanismus nicht zu sehen ist.

Kaufbrief
= eine Urkunde, in der der Kauf / Verkauf eines Objektes schriftlich fixiert ist. Der Kaufbrief wurde an Verkäufer und Käufer in Einzelausfertigung ausgehändigt, ferner (oft in verkürzter Form) in die **Contractenbücher** der Stadt Heidelberg übertragen.

Kehlbalken / Kehl Balcken
= ein Balken, Teil der Dachkonstruktion, der beim Dachstuhl wie eine zweite höherliegende Schwelle als Auflage für die oberen Sparren dient. Abbildung 213 nach PENTHER 1743, nach GÖBEL, S.246

Kehlstoss / pl. Kehlstösse / ausgekehlt
= Leisten bei Türen und Türbekleidungen. *"Kehlstoß. Heißen die Leisten, die um die Füllung herum geleget werden, und die Fugen verdecken, da die Füllungen mit den Rähmen und Rähmstücken zusammengefuget sind* ANGERMANN 1766 S.12. *"nebst Futter und ausgekehlter Bekleidung".* PENTHER 1743, nach GÖBEL, S.263. Vgl. **Futter, Bekleidung**

Kellerkappen
= Kellerhals [?]. *"für 4 Kellerkappen zu wölben".* PENTHER, 1743, nach GÖBEL, S.256

Kellerloch
= Kellerfenster. *"An Fensterrahmen sind zu diesem Gebäude nöthig 4 Stück in die Kellerlöcher".* PENTHER 1743, nach GÖBEL, S.266

Kiefer
= Küfer. Berufsbezeichnung des Handwerkers, der das Küferhandwerk ausübt

Klamernegel
Siehe **Nagel**

Klinke
= Türklinke, Vgl. **Drücker, Schlink, Fallschlink**

Kloben/ Globen
= Teil der Türaufhängung / Haken, = Gegenstück zum **Band**. Der Kloben war entweder als einfacher Klobennagel ausgebildet, d.h. er wurde wie ein Haken in den Türrahmen geschlagen - oder als aufwendigeres und stabileres Teil mit einer Abstützung nach unten und einer zweiten Befestigung im Rahmen: **Stützhaken, Stützkegel, Hesphaken.** In die Kloben wird die Tür mit ihren Bändern eingehängt.

Knieriemen / Knierieme
(1) = Werkzeug des Schuhmachers
(2) = Strumpfbänder *"rotlederne Strumpfbänder, nach Kreuznacher Mundart Knieriemen genannt".* 1902, BENKRAD, S.13
(3)= Eigenname. So heißt 1808 der Eigentümer des Hauses Nr.148. CB Bd.XIV, S.42

Köttge (gesprochen: Köttche)
Bedeutung nicht bekannt. Möglicherweise Halterung *"1 Thée Pöttge von terra Sigillata mit silberne Köttge,"* DONAT, W.: NAHD Bd.IX, S.152

Kran
= Hahn. **Faßkranen**

Krembs
Siehe **Gegräms**

Kreuzband
= Eisenkreuz aus Metall, das zur Stabilisierung des hölzernen **Fensterkreuz**es dient.

Kreuzer / Xer
= Geldeinheit. Siehe **fl.**

Kreutzrahm / Kreutzrahmen / Creitzramen / Creitz Rammen
= Fensterrahmen in Kreuzform, der beim Öffnen der Fensterflügel stehen bleibt. Vgl. **Fensterkreuz, Kreuzband**

Kuffengewölbe
= Gewölbe mit besonderer Krümmung [?] "*den einen ..[Keller] .. mit einem Kuffengewölbe von Sandsteinquadern, den anderen ...mit einem Kreutzgewölbe aus Ziegelsteinen*". PENTHER, 1743, nach GÖBEL, S.256

Kumpf
(1) = Napf, Gefäß, in das eine Kaffee- oder Teeschale gesteckt wurde. "*6 Dresdner Kaffeeschalen mit einem Kumpf 6 fl. 30 kr.*" DONAT, W. NAHD Bd.IX, S.152
(2) = Hohlmaß, = 6,95 Liter

Kummer
= Schutt. "*..was wegen raumung der gaßen von Churfürstl. Dhl. gegtn befehl an dasigen Stadtrath vnd gefreyte ergangen: worinnen Einem jeden anbefohlen wird den Kummer vor den haußplätzen hinweg zu führen vnd die Straßen zu=saubern.*" 28.2.1699, UAHD RA 694 fol. 67v

Kunstdandine
= Konstantin, Vorname. 12.12.1730. StAHD Meisterbuch H 72

Ladnegel / Ladtnegel siehe **Nagel**

Lade
= Sarg. **Todeslade**

Laden
Siehe **Cammerladen, Sommerladen**

Lagerbuch
= Verzeichnis aller Grundstücke. Wurde ab 1770 in Heidelberg angelegt. Sämtliche Grundstücke wurden detailliert beschrieben und erhielten eine Lagerbuchnummer. Ergänzend dazu wurde ein Katasterplan erstellt mit den identischen Nummern. Die **Contractenbücher** werden parallel dazu weitergeführt.

Laistnegel
= Leistennägel. Siehe **Nagel**

Lamberie / Lambrie / Lambris
= Wandverkleidung, meist aus Holz. Sehr unterschiedliche Höhen (bis unters Fensterbrett). Höher hinaufreichende Verkleidungen werden als **Getäfel** bezeichnet.

Lattnagel / pl. Ladnegel / Ladtnegel
= Lattennägel. Siehe **Nagel**

Legat / pl. Legaten
= Vermächtnis, Stiftung. "*in ihrer letzten Willensverordnung, worinn sie jedem von ihrem Hofstaate so ansehnliche Legaten aussetzte, daß*" HERTWIG, S.273

Leim
= Lehm. Kann auch "*klebrige Erdmasse*" bzw. "*Kalk*" bedeuten. PAUL, H. S.524. "*Der Leim ist eine rohe fette Erde...einiger Leim hat wenig Sand bey sich: dieser ist der beste, ...zum ...Auskleibens derer von Holtze ausgebundenen*

Wände der Gebäude". 1766, ANGERMANN, S.107. Vgl. MONES, F.J.: "*Laim*". Heute noch in Leimbach und im Ortsnamen Leimen enthalten.

Leimwasser
= **Leim** enthaltendes Material zur Oberflächen-Behandlung von Sandstein. Vgl. **blaulecht**

Lichtrecht / Lichtgerechtigkeit
= das **Recht**, ein Fenster direkt auf ein Nachbargrundstück hinaus bauen oder erhalten zu dürfen.

liegendes Vermögen
= Immobilien, unbewegliche Habe (Grundstück, Haus). Gegensatz: **fahrendes Vermögen**

lindisch Tuch
= feines Wolltuch. Die Elle (**ehle**) kostete um 1700 3 Gulden. Ein einfaches Tuch dagegen nur 30 Kreuzer. Vgl. THORBECKE, A. in NAHD Bd. VI, S.110+119

litigierend
= streitend. CB Bd.XII S.201-203

losiren / lossiren
= logieren, wohnen. "*wo Churpfaltz Dücher frauw und Waschmägte lossiren.*" 1678, MGHS Bd.1, S.217, "*befinden sich 4 Gemächer, wo die Posi losiren.*" 1678, MGHS Bd.1, S.219

Losung
= Vermögenssteuer im Gegensatz zu **Umgeld**. ISENMANN, S.392

L.S.
= Abkürzung für Locus Sigilli = Siegelplatz, bzw. Loco Sigilli = statt des Siegels. Wenn Urkunden abgeschrieben werden, wird an die Stelle des Original-Siegels ´L.S.´ geschrieben.

Malter
= Hohlmaß, 111,2 Liter, = 16 **Kumpf**

massen / maßen
= betreffend, entsprechend. "*Vnd geklagt was maßen Philipp Christoph Walter......Sie zu fall gebracht*" 1672, Rektorbücher der Universität UAHD RA 687 fol. 81r

Meinkauf
= Kauf mit dem bloßen Ziel des teureren Wiederverkaufs. ISENMANN, S.393

Militärfaktor / Milizfaktor
= eine Berufsbezeichnung eines im Dienste des Kurfürsten stehenden Juden, der für die Beschaffung und Lieferung aller für das Militär benötigten Gegenstände verantwortlich ist. Vgl. **Hoffaktor**

Mischt
= Mist, diente zur Abdichtung. "*sollen Gestell von dännen Holtz gemacht und auffgesetzt und mit Mischt verwahret werden*". 1670, MGHS Bd.1, S.199. vgl. **Sarg**

mppa
= manu propria = mit eigener Hand [geschrieben]

Modo
= auch dasselbe jetzt, gegenwärtig zutreffend. Wird als Kürzel im Lagerbuch der Stadt Heidelberg oft verwendet, um einen Besitzerwechsel einzutragen. Z.B. "*Das Nonnenhaus - modo die pp Jesuitter*" heißt: das frühere Nonnenhaus gehört jetzt der Societas Jesu.

Monatsnamen
Januar[ius] / Februar[ius] / Martius - Martii / Aprilis / May / Juni[o] oder Junius / July oder

Julius / August / September oder Septembris oder 7bris / October oder Octobris oder 8bris / November oder Novembris oder 9bris / December oder Decembris oder 10bris, Xbris.

Mondglas
= ein Glas, das bis in die frühe Neuzeit in Waldhütten hergestellt wurde und eine Scheibenform hatte. Das danach aufkommende gegossene und gewalzte Glas wurde **Tafel**glas genannt. VÖLCKERS, OTTO

Mora
= Verzug mit Zahlungen. **Interesse morae** = Verzugszinsen

Mortificationsschein
= Ungültig erklären eines Schuldscheines, Aufhebung / Tilgung / Vernichtung einer Schuldforderung, 1736, CB Bd.V, S.227

mppa / Mppia / Mppria
= Abkürzung für "*manu propria*" - mit eigener Hand.

Münzwaradein / Münzwarth
= Vorsteher und Verantwortlicher der Kurfürstlichen Münze, **Wardein / Waradein**. Der Münzwart Cajet erbaute für sich 1735 das stattliche Palais in der Haspelgasse, heute Nummer 12.

nachmahlen
= nochmals, "*daß zum zweiten mahl an Ihre Churfl. Dhl. übergebene Mamorial seye nachmahlen abzuschreiben vnd Ihrer Churfl. Dhl. nachmahlen zu praesentiren.*" 21.1.1699, UAHD RA 694 fol. 59v

Nagel / pl. Nägel / pl. Negel
es gibt unterschiedliche Nagelarten:
(1) - "*Aufschiebling- oder Schiftsparrennagel*" PENTHER 1743, nach GÖBEL, S.271. ANGERMANN, 1766, S.111
(2) - "*Band=Nägel*" ANGERMANN, 1766, S.111
(3) - "*Bies=Nägel*" ANGERMANN, 1766, S.111
(4) - "*Blasbalgnegel*" MGHS Bd.1, S.2
(5) - "*Bodennagel*" PENTHER 1743, nach GÖBEL, S.267
(6) - "*Bretnagel*" / "*Brett=Nägel*" PENTHER, 1743, nach GÖBEL, S.263+ S.272, ANGERMANN 1766, S.111
(7) - "*Crütsnegel*" oder "*Crutznegel*" = Kreuznägel oder kleine Nägel (pfälzisch: krutze = klein) MGHS Bd.1, S.164/166
(8) - "*Klamernegel*" vom Schlosser erwähnt, MGHS Bd.1, S.169
(9) - "*Ladtnegel*" / "*Lattnagel*" / "*Latten=Nägel*", MGHS Bd.1, S.165 / PENTHER 1743, nach GÖBEL, S.254, ANGERMANN 1766, S.111
(10) - "*Laistnegel*" =Leistennägel MGHS Bd.1, S.168
(11) - "*Rohrnagel*" Nagel, um Rohrmatten zu befestigen, auf die der Putz aufgetragen wird. PENTHER 1743, nach GÖBEL S.271
(12) - "*Sattel=Nägel*",ANGERMANN 1766, S.111
(13) - "*Schiffernegel*" / "*Schiefernägel*" = Nägel zum Befestigen der Schieferplatten. MGHS Bd.1, S.165 / ANGERMANN 1766, S.111
(14) - "*Schifftsparrennägel*"/ "*Schiff=Sparren= Nägel*" PENTHER 1743, nach GÖBEL, S.254, ANGERMANN 1766, S.111
(15) - "*Schindel=Nägel*" = Nägel zum Befestigen der Schindeln. ANGERMANN 1766, S.111
(16) - "*Schlißnegel*" vom Schlosser erwähnt, MGHS Bd.1, S.169.
(17) - "*Schloß=Nägel*", "*Gantze=S=N*" und "*halbe=S=N*". ANGERMANN 1766, S.111

(18) - "*Splittnagel*" PENTHER 1743, nach GÖBEL, S.271
(19) - "*Traufhakennägel*" =Nägel zum Befestigen der Dachrinnen-Haken PENTHER 1743, nach GÖBEL, S.255

Nebenbehälter
= Nebenraum. Siehe **Behälter, Cammer**

noe / none
= Abkürzung für "nomine" =unter dem Namen

Nosocomium / Nosokomium
= Krankenhaus. Vgl. **Siechenhaus, Cullmannsches Sterbehaus, Spital**

Nut
= ein Begriff aus dem Handwerk. Bei der Holzverarbeitung wird in ein Holzstück eine Kerbe eingeschlagen, in die ein zweites Holzstück mit seiner **Feder** eingefügt werden kann.

oben
= vom Neckar nach Süden hin gelegen, in Richtung der höher gelegenen Hauptstraße (früher Obere Straße genannt). Vgl. **unten, einerseits, anderseits**

Oberlicht
= über der Türöffnung angebrachtes Fenster, das den dahinter liegenden Flur belichtete. Es wurde auch benutzt, um nachts ein Licht dahinter zu stellen, das die Straße beleuchtete. Vor dem Oberlicht waren Eisengitter, **Gegräms** angebracht, die vor Einbruch schützten. Vgl. GRIEP, H. G., S.181

obbemelte / obgemelte
= bereits oben erwähnt. Vgl. **gemeldete**

Obligation
= Schuldverschreibung; Eintrag einer Last, Hypothek

Ochsenauge
= ovales Fenster, senkrecht oder quer liegend. In Nebenräumen verwendet, oft im Dachgeschoss, Flur. "*1 Ochsenauge 1 1/2 F. [Fuß] im Diameter*". PENTHER 1766, nach GÖBEL, S.266

Ofenlochgestell
= Gewände um die Ofenöffnung. "*ist der Camin stündlich zum Einfalen geneigt; muß abgebrochen undt ein VorCamin gemacht werden, sambt einem Ofenlochgestell*" 1678, MGHS Bd.1, S.213. Vgl. **Türgestell**

P
= Abkürzung für Pater, Patres

paar
= bar (bezahlen)

Panisbrief
= Brotbrief / Kaiserliche Anweisung an ein Kloster etc., den Inhaber lebenslänglich zu versorgen. "*Der Abt vun Sankt Galle kann deiner sich rühme; um dich is Pardon ihm in Gnade gewährt, Dir awwer uf Lebzeit e Panisbrief beschert.*" NADLER, K. G.: Fröhlich Palz, Gott erhalts. Leipzig 1847, in: "Der Kaiser und der Abt." S.77.

Parere
= Gutachten über eine strittige Sache

paruck
= Perücke. "*wovon der Burgmoser gleich ihm die paruck abnehmen wollen, und der andere Fang ihn am Halß bekomen hätte*" Rektorbücher 1736, UAHD RA 708, S.96

Pasquil
Siehe **Basküll**

pstbus
= Abkürzung für präsentibus, Anwesende

pf
= Abkürzung für Professor

Pension
= Verzinsung. "*die übrigen 200 f aber a dato in ein Jahr, neben landläuffiger Pension alß 5 p Centu zu bezahlen versprochen*" 15.2.1706, CB Bd.I, S.1013

Pfaffenschank / Pfaffenwein
= Wein, der von den Professoren einmal im Jahr billig verkauft werden durfte. Pfaffe deshalb, weil im Mittelalter viele Professoren zugleich Priester waren. In der Pfaffengasse befand sich auch die Universitätskelter. (heute Pfaffengasse Haus Nr.13)

pignus
= Pfand, = Unterpfand; **cautio pignoratoria** = Pfandsicherheit

Pignus Praetorium
= Verpfändung und Belastung eines Grundstücks aufgrund einer behördlichen Maßnahme oder eines Gerichtsbeschlusses. "*pro pignore praetorio Constituendo*" CB Bd.IV, S.550

Platte
= Fensterscheibe. Siehe auch **Tafel**

Platz
= Grundstück oder Grundstücksteil, auf dem kein Hausbaurecht besteht. Siehe **Hausplatz**

pleiene
= bleiern, aus Blei. Vgl. **Kandel, Rollenbley**

Pöttge
= Pöttchen, Töpfchen. "*1 Milch Pöttge von Fayence, 1 thée Pöttge von terra Sigillate mit silberne Köttge*" DONAT, W.: NAHD Bd.IX, S.152

Posi
= Pagen. "*befinden sich 4 Gemächer, wo die Posi losiren.*" 1678, MGHS Bd.1, S.219

pp
= Abkürzung für proponit = er trägt vor. "*D. Israel pp*" UAHD RA 684 fol 89r

p.p.
= Abkürzung für praemissis praemittendis. = sämtliche Ehrentitel voraussetzend, z.B. "*die p.p. Jesuitter*".

Praerogativen
= Vorrechte. "*mit dem Reichs=Erztruchsen=Ambt und denen an demselben anklebenden hohen Praerogativen.*" 6.10.1708. in: GULAT, M.v. NAHD Bd. IX, S.83

praetor
= Stadtrichter

Pro Cento / p Centu / per Cento
= Prozent. Der Zinsfuß bei Haus- und Grundstücksbeleihungen war üblicherweise 5 % jährlich. Er wurde zahlbar zu bestimmten Anlässen, nicht unbedingt zum Jahreswechsel, sondern z.B. auch zur Frankfurter Messe, zu Martini etc.

produciren
= ein Zeugnis vorlegen. Vgl. **reproduciren**

239

Profession
= Beruf

Pult / pl. Pulten
= Teil der Bettausstattung, vermutlich keilförmiges Teil, das am Kopfende unter das Kopfkissen geschoben wurde und dazu diente, den Kopf anzuheben. "*Zum Bett gehören 1 Unterbett, 1 Oberbett, 2 Pulten und 4 Kissen.*" DONAT, W.: NAHD Bd.IX, S.151

Pultdach
= eine Dachform, bei der nur eine schräg gestellte Dachfläche das gesamte Gebäude abdeckt.

Quaestio an
= die Frage, ob jemand mit einer Entscheidung einverstanden ist. FELDMEIER, F. S.39

Quaestio quomodo
= eine Frage, die erst nach der **quaestio an** gestellt wird, nämlich, welche Regelungen aus einer Entscheidung resultieren. FELDMEIER, F. S.40

Quatember
= ein Vierteljahr, = Beginn eines Vierteljahres. "*an jedem Quatember zwey heilige Messen*". HERTWIG, S.205, BAUFELD, S.186

Räuber
Siehe **Reiber**

Rath
= der Stadtrat

Rathsverwandter
= zum Stadtrat gehörende Person. Vgl. **Universitätsverwandter**

Rauchfänger
= ein Einsatz im Fenster an Stelle einer Glasscheibe, wodurch Ofenrauch abgeleitet wurde.

Rauchröhre
= Ofenrohre. "*3 blecherne Rauchröhren zu den Ofen.*" PENTHER 1743, nach GÖBEL, H., S.270

Recht
= auf den Grundstücken lagen Rechte - auch Gerechtigkeiten genannt - die in der Regel mit dem Grundstück selbst verkauft wurden. Auch nach der Zerstörung der Häuser in Heidelberg (1693) blieben die alten Rechte (wie auch die alten Schuldverhältnisse) bestehen. **Bäckerfeuerrecht, Bierbrauergerechtigkeit, Dachtraufrecht, Schildgerechtigkeit, Wassersteinrecht, Winkellichtrecht, Winkelluftrecht**

Regal
= eigentlich königliche Rechte, die Territorien und Städten verliehen werden konnten, z.B. Marktrecht, Stromrecht, Brückenrecht.

Regnungs-Revisor
= Rechnungs-Revisor, Berufsbezeichnung. CB Bd.II, S.667. Vgl. **Administrations Renovator**

Reiber / Raiber / Räuber / Vorreiber / Wirbel / Würbel
= Drehhaken zum Feststellen eines Fensters oder einer Tür. Mit einem **Doppelreiber** werden zwei Fensterflügel gleichzeitig am **Fensterkreuz** arretiert.

Renovator
Siehe **Administrations Renovator**

Reparation
= Reparatur eines Gebäudes

reproducirt
= die Schuld wurde vorgetragen. Lit. CAMPE: "*die Anklage wiederholen, welches z.B. geschieht, wenn der vorgeladene Gegenpart ausgeblieben ist.*"

resolviren / resolvieren
= beschließen (von Herrschern). "*als ob Euer Liebden ..Ihren Cammerpräsidenten...bereits benennet oder doch resolvieret haben sollten.*" Kaiser Josef I., 17.1.1709, in: GULAT, M.V., NAHD Bd.IX, S.84

resp.
= Abkürzung für respondit = er antwortet

Riegelstange Siehe **Schubriegel**

rspce
= Abkürzung für **respective**

Rollenbley
= **Blei** als Baumaterial. "*1 Centner Rollenbley zu Unterlagen unter die Seitenstücke*" [der steinernen Türgewände] PENTHER 1743, nach GÖBEL, H. S.257. Vgl. **pleiener Kandel**

Rothgerber / Rotgerber
= eine Berufsbezeichnung, im Gegensatz zu **Weisgerber**

Ruheplatz
= Podest am Treppenabsatz. "*Eine Treppe von Tannenholze... 12 Z. im freien Auftritt breit, 2 Ruheplätze à 6 F. ...nebst einem Geländer.*" PENTHER 1766, nach GÖBEL, H., S.265

Rute / Ruthe
= Längenmaß. = 4,464m, = 16 **Schuh**. 1 Rute bei einem Steinhaufen hat das Maß 16 Fuß Länge x 16 Fuß Breite x 1 Fuß Höhe; dabei sind 4 Ruten ein **Faden**. GÖBEL, H. S.119

Sack / pl. Säcke
= Hosentasche. "*ein anderer durchsuchte seine Säcke, und nahm, was er bey ihm fand.*" HERTWIG, S.303

Sackuhr
= Taschenuhr. "*verlangte General Neu von der Stadt... sechs goldene Sackuhren*" HERTWIG, S.303 Vgl. **Sack**

Saffian
= Ziegenleder. "*Es wurden Proben von Saffian, welcher von dem Gerber Steinmetz in Durlach verfertigt worden, gewiesen.*" Tagebuch des Markgrafen Karl Friedrich. 24.11.1764, OBSER, K. NAHD Bd.IX, S.28

Salve venia / s.v.
= mit Erlaubnis (zu sagen). "*und waß s.v. schelmen oder hunts-f: etc scheltwort seynd*" Zunftordnung der Steinhauer etc. von 1699, StAHD H 74 Art. 17. "*und was Salva Venia Schelmen oder Hunts etc Scheltwort sein*": Zunftordnung der Steinhauer etc. von 1581, StAHD H 73 Art.19.; "*In diesen Kanal hat die Wittib Schwarzin ihren s.v. abtritt*" 1802, Das alte Grundbuch Nr. 11, Grundbuchamt Heidelberg, S.865

Salvo jure
= mit Vorbehalt der Rechte

Sarg / pl. Sargen
(1) = ein Trog zum Wasser auffangen. "*wo sie [die Wasserquelle] sich durch ein bleiernes Rohr in einen großen steinernen Sarg ergießt*" HERTWIG, S.89. "*Item an underschiedlichen Brunnensargen, umb das Wasser zu behalten,*

und daß die Sargen nicht verspringen, sollen Gestell von dännen Holtz gemacht...werden." 1670, MGHS Bd.1, S.198/199
(2) = Auch Sarg im heute verwendeten Sinn: "Um den Todtensarg in der Gruft brannten den ganzen Tag vierpfündige weise Wachskerzen." HERTWIG, S.275. Vgl. **Trog / Todeslade**

Satteldach
= eine Dachform, bei der das Dach aus zwei gegeneinander gestellten Dachflächen besteht, die im First zusammenlaufen.

Sauve Garde
= Sicherheitgarde. "begab er sich zu dem französischen General, und verlangte von ihm eine Sauve Garde." HERTWIG, S.303

sc
= Abkürzung für scilicet = man muss es wissen, = nämlich. "de...naturae...miraculo...sc. corporis humanij structurae." 21.11.1652, UAHD RA 683, S. 28

Schiedtwand / pl. **Schiedtwende / Scheidtwende**
= Trennwand, Zwischenwand in einem Gebäude. MGHS Bd.1, S.176. "und darfen von keiner seite die schiedwand mit Wandschränk oder sonstigen Vertiefungen zur schwächung derselben belästiget werden." 1802, CB Bd.XI, S.864. Vgl. **Halbschied**

Schiffernegel
Siehe **Nagel**

Schildgerechtigkeit / Schildtrecht
= ein Recht, Gäste zu beherbergen. Es wurde durch ein Wirtshausschild dokumentiert. "undt weile ich an jetzo nicht bey gelt bin, daß ich ein Schildtrecht kaufen kann...könnt mir die hohe Churfürstliche und Landesväterliche genadt erweißen, und mich mit einem Schildtrecht begnaden" 30.8.1718, CONRAD GAENG. zitiert nach HDJG Bd. 5 /2000, S.324

Schlendter
= Kleidungsstück. "1 grau grisetten Schlendter mit weißen Blümchen zu 30 fl." DONAT, W., NAHD Bd.IX, S.150

Schleppgaube / Schleppgaupe
= eine **Gaupe**, deren Dach als **Pultdach** ausgebildet ist, das in die Dachhaut des Hauptdaches einläuft. Vgl. **Zwerchhaus**

Schlinge / Schlink
= in Frankfurt gebräuchliches Wort für Türklinke, = **Drücker**. GÖTZE, A. S.8

Schliesskrampe
= Klammer bzw. Haken zur Verriegelung einer Tür. "Für 1 Beschläge an die Hoftür...Einem verdeckten deutschen Schloss...Ein offenes Zugschloss mit schwarzem Kasten mit Zugstange und Schliesskrampe" PENTHER 1743, nach GÖBEL, H., S.268

Schlißnegel Siehe **Nagel**

Schloß
(1) = deutsches Schloss: ein Schloss, das durch eine Feder schließt bzw. geschlossen gehalten wird. Der Schlüssel drückt die Zunge zurück gegen die Feder bzw. hebt die **Falle** (gegen die Feder) an. Bei Loslassen des Schlüssels schnappt die Zunge / Falle in die alte Stellung zurück.
(2) = eingeschobenes Schloss: ein Schloss, das in die Türe (bzw. das Türblatt) eingelassen ist. Es wird in einen ausgestemmten oder ausgefrästen Schlitz seitlich in die Tür geschoben. Der ge-

samte Schließmechanismus wird dadurch unsichtbar.
(3) =Frankfurter Schloss: ein auf die Tür aufgesetztes Schloss, das mit einem Kasten umgeben ist (Frankfurter **Kastenschloss**).
(4) =französisches Schloss: der Schlüssel kann im Gegensatz zum deutschen Schloss ganz herumgedreht werden. Der Schlüssel kann im geöffneten und im geschlossenen Zustand abgezogen werden.
(5) =verdecktes Schloss: Schloss, das mit einem Kasten umgeben ist. *"... einem starken verdeckten französischen Schlosse mit schließender Falle in schwarzem Kasten mit zwei messingenen Griffen..."* PENTHER 1743, nach GÖBEL, H., S.267

Schlüssel
(1) =deutscher Schlüssel hat ein angebohrtes Rohr
(2) =französischer Schlüssel ist nicht angebohrt

Schornsteinbusen
= Ausbuchtung des Schornsteins bzw. des Kamins über dem Herd, um Rauch und Abluft aufzufangen. Vgl. **Kaminbusen**

Schornsteinhut / Schornstein Huth
= Abdeckung des Schornsteins. *"und ein gewölbten schornstein Huth in gleichem Zirkel, wie das Creutzgewölb"*. Zunftordnung der Steinhauer etc. Weinheim 1699, Artikel 2, StAHD H 74

Schubband / Schupband
= Art der Türbefestigung. Ein sichtbares Metallband mit einer Öse am Ende, das über einen Kloben geschoben wird. *"Zwei tannene Hausthürflügel jeder mit 2 Schubband und Globen und franzsch: Schloß"* 1816, LKA SpA 3849 S.5. Vgl. **Fischband**

Schubriegel
= Tür- oder Fensterriegel. In langer Form auch **Riegelstange** oder **Schubstangenriegel** genannt.

Schuh
= Längenmaß. Der kurpfälzische Schuh misst 29 cm; er wurde auch von der Universität verwendet. Der Heidelberger Werkschuh misst 27,9 cm. Ab 1803 wurde der badische Schuh mit 30 cm verwendet. Vgl. **Ruthe**

Schutzjude
= ein Jude, der einen Schutzbrief erworben hat. Nur ein Schutzbrief erlaubte den Aufenthalt in der Stadt bzw. Kurpfalz. Die Schutzbriefe mussten immer wieder durch neue Zahlungen verlängert werden.
Juden waren gezwungen, einen solchen Schutzbrief zu erwerben, weil ihnen verboten war, Bürger zu werden. Sie genossen daher auch keine Bürgerrechte und durften z. B. kein Handwerk ausüben.

Secret
= Abort = Klosett. *"Wegen uberfüllten Secrets in Contub.[ernio] durch den | Minirer nachzusehen, ob nicht irgend ein Canal | vorhanden v.[lies:und] derselbe verstopft.|"* 1672, Rektorbücher der Universität Heidelberg, UAHD RA 687 fol. 48r

Sermus / Sermum
= Abkürzung für Serenissimus / Serenissimum. Auf den Kurfürsten bezogen

Setzstufen
= senkrecht gestellte Bretter zwischen 2 **Trittstufen** einer Treppe, die den Zwischenraum zwischen den beiden Trittstufen und den **Wangen** schließen. *"Futter Dielen, 1 Z.[oll] stark,*

8. Z. [Zoll] breit zu 20 Stück Setzstufen". PENTHER 1743, nach GÖBEL, S.263

Siechenhaus
= Krankenhaus. Vgl. **Cullmannsches Sterbehaus**

S.J.
= Abkürzung für "Societas Jesu". *"hinten auf das Nonnenhaus modo die p. p. S: J:"* CB Bd.IV, S.303

Sohnsfrau
= Schwiegertochter

solidum
= Gesamtheit. *"im solidum verhaftet"*. 1723, CB Bd.III, S.727

Sommerladen
= Fensterladen leichterer Bauart, der dazu diente die Sonne abzuhalten, nicht zur Einbruchsicherung. Vgl. **Cammerladen**

sothanes
= dasselbe, dieses (bereits genannte). *"für..seine Lehenserben sothanes General= Erbhofpostmeister Ambt zu einem rechten Mannlehen gnädigst aufgetragen"* Decret des Kurfürsten Johann Wilhelm am 29.7.1706, in: GULAT, M.v. NAHD Bd.IX, S.81

Species Ducaten
= Geld. *"von und umb 500 f. neben 5 Species Ducaten: in den Kauf also und der gestalt, daß"* CB, Bd.I, 1012-1013. Lit: HEYSE: Species Dukaten = *"wirkl. D. nach dem gew. Curs"*.

Spital
= Gebäude zur Aufnahme *armer*, das heißt alleinstehender Personen ohne Anhang. Vgl. **Armenhaus, elende Herberge**

Städler /Stebler
= Titel eine hohen Beamten, der als Zeichen seiner Würde einen Stab trug. *"Darbei wohnt Dietherich Wamboldt, Städler mit 4 Pferden, 4"* 1588. MAYS, NAHD Bd. I, S.57. *"im beisein Stebler Wilhelm von Meisenbugs, cammermeisters Georgen Stuichs"*. 1581 UBHD Pal.germ. 837/ 209 (nach WILLE)

Steigung / Versteigung
= Versteigerung. Vgl. **gesteigt**

Stock
= Stockwerk. Unterer Stock = Erdgeschoss; zweiter Stock = 1. Obergeschoss; dritter Stock = 2. Obergeschoss usw.

Stube
= Raum, der zum Wohnen diente, beheizbar und mit einem Fenster versehen war. Vgl. **Behälter, Nebenbehälter, Cammer, Alcoven**

Stubenknecht
= ein Geselle, der von allen Gesellen der Zunft vierteljährlich gewählt wird. Er übernimmt Zunftaufgaben. 1699, Zunftordnung der Steinhauer etc. StAHD H 74

Stützhaken / Stützkegel / Haaken mit Trage-Stützen
= Verlängerung eines **Klobens**, die diesen gegen den Tür- oder Fensterpfosten nach unten abstützt. Wird mit einem zusätzlichen Nagel befestigt. Vgl. **Hesphaken**. *"2 Paar starke Hesphaken mit Stützen"* PENTHER 1743, in

GÖBEL, H., S.268. ANGERMANN 1766, S.336. LIETZ, S.116, MOTHES, I. S.246

Sturzblech / sturzblechen
= ein verzinntes Blech, auch Weißblech. *"Ein kleiner runder Ofen mit 3 Aufsätzen und sturzblechenem Rohr von 5 Schuh"* LKA SpA 35/6 3849 S.6

s.v.
= Abkürzung für **salva venia**

Tafel / Fenstertafel
= Fensterscheibe. Im 17. und 18. Jahrhundert setzte sich neben den in Waldglashütten hergestellten **Mondglas**(-Scheiben) die Tafelglasherstellung durch Guss und Walzen durch. VÖLCKERS. Vgl. **Platte**

Tafelwerck / Taffelwerck
= Holzvertäfelung. GOLDMANN 1696, nach GÖBEL, H., S.147

Teichel / Deichel / pl. Teichlen
= Röhren, die als Wasserleitung dienten. *"In Bruch steinernen Teichlen zu bewerkstelligen. So ohndauerhaft die hölzern Teichlen seynd, desto ohnhaltbarn Seynd die steinernen"* 26.7.1776. Schriftstück zum Bau einer Wasserleitung Heidelberg nach Mannheim. UBHD BATT 97/64 r (WILLE liest fälschlicherweise: Trichter)

tit
= Abkürzung für nicht ausgeschriebene Titel der nachfolgenden Namen. *"denen tit. Herren Kirchen Räthen Fuchs, Hoffmeister"* 12.3.1802, GLA 77/7867. *"Wachtmeister Lieutenant Tit. Hoffmann"*. CB Bd.VIII, S.818

Tochtermann / Dochtermann
= Schwiegersohn

Todeslade / Dodtelad / Todtenlade /Todtensarg
= Sarg. Wenn ein mittelloser Geselle stirbt - *"muß das Handwerk ...die Todeslade machen lassen"* Zunftordnung der Steinhauer etc. von 1784, Art.21. SAHD H 76; *"Jetz bschtell Sie nor e Dodtelad un kaaf Se Trauerklaeder."* NADLER, K. G.: Fröhlich Palz, Gott erhalts! Leipzig 1847 S.64.*"Die von Eichenholz verfertigte Todtenlade bedeckte schwarzes Tuch."* HERTWIG, S.273

Traufe siehe **Draufe**

Treppenstühle
= Bedeutung nicht sicher. Vermutlich Holzkonstruktion, die die **Wangen einer Treppe** trägt. *"..80 F.[Fuß] Tannenholz zu Treppenstühlen 6 Z.[Zoll] stark"*. PENTHER 1743, nach GÖBEL, H., S.265. *"140 Fuss Tannenholz 6 Z[Zoll] ins [Quadrat]"* PENTHER 1743, nach GÖBEL, H., S.272. Vgl. **Trittstufen, Setzstufen**

Tritt / Trittstufe / pl. Trittstufen
= waagerecht liegende Stufe einer Treppe, auf die getreten wird. *"2 Z. [Zoll] stark, 14 Z. [Zoll] breit zu 20 Trittstufen"* PENTHER 1743, nach GÖBEL, H., S.265. Vgl. **Fußeisen, Treppenstuhl, Setzstufen, Wange**

Trog
= Behälter zum Auffangen von Wasser. *"unter der Stieg befindet sich ein steinerner Regenwasser Trog"* LKA SpA 35/6 3849 S.7. Vgl. **Sarg**

Tuch / Duch
(1) - cöllnisch Tuch. DONAT, W., NAHD Bd.IX, S.151

(2).- gebildt hanfen Tuch. DONAT, W., NAHD Bd. IX, S.151
(3) - gewirkt Tuch. DONAT, W NAHD Bd. IX, S.151
(4) - glatt hanfen Tuch. DONAT, W NAHD Bd. IX, S.151
(5) - **Hessentuch**
(6) - **Lindisch** Tuch

Tüncher / Thüncher   Siehe **Düncher**

Türband
= Teil der Türaufhängung. Vgl. **Band** und **Globen / Kloben, Hespe**

Türgestell
= Zur Tür gehörender Teil der Wandöffnung. Türrahmen, Türverkleidung, Türwandung. Wird sowohl für hölzerne (Türfutter und -Bekleidung), als auch für steinerne Türgewände benutzt. "*Das Hausthürgestelle ist von Stein*" LKA Sp 35/6 3849

Türstock
= oberer Teil der Türumrahmung

Türschwelle
= unterer Teil der Türumrahmung. Bei Fachwerkbauten zugleich der unterste Balken, auf dem die senkrechten Ständer aufgestellt sind. Vgl. **Fußtritt**

Übergeschobene / überschobene Füllung
= bezeichnet eine Bautechnik bei Türen. "*Eine einfache eingefasste 2 flüglichte Hofthüre mit übergeschobenen Füllungen und einem Fenster oben*" PENTHER 1766, nach GÖBEL, H., S.263

um(b)
= für. In der formelhaften Wendung "*für und umb*" eine bestimmte Menge Gulden

Umbgeld / Umgeld
= Steuerabgabe, Im Gegensatz zu Vermögensabgaben, Zöllen, umsatzabhängig, fallbezogen. "*Von 1659 bis 1662 ging in der Stadt Heidelberg an Umgeld aus Beschneidungen, Hochzeiten und Beerdigungen im Ganzen ein Betrag von 14 fl. ...ein*" LÖWENSTEIN, L. S. 75

Umbgelder
= Berufsbezeichnung = Steuererheber. "*Herr Johannes Weingart, Umbgelder*" NAHD Bd. VI, S.112

Universitäts- Kollektor
= Berufsbezeichnung = Universitäts-Angestellter, der für das Einziehen der Zinsen und Abgaben verantwortlich ist, z.B. Dr. Mieg.

Universitätsverwandter
= Angehöriger der Universität

unden / undten / unten
= dem Neckar zu gelegen, von der Hauptstraße aus gesehen. vVgl. **oben, einerseits, anderseits, hinten**

Unterpfand
= Schuldverschreibung. "*Als wahres Unterpfand einsetzen*"

unthgst / unthgste
= Abkürzung für untertänigst, untertänigste

unterer Stock
Siehe **Stock**

ut supra
= wie oben = wie im vorhergehenden Schriftstück

verdoppelt
= Verstärkung einer Türe durch von innen aufgenagelte Bretter, heute: = aufgedoppelt

verkremsen / verkrembsen / verkremißet
= vergittern, mit einem **Gekräms** versehen. "*mit dreyen verkrembsten fenstern in deß Friedrich antoni Beyers Hof*" 1.11.1712, CB II S.747 "*beide Fenster haben in den Hormuthischen Hof Lichtgerechtigkeit, müssen aber verkremißet werden*" 1802, Das alte Grundbuch Heidelberg Nr.11, S.864

Verlaßthum / Verlassenschaft
= Erbschaft. "*...er ward zu ihrer Verlassenschaft geschlagen, wovon die Specialcommission Erb war.*" HERTWIG, S.310. Vgl. **Erbration**

verpensionieren
= verzinsen = Pension zahlen

Versteigung / Steigung / versteichert / gesteigt
= Versteigerung. Eine Versteigerung wurde durchgeführt, wenn Schulden nicht bezahlt werden konnten. Nach 1700 erließ der Kurfürst ein Dekret, wonach sämtliche zerstörten Häuser bzw. Hausplätze versteigert werden mussten, damit der Wiederaufbau der Stadt rascher erfolgt. Diese Versteigerungen wurden von der Stadtverwaltung durchgeführt. 1699 "*weil die versteigung gerichtlich geschehen, ...ist man zufrieden daß der Universitätsplatz dem Walckmann per 100 fl gelassen*" UAHD RA 694 fol. 78r

Verwandter
= Angehöriger einer Gruppe, z.B. der **Rathsverwandte**, der **Universitätsverwandte**.

Vindication
= Rechtfertigung, Zurückforderung einer Sache. CB Bd.XII, 201

Vorkauf
= ein Verkauf, der vor der vorgeschriebenen Zeit, vor dem vorgeschriebenen Ort (z.B. Marktplatz) erfolgt.

Vorreiber   Siehe **Reiber**

Vorspann / pl. Vorspänne
= Zugtiere, einem Wagen vorgespannte Tiere. "*die Anzahl der ... zum Transport der Ammunitions-Stücke ... erforderlichen Vorspänne*" "*Armee-Befehl*" 2.10.1815, StAHD 160/ fasc.3

Walben / Walbom
= Abschrägung des Daches an der Giebelseite. CHRISTMANN, E.

Wange
= Treppenwange, = seitliche Bohlen, die eine Treppe tragen. "*Bohlen 3 Z. [Zoll] stark, 10 Z.[Zoll] breit zu Wangen*". PENTHER 1743, nach GÖBEL, H., S.265. Vgl. **Treppenstühle**

Wardein / Waradein / Wart(h)
= Berufsbezeichnung für einen Schätzer bzw. Überwacher, Wart. Cajet war kurfürstlicher **Münzwardein** in HD, zuständig für die Münze. ISENMANN, S.393; "*Dann sollt Ihr mich schätze, als geschickder Wardein, wie viel ich do wert uf de Heller mag sein.*" NADLER, K. G.: Fröhlich Palz, Gott erhalts, Leipzig 1847 in "Der Kaiser und der Abt." S.73

Wasserstein
= ein Wasserbecken (in der Küche) aus einem Stück Stein gehauen. Oft war daran eine Nase mit Ablaufrinne, die durch die Hauswand ins

Freie geführt wurde. Von dort tropfte das Wasser ab oder wurde evtl. (durch ein Loch in der Rinne) in einem Rohr nach unten geleitet.

Wassersteinrecht
= **Recht**, das Wasser aus dem **Wasserstein** in einen **Winkel** oder auf ein fremdes Grundstück laufen zu lassen. "*die zwey im unteren und mittleren stock befindliche Wassersteine haben das ablaufs Recht*". 1802 Das alte Grundbuch Heidelberg Nr.11, S.864

Weisgerber / Weißgerber
= Berufsbezeichnung, im Gegensatz zu **Rotgerber**, gerbt mit Lohe

Weißbenner
= Berufsbezeichnung, = Handwerker, der Decken weißelt. Vgl. **ausweisen**

Welschkorn
= Mais "*Kern Waitzen Hafer Welschkorn Linsen*" unter der Rubrik "*Fruchtmarkt*" 29.6.1815, in: Heidelberger Wochenblatt Nr.26, S.17 STAHD

weyland / weylandt
= früher zugehörig gewesenm, ehemals. Bei Frauen wird auch als Hinweis auf einen früheren Ehemann der abgelegte Nachname im Sinne von "*Gewesene*" damit eingeleitet.

Wiederkehr / Wiederkehrung
= Begriff aus dem Handwerk:
bei Zimmerleuten: die Zusammensetzung zweier Dächer in einem Winkel
bei Steinmetzen: ein Rücksprung
bei Dachdeckern: ein Rückführen der Dachrinne
MERKEL, Fußnote S.108

Windeisen / Wind=Eisen
= dünne Eisenstäbe, die an den Fenstern hinter der Verglasung angebracht waren, um bei starkem Wind die aus bleiernen Facetten zusammengesetzten Fenster gegen den Druck zu schützen. "*vierflügelige Fensterrahmen mit gutem berliner Tafelglas in Karniesbley zu verglasen incl. Windeisen*" PENTHER 1743, nach GÖBEL, H., S. 270

Winkel / Winkhel
= eine Rinne im Rain zwischen zwei Häusern oder Grundstücken, in dem Abwasser, auch Regenwasser abgeleitet wurde. Häufig zugleich Grenze zum Nachbargrundstück. Wurden Winkel von Nachbarn zusammen benutzt, hießen sie "*gemeinschaftliche*" Winkel. "*Eegräben*" MECKSEPER, C., S.252

Winkelband / Winkel-Haaken-Bänder / Winkelhaaken-Bänder
= **Türband**, das auf der Tür oder dem Fensterrahmen abgewinkelt ist und zugleich die Tür bzw. den Fensterrahmen stabilisiert. ANGERMANN 1766, S.119. Vgl. **Band, Hespe**

Winkelhespe
= besondere Form des **Winkelband**es. Vgl. **Hespe**

Winkellichtrecht
= **Recht**, ein Fenster in den **Winkel** zu führen

Winkelluftrecht
= **Recht**, eine Maueröffnung in die Wand zum **Winkel** zu schlagen

Wiesbadener Erde
= eine Art Porzellan. "*1 Garnitur von Wiesbadener Erde, 6 Stück 1 fl.*" DONAT, W: NAHD Bd.IX, S.152

Wirbel / Würbel
= Drehverschluss am Fenster. *"16 sechs-flügelige Fenster-Rahmen ....4 Doppelte und 2 einfache Würbel, nebst 6 Wind-Eisen"* ANGERMANN 1766, S. 119. Vgl. **Reiber, Doppelreiber**

Wispel
= Hohlmaß, Raummaß. 1 Wispel = 48 **Himten**, *"für 1 Wispel Kalk zu löschen".* PENTHER 1776, nach GÖBEL, H., S.256

Wittib
= Witwe

Wullenweber
= Berufsbezeichnung, = Wolleweber

Xer
= **Kreuzer**

Xbris
= Dezember, vgl. **Monatsnamen**

Zarge
= Seiteneinfassung bei Türen. *"für die Zarge oder das Futter zu machen"* PENTHER, 1766, nach GÖBEL, H., S.263. Vgl. auch **Fensterzarge, Bekleidung, Futter**

Ziehbrunnen
= Brunnen, aus dem Grundwasser geschöpft werden konnte. Im Gegensatz zum Brunnen, der aus einer Quelle gespeist wird.

Zierwinkel
= flaches Winkeleisen, das die Eckverbindung bei Tür oder Fensterrahmen stabilisiert und zugleich als Schmuckelement dient. Vgl. **Winkelband**

Zinsen
= Miete zahlen. *"daß sie sich einmüthig entschlossen, in der Stadt eine Wohnung zu zinsen."* HERTWIG S.268. Vgl. **Haußzins, Interesse, bestehen**

zurichten
= herrichten / umbauen. *"die Zurichtung des Münchshofs zu einer Pfarrwohnung"* 3.4.1817, LKA Sp A 3849

Zweihausplatz
= ein Grundstück, auf dem zwei Häuser errichtet werden konnten. Vgl. **Hausplatz**

Zwerchgasse
= Quergasse, eine quer zur Straße verlaufende Gasse, nicht: kleine Gasse

Zwerchhaus
= Querhaus. Gaupenartiger Ausbau im Dachgeschoss, der bis an die Hauswand geführt wird, so dass die Hauswand direkt nach oben durchgezogen ist.

7bris
= September

8bris
= Oktober

9bris
= November

10bris
= Dezember. Vgl. **Xbris**

Bildnachweise

GENERALLANDES-ARCHIV KARLSRUHE: 22, 24,28,34,42,48,76
KLINGER, INGEBORG: 145, 147, 159, 162
KURPFÄLZISCHES MUSEUM HEIDELBERG: Vorsatzblatt, 30, 72, 94, 95
LANDESKIRCHLICHES ARCHIV KARLSRUHE: 112, 121, 130
LEHMANN, HERMANN W.: 26, 104, 114, 149, 152, 155, 169
PRIVATSAMMLUNG: 156
STADTARCHIV HEIDELBERG: 65, 79, 92, 97, 110, 125, 126, 127, 138, 139
UNIVERSITÄTS-ARCHIV HEIDELBERG: 55, 66, 116,
UNIVERSITÄTS-BIBLIOTHEK HEIDELBERG: 38, 40, 46, 52

Einband vorne: INGE KLINGER
Einband hinten oben links: GLA 66/3481
Einband hinten oben rechts: UBHD, entnommen: LEICHTEN E.J. 1812
Einband hinten unten links: UBHD
Einband hinten unten rechts: StAHD Lagerbuch